产品质量鉴定系列丛书

华碧实验室·组织编写

特种设备事故鉴定

李山桥　编著

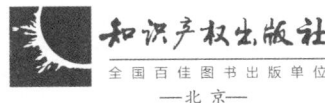

全国百佳图书出版单位

—北京—

图书在版编目（CIP）数据

特种设备事故鉴定 / 李山桥编著 . —北京：知识产权出版社，2022.11
ISBN 978-7-5130-8290-7

Ⅰ . ①特… Ⅱ . ①李… Ⅲ . ①设备事故—司法鉴定—研究—中国
Ⅳ . ① D922.544

中国版本图书馆 CIP 数据核字（2022）第 149539 号

责任编辑：齐梓伊　　　　　　　　　责任校对：潘凤越
封面设计：杰意飞扬·张　悦　　　　责任印制：刘译文

特种设备事故鉴定

李山桥　编著

出版发行：知识产权出版社有限责任公司		网　　址：http://www.ipph.cn	
社　　址：北京市海淀区气象路 50 号院		邮　　编：100081	
责编电话：010-82000860 转 8176		责编邮箱：qiziyi2004@qq.com	
发行电话：010-82000860 转 8101/8102		发行传真：010-82000893/82005070/82000270	
印　　刷：天津嘉恒印务有限公司		经　　销：新华书店、各大网上书店及相关专业书店	
开　　本：720mm×1000mm　1/16		印　　张：19	
版　　次：2022 年 11 月第 1 版		印　　次：2022 年 11 月第 1 次印刷	
字　　数：282 千字		定　　价：168.00 元	
ISBN 978-7-5130-8290-7			

出版权专有　侵权必究
如有印装质量问题，本社负责调换。

内容简介

本书根据特种设备事故特点，建立、归纳了特种设备事故鉴定证据类别和鉴定项目；依据司法鉴定、认证认可、特种设备核准等行政管理要求，介绍了特种设备质量和事故鉴定机构运作模式、鉴定活动基本技术程序；以证据法学的观点，规范特种设备质量和事故鉴定活动，提供合法、科学获取鉴定证据的基本方法，通过具体例证，将物证技术、特种设备原理、失效分析、检验试验等技术活动有机地转化为质量和事故鉴定法律证据，为鉴定意见、作证提供证据支持。

本书可作为鉴定机构、鉴定人员、事故应急处理人员、保险勘验人员预防、勘验和鉴定事故参考用书。

序 一

特种设备广泛应用于生产生活的各个领域，事关人民群众的身体健康和生命安全。截至2020年年底，全国特种设备总量达1648.41万台，另有气瓶1.79亿只、压力管道101.26万千米。

特种设备具有种类多、增长速度快、分布领域广、潜在危险性大、事故损失惨重等特点。特种设备一旦发生事故，将会对人民生命、财产和环境的安全带来重大威胁，甚至直接影响经济稳定运行与社会和谐发展。保障特种设备安全运行，预防并减少特种设备事故发生，有利于维护安全稳定的社会环境，是保证经济持续高质量发展的有力支撑。

认真总结研究特种设备事故，汲取其中的经验教训，并转化为更有效的能力，是特种设备安全科技工作者义不容辞的责任。《特种设备事故鉴定》系统归纳总结了特种设备事故鉴定项目及证据类别；详细介绍了特种设备事故鉴定机构运作模式与工作程序；梳理汇编了司法行政机关已采信的特种设备事故鉴定结果；以证据法学的观点，提出了获取特种设备事故鉴定证据的方法论。本书的出版，对于普及特种设备事故鉴定知识，提高从业人员素质，推动特种设备事故鉴定工作科学化、规范化、精准化，将会发挥重要作用。

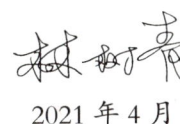

2021年4月

序 二

随着我国经济高速发展，特种设备使用量呈快速增长趋势，据2021年国家市场监督管理总局全国特种设备安全状况通告资料统计，全国特种设备总量约达1816.23万台，在我国社会经济建设中已经得到广泛应用。特种设备是安全特性极其突出的工业产品，除具备一般工业产品的全部属性外，还具有直接影响社会公共安全和社会稳定性的独特安全特性，特种设备产品安全贯穿制造、安装、使用、维修的各个环节。

特种设备事故是影响社会公共安全的重要因素之一。《中华人民共和国特种设备安全法》《特种设备事故报告和调查处理规定》从法律和规章上明确了特种设备事故处理的原则，特种设备事故调查、处置、鉴定是政府安全管理、司法审判、行政执法、公众维权迫切需要的第三方技术活动。目前，我国在特种设备事故鉴定领域的研究相对薄弱，且在特种设备事故鉴定实践中也存在着诸多不足，例如，具有特种设备事故鉴定能力的专业机构极少，专业鉴定人员严重不足，特种设备法定的安全检验项目和内容不能完全满足特种设备事故鉴定需要；发生特种设备事故临时抽调的技术人员缺乏现场勘验经验和鉴定证据链的概念，进入现场后缺少必备的勘验程序、工具和方法，固定证据不专业，目的性不强等，导致取证不符合法定证据规定，证据难以采信，常规的检验机构难以满足法定要求。

针对上述问题，本书运用证据学的观点，将特种设备技术原理、现场物证特征转化为证据，采用失效分析等成熟的技术方法，借鉴其他行业和学者的成熟勘验、鉴定技术经验，提出了特种设备事故鉴定项目分类，介绍了鉴定基本程序和管理模式，提供了鉴定证据勘验发现、固定、提取、保存、鉴别的基本技术方法，推荐了常用勘验鉴定装备和检验仪器设备，辅以部分司法审判和行政裁定已经采信的鉴定实证案例，让特种设备事故鉴定人员在现场能有效、规范地实施勘验鉴定活动，无须过度进行理论研究和计算。借用失效分析、勘验、证据学等成熟理论和技术，重点引导特种设备事故鉴定人员正确开展事故鉴定活动，建立科学合理的事故分析思路，有效获取事故证据，为特种设备事故鉴定人员，应急处理人员，设备制造、使用、维修等特种设备行业管理人员鉴定事故和预防事故提供指南。可以说，本书是一本系统总结特种设备事故鉴定技术的专业技术书籍，对开展具体的特种设备事故鉴定活动具有较强的实用价值和指导意义。

在此衷心感谢西南政法大学邹明理教授、北京航空材料研究院陶春虎研究员不辞辛劳地审查书稿，提出了宝贵的建设性意见，感谢中国特种设备检测研究院原院长林树青教授为该书作序，感谢四川司鉴检验检测公司工程技术人员整理书稿图表，感谢苏州华碧微科检测技术有限公司为该书出版做出的支持和贡献。

鉴于作者水平有限，书中难免存在错误之处，敬请读者批评指正。

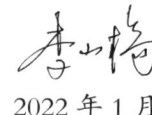

2022 年 1 月

目 录

1 特种设备事故鉴定概述 …………………………………………… **001**
  1.1 特种设备产品分类 ……………………………………………… 001
  1.2 特种设备事故鉴定的意义 ……………………………………… 011
  1.3 特种设备事故鉴定的特点 ……………………………………… 013
  1.4 特种设备事故鉴定项目 ………………………………………… 013
  1.5 特种设备事故鉴定管理 ………………………………………… 019
  1.6 特种设备事故鉴定流程 ………………………………………… 020
  1.7 特种设备事故鉴定证据 ………………………………………… 021

2 特种设备事故鉴定委托与受理 ……………………………………**023**
  2.1 委托与受理概念和流程 ………………………………………… 023
    2.1.1 委托与受理概念 …………………………………………… 023
    2.1.2 委托与受理流程 …………………………………………… 024
  2.2 特种设备事故鉴定对象 ………………………………………… 028
    2.2.1 资料接收 …………………………………………………… 028
    2.2.2 实物接收 …………………………………………………… 029
  2.3 特种设备事故鉴定依据 ………………………………………… 029
  2.4 现场初步勘查基本要求 ………………………………………… 031

3 特种设备事故现场勘验 ··· **033**

3.1 现场勘验概念和方案 ·· **033**

3.1.1 勘验概念 ··· 033
3.1.2 勘验方案 ··· 034

3.2 现场勘验对象和范围 ·· **035**

3.2.1 勘验对象 ··· 035
3.2.2 勘验范围 ··· 036

3.3 现场勘验原则和方法 ·· **036**

3.3.1 勘验原则 ··· 036
3.3.2 勘验方法 ··· 038

3.4 现场勘验程序和组织 ·· **039**

3.4.1 勘验程序 ··· 039
3.4.2 勘验工作组 ··· 040
3.4.3 巡视现场 ··· 041
3.4.4 环境勘验 ··· 041
3.4.5 静态勘验 ··· 042
3.4.6 动态勘验 ··· 042
3.4.7 专项勘验 ··· 043
3.4.8 询问和讨论 ··· 043
3.4.9 现场试验 ··· 044
3.4.10 物证固定和提取 ·· 044
3.4.11 勘验记录 ·· 044
3.4.12 勘验报告 ·· 044
3.4.13 现场保护 ·· 045

3.5 现场勘验常用装备 ·· **045**

4 特种设备事故言词证据 049
4.1 言词证据概念和取证原则 049
4.1.1 言词证据概念 049
4.1.2 言词证据分类 049
4.1.3 基本取证原则 050
4.2 言词证据调查收集和记录 051
4.2.1 调查与收集 051
4.2.2 对象和内容 051
4.2.3 调查前策划 053
4.2.4 调查方式 054
4.2.5 调查技巧 054
4.2.6 调查记录 055
4.3 言词证据鉴别分析和排除 056

5 特种设备事故书证 061
5.1 书证概念和分类 061
5.1.1 书证概念 061
5.1.2 书证分类 062
5.2 书证取证原则 063
5.3 书证收集和提取 064
5.3.1 书证收集 064
5.3.2 书证提取 065
5.4 书证分析和鉴别 066

6 特种设备事故物证 072
6.1 物证概念和分类 072

6.1.1 物证概念 …………………………………………………… 072
6.1.2 物证分类 …………………………………………………… 073

6.2 物证勘验基本方法 …………………………………………… 077
6.2.1 物证勘验概念 ……………………………………………… 077
6.2.2 变形物证勘验 ……………………………………………… 078
6.2.3 断裂物证勘验 ……………………………………………… 078
6.2.4 磨损物证勘验 ……………………………………………… 081
6.2.5 腐蚀物证勘验 ……………………………………………… 082
6.2.6 老化物证勘验 ……………………………………………… 084
6.2.7 介质物证勘验 ……………………………………………… 084
6.2.8 火灾物证勘验 ……………………………………………… 086
6.2.9 爆炸物证勘验 ……………………………………………… 087

6.3 物证宏观检验鉴别 ……………………………………………… 090
6.3.1 宏观检验鉴别 ……………………………………………… 090
6.3.2 变形物证鉴别 ……………………………………………… 091
6.3.3 断裂物证鉴别 ……………………………………………… 095
6.3.4 磨损物证鉴别 ……………………………………………… 099
6.3.5 腐蚀物证鉴别 ……………………………………………… 101
6.3.6 老化物证鉴别 ……………………………………………… 104
6.3.7 介质物证鉴别 ……………………………………………… 105
6.3.8 火灾物证鉴别 ……………………………………………… 107
6.3.9 爆炸物证鉴别 ……………………………………………… 111

7 特种设备事故痕迹 ………………………………………………… **119**
7.1 痕迹概念和分类 ………………………………………………… 119

7.1.1 痕迹基本概念 …………………………………………… 119
　　7.1.2 机械痕迹分类 …………………………………………… 120
  7.2 痕迹勘验基本方法 …………………………………………… 122
　　7.2.1 发现痕迹 ………………………………………………… 122
　　7.2.2 测量痕迹 ………………………………………………… 124
　　7.2.3 固定痕迹 ………………………………………………… 125
　　7.2.4 痕迹描绘 ………………………………………………… 126
  7.3 痕迹宏观检验鉴别 …………………………………………… 127
　　7.3.1 机械接触痕迹鉴别 ……………………………………… 127
　　7.3.2 电侵蚀痕迹鉴别 ………………………………………… 135
　　7.3.3 污染痕迹鉴别 …………………………………………… 139
　　7.3.4 分离物痕迹鉴别 ………………………………………… 141
　　7.3.5 热损伤痕迹鉴别 ………………………………………… 143
　　7.3.6 加工痕迹鉴别 …………………………………………… 145
　　7.3.7 其他痕迹鉴别 …………………………………………… 146

8 特种设备现场试验 ……………………………………………… 154
  8.1 现场试验概念与准备 ………………………………………… 154
　　8.1.1 现场试验概念 …………………………………………… 154
　　8.1.2 现场试验条件 …………………………………………… 155
　　8.1.3 现场试验准备 …………………………………………… 156
  8.2 现场试验基本方法 …………………………………………… 157
　　8.2.1 静态检验 ………………………………………………… 158
　　8.2.2 动态试验 ………………………………………………… 158
　　8.2.3 替换试验 ………………………………………………… 162

8.3 现场试验记录与报告 ……………………………………………… 164

9 物证固定和提取 …………………………………………………… 166

9.1 事故现场固定概念 ……………………………………………… 166
9.2 事故现场固定方法 ……………………………………………… 167
9.2.1 人工绘制现场图 …………………………………………… 167
9.2.2 事故现场照相 ……………………………………………… 171
9.2.3 事故现场录像 ……………………………………………… 186
9.3 现场物证保护与提取 …………………………………………… 188
9.3.1 保护现场 …………………………………………………… 188
9.3.2 物证保护 …………………………………………………… 188
9.3.3 断口保护 …………………………………………………… 190
9.3.4 物证提取 …………………………………………………… 192

10 物证检验检测技术 ………………………………………………… 195

10.1 物证检验仪器设备 …………………………………………… 195
10.1.1 常规参数测量设备 ………………………………………… 195
10.1.2 微观观察测量设备 ………………………………………… 196
10.1.3 力学性能检测设备 ………………………………………… 197
10.1.4 化学成分检测设备 ………………………………………… 198
10.1.5 专有性能检测设备 ………………………………………… 199
10.2 物证检验技术方法 …………………………………………… 200
10.2.1 物证样品处置 ……………………………………………… 200
10.2.2 宏观特征检验 ……………………………………………… 202
10.2.3 微观特征检验 ……………………………………………… 223
10.2.4 物证性能检验 ……………………………………………… 238

10.2.5 物证成分检验 ………………………………………………… 239

11 事故原因分析 ……………………………………………………… 243

11.1 事故原因分析相关概念及要素 …………………………… 243
11.1.1 事故原因分析相关概念 ………………………………… 243
11.1.2 事故原因分析要素 ……………………………………… 244

11.2 分析思路基本原则与方法 ………………………………… 245
11.2.1 分析思路基本原则 ……………………………………… 246
11.2.2 分析思路基本方法 ……………………………………… 247

11.3 常用失效分析法 …………………………………………… 248
11.3.1 全因素排除法 …………………………………………… 248
11.3.2 残骸分析法 ……………………………………………… 249
11.3.3 其他分析法 ……………………………………………… 250

11.4 损害形态分析思路 ………………………………………… 251
11.4.1 变形分析思路 …………………………………………… 251
11.4.2 倾覆分析思路 …………………………………………… 252
11.4.3 坠落分析思路 …………………………………………… 252
11.4.4 泄漏分析思路 …………………………………………… 253
11.4.5 碰撞分析思路 …………………………………………… 254
11.4.6 剪切分析思路 …………………………………………… 255
11.4.7 挤压分析思路 …………………………………………… 255
11.4.8 失控分析思路 …………………………………………… 256
11.4.9 燃烧分析思路 …………………………………………… 256
11.4.10 爆炸分析思路 …………………………………………… 258
11.4.11 断裂分析思路 …………………………………………… 261
11.4.12 腐蚀分析思路 …………………………………………… 262

11.4.13 磨损分析思路 ……………………………………………… 263

11.4.14 老化分析思路 ……………………………………………… 264

11.5 电子数据分析思路 ……………………………………………… 265

11.6 分析人员基本素养 ……………………………………………… 266

12 事故鉴定文书 …………………………………………………… 268

12.1 鉴定文书概念 …………………………………………………… 268

12.2 鉴定文书特点 …………………………………………………… 269

    12.2.1 语体风格特点 ………………………………………………… 269

    12.2.2 鉴定文书特点 ………………………………………………… 270

12.3 鉴定文书编制 …………………………………………………… 272

    12.3.1 鉴定文书类别 ………………………………………………… 272

    12.3.2 基本信息 ……………………………………………………… 272

    12.3.3 鉴定材料 ……………………………………………………… 273

    12.3.4 鉴定过程 ……………………………………………………… 274

    12.3.5 分析说明 ……………………………………………………… 275

    12.3.6 鉴定意见 ……………………………………………………… 276

    12.3.7 鉴定文书形式要件 …………………………………………… 277

    12.3.8 鉴定文书中的照片 …………………………………………… 277

13 鉴定人出庭作证 ………………………………………………… 279

13.1 鉴定人出庭作证概念 …………………………………………… 279

13.2 作证常见的质疑内容 …………………………………………… 280

13.3 作证准备和作证技巧 …………………………………………… 282

参考文献 ……………………………………………………………… 285

1 特种设备事故鉴定概述

1.1 特种设备产品分类

《中华人民共和国特种设备安全法》定义的特种设备是指对人身和财产安全有较大危险性的锅炉、压力容器（含气瓶）、压力管道、电梯、起重机械、客运索道、大型游乐设施、场（厂）内专用机动车辆，以及法律、行政法规规定适用的其他特种设备。

特种设备设计、制造、安装、改造、修理、经营、使用、检验、检测和特种设备安全的监督管理应符合《中华人民共和国特种设备安全法》。该法规定了特种设备各个环节的管理要求，将特种设备分为基本的八大类产品，对法律、行政法规规定的其他特种设备没有做出具体的分类。

根据八大类特种设备的主要技术特征、用途、装置方式、结构、材料等，特种设备行业内部将特种设备分为机电类特种设备和承压类特种设备两类。承压类特种设备包括锅炉、压力容器（含气瓶）、压力管道及其附属的安全附件、安全保护装置和与安全保护装置相关的设施；机电类特种设备包括电梯、起重机械、客运索道、大型游乐设施和场（厂）专用机动车辆及其附属的安全附件、安全保护装置和与安全保护装置相关的设施。

多年的实践证明，特种设备分类基本适应社会管理和技术管理需求，特种设备行业行政主管机关发布了特种设备目录，给出了分类术语定义，明确了产品范围。特种设备目录具备管理、指导特种设备行业执业规划发展的功能，同时配置了产品设计、制造、安装、改造、修理、经营、使用、检验、检测和监督各环节的规章、规范、技术标准、产品技术特性。特种设备目录见表1-1。

表1-1 特种设备目录

代码	种类	类别	品种
1000	锅炉	锅炉，是指利用各种燃料、电或者其他能源，将所盛装的液体加热到一定的参数，并通过对外输出介质的形式提供热能的设备，其范围规定为设计正常水位容积大于或者等于30L，且额定蒸汽压力大于或者等于0.1MPa（表压）的承压蒸汽锅炉；出口水压大于或者等于0.1MPa（表压），且额定功率大于或者等于0.1MW的承压热水锅炉；额定功率大于或者等于0.1MW的有机热载体锅炉	
1100		承压蒸汽锅炉	
1200		承压热水锅炉	
1300		有机热载体锅炉	
1310			有机热载体气相炉
1320			有机热载体液相炉
2000	压力容器	压力容器，是指盛装气体或者液体，承载一定压力的密闭设备，其范围规定为最高工作压力大于或者等于0.1MPa（表压）的气体、液化气体和最高工作温度高于或者等于标准沸点的液体、容积大于或者等于30L且内直径（非圆形截面指截面内边界最大几何尺寸）大于或者等于150mm的固定式容器和移动式容器；盛装公称工作压力大于或者等于0.2MPa（表压），且压力与容积的乘积大于或者等于1.0MPa·L的气体、液化气体和标准沸点等于或者低于60℃液体的气瓶；氧舱	
2100		固定式压力容器	
2110			超高压容器

续表

代码	种类	类别	品种
2130			第三类压力容器
2150			第二类压力容器
2170			第一类压力容器
2200		移动式压力容器	
2210			铁路罐车
2220			汽车罐车
2230			长管拖车
2240			罐式集装箱
2250			管束式集装箱
2300		气瓶	
2310			无缝气瓶
2320			焊接气瓶
23T0			特种气瓶（内装填料气瓶、纤维缠绕气瓶、低温绝热气瓶）
2400		氧舱	
2410			医用氧舱
2420			高气压舱
8000	压力管道	压力管道，是指利用一定的压力，用于输送气体或者液体的管状设备，其范围规定为最高工作压力大于或者等于0.1MPa（表压），介质为气体、液化气体、蒸汽或者可燃、易爆、有毒、有腐蚀性、最高工作温度高于或者等于标准沸点的液体，且公称直径大于或者等于50mm的管道。公称直径小于150mm,且其最高工作压力小于1.6MPa（表压）的输送无毒、不可燃、无腐蚀性气体的管道和设备本体所属管道除外。其中，石油天然气管道的安全监督管理还应按照《安全生产法》《石油天然气管道保护法》等法律法规实施	

续表

代码	种类	类别	品种
8100		长输管道	
8110			输油管道
8120			输气管道
8200		公用管道	
8210			燃气管道
8220			热力管道
8300		工业管道	
8310			工艺管道
8320			动力管道
8330			制冷管道
7000	压力管道元件		
7100		压力管道管子	
7110			无缝钢管
7120			焊接钢管
7130			有色金属管
7140			球墨铸铁管
7150			复合管
71F0			非金属材料管
7200		压力管道管件	
7210			非焊接管件（无缝管件）
7220			焊接管件（有缝管件）
7230			锻制管件
7270			复合管件
72F0			非金属管件

续表

代码	种类	类别	品种
7300		压力管道阀门	
7320			金属阀门
73F0			非金属阀门
73T0			特种阀门
7400		压力管道法兰	
7410			钢制锻造法兰
7420			非金属法兰
7500		补偿器	
7510			金属波纹膨胀节
7530			旋转补偿器
75F0			非金属膨胀节
7700		压力管道密封元件	
7710			金属密封元件
77F0			非金属密封元件
7T00		压力管道特种元件	
7T10			防腐管道元件
7TZ0			元件组合装置
3000	电梯	电梯，是指动力驱动，利用沿刚性导轨运行的厢体或者沿固定线路运行的梯级（踏步），进行升降或者平行运送人、货物的机电设备，包括载人（货）电梯、自动扶梯、自动人行道等。非公共场所安装且仅供单一家庭使用的电梯除外	
3100		曳引与强制驱动电梯	
3110			曳引驱动乘客电梯
3120			曳引驱动载货电梯
3130			强制驱动载货电梯

续表

代码	种类	类别	品种
3200		液压驱动电梯	
3210			液压乘客电梯
3220			液压载货电梯
3300		自动扶梯与自动人行道	
3310			自动扶梯
3320			自动人行道
3400		其他类型电梯	
3410			防爆电梯
3420			消防员电梯
3430			杂物电梯
4000	起重机械	起重机械，是指用于垂直升降或者垂直升降并水平移动重物的机电设备，其范围规定为额定起重量大于或者等于0.5t的升降机；额定起重量大于或者等于3t（或额定起重力矩大于或者等于40t·m的塔式起重机，或生产率大于或者等于300t/h的装卸桥），且提升高度大于或者等于2m的起重机；层数大于或者等于2层的机械式停车设备	
4100		桥式起重机	
4110			通用桥式起重机
4130			防爆桥式起重机
4140			绝缘桥式起重机
4150			冶金桥式起重机
4170			电动单梁起重机
4190			电动葫芦桥式起重机
4200		门式起重机	
4210			通用门式起重机

续表

代码	种类	类别	品种
4220			防爆门式起重机
4230			轨道式集装箱门式起重机
4240			轮胎式集装箱门式起重机
4250			岸边集装箱起重机
4260			造船门式起重机
4270			电动葫芦门式起重机
4280			装卸桥
4290			架桥机
4300		塔式起重机	
4310			普通塔式起重机
4320			电站塔式起重机
4400		流动式起重机	
4410			轮胎起重机
4420			履带起重机
4440			集装箱正面吊运起重机
4450			铁路起重机
4700		门座式起重机	
4710			门座起重机
4760			固定式起重机
4800		升降机	
4860			施工升降机
4870			简易升降机
4900		缆索式起重机	
4A00		桅杆式起重机	

续表

代码	种类	类别	品种
4D00		机械式停车设备	
9000	客运索道	客运索道，是指动力驱动，利用柔性绳索牵引厢体等运载工具运送人员的机电设备，包括客运架空索道、客运缆车、客运拖牵索道等。非公用客运索道和专用于单位内部通勤的客运索道除外	
9100		客运架空索道	
9110			往复式客运架空索道
9120			循环式客运架空索道
9200		客运缆车	
9210			往复式客运缆车
9220			循环式客运缆车
9300		客运拖牵索道	
9310			低位客运拖牵索道
9320			高位客运拖牵索道
6000	大型游乐设施	大型游乐设施，是指用于经营目的，承载乘客游乐的设施，其范围规定为设计最大运行线速度大于或者等于2m/s，或者运行高度距地面高于或者等于2m的载人大型游乐设施。用于体育运动、文艺演出和非经营活动的大型游乐设施除外	
6100		观览车类	
6200		滑行车类	
6300		架空游览车类	
6400		陀螺类	
6500		飞行塔类	
6600		转马类	
6700		自控飞机类	
6800		赛车类	

续表

代码	种类	类别	品种
6900		小火车类	
6A00		碰碰车类	
6B00		滑道类	
6D00		水上游乐设施	
6D10			峡谷漂流系列
6D20			水滑梯系列
6D40			碰碰船系列
6E00		无动力游乐设施	
6E10			蹦极系列
6E40			滑索系列
6E50			空中飞人系列
6E60			系留式观光气球系列
5000	场（厂）内专用机动车辆	场（厂）内专用机动车辆，是指除道路交通、农用车辆以外仅在工厂厂区、旅游景区、游乐场所等特定区域使用的专用机动车辆	
5100		机动工业车辆	
5110			叉车
5200		非公路用旅游观光车辆	
F000		安全附件	
7310			安全阀
F220			爆破片装置
F230			紧急切断阀
F260			气瓶阀门

资料来源：360 百科，https://baike.so.com/doc/25833815-26977858.html，2022 年 10 月 13 日访问。

锅炉是指利用各种燃料、电或者其他能源,将所盛装的液体加热到一定的参数,并通过对外输出介质的形式提供热能的设备,其范围规定为设计正常水位容积大于或者等于30L,且额定蒸汽压力大于或者等于0.1MPa(表压)的承压蒸汽锅炉;出口水压大于或者等于0.1MPa(表压),且额定功率大于或者等于0.1MW的承压热水锅炉;额定功率大于或者等于0.1MW的有机热载体锅炉。

压力容器是指盛装气体或者液体,承载一定压力的密闭设备,其范围规定为最高工作压力大于或者等于0.1MPa(表压)的气体、液化气体和最高工作温度高于或者等于标准沸点的液体、容积大于或者等于30L且内直径(非圆形截面指截面内边界最大几何尺寸)大于或者等于150mm的固定式容器和移动式容器;盛装公称工作压力大于或者等于0.2MPa(表压),且压力与容积的乘积大于或者等于1.0MPa·L的气体、液化气体和标准沸点等于或者低于60℃液体的气瓶;氧舱。

压力管道是指利用一定的压力,用于输送气体或者液体的管状设备,其范围规定为最高工作压力大于或者等于0.1MPa(表压),介质为气体、液化气体、蒸汽或者可燃、易爆、有毒、有腐蚀性、最高工作温度高于或者等于标准沸点的液体,且公称直径大于或者等于50mm的管道。公称直径小于150mm,且其最高工作压力小于1.6MPa(表压)的输送无毒、不可燃、无腐蚀性气体的管道和设备本体所属管道除外。其中,石油天然气管道的安全监督管理还应按照《中华人民共和国安全生产法》《中华人民共和国石油天然气管道保护法》等法律法规实施。

电梯是指动力驱动,利用沿刚性导轨运行的厢体或者沿固定线路运行的梯级(踏步),进行升降或者平行运送人、货物的机电设备,包括载人(货)电梯、自动扶梯、自动人行道等。非公共场所安装且仅供单一家庭使用的电梯除外。

起重机械是指用于垂直升降或者垂直升降并水平移动重物的机电设备,其范围规定为额定起重量大于或者等于0.5t的升降机;额定起重量大于或者等于3t(或额定起重力矩大于或者等于40t·m的塔式起重机,或生产率大于或者等于 300t/h 的装卸桥），且提升高度大于或者等于 2m 的起重机；层数大于或者等于 2 层的机械式停车设备。

客运索道是指动力驱动，利用柔性绳索牵引厢体等运载工具运送人员的机电设备，包括客运架空索道、客运缆车、客运拖牵索道等。非公用客运索道和专用于单位内部通勤的客运索道除外。

大型游乐设施是指用于经营目的，承载乘客游乐的设施，其范围规定为设计最大运行线速度大于或者等于 2m/s，或者运行高度距地面高于或者等于 2m 的载人大型游乐设施。用于体育运动、文艺演出和非经营活动的大型游乐设施除外。

场（厂）内专用机动车辆是指除道路交通、农用车辆以外仅在工厂厂区、旅游景区、游乐场所等特定区域使用的专用机动车辆。

1.2 特种设备事故鉴定的意义

特种设备事故鉴定是依法取得特种设备鉴定资格的鉴定机构和鉴定人，受司法机关、行政机关、社会团体、企业或当事人委托，依据产品质量、特种设备的法律法规和有关国家、部门、行业标准以及相关科学技术知识，对某一特种设备的质量、事故原因以及产品价值鉴别、评估、判断并提供鉴定意见的活动。

特种设备事故是一个广义概念，包括特种设备造成人身伤害、财产或经济损失、特种设备运行不良等事件。

特种设备事故鉴定为司法审判提供证据。第十三届全国人民代表大会第五次会议《最高人民法院工作报告》载明，2021 年审结重大责任事故等犯罪案件 2031 件，审结一审知识产权案件 54.1 万件。[①] 其中涉及特种设备产品质量和特种设备事故案件占有较大比例，这些案件大部分都需要对特种设备从制造、安装、使用、维护等各个环节进行专业技术判断。推进诉

---

① 参见最高人民法院工作报告，载中国网，http://www.china.com.cn/lianghui/77288041.shtml，2022 年 10 月 13 日访问。

特种设备事故鉴定

讼制度改革以审判为中心，充分发挥庭审查明事实、认定证据、保护诉权、公正裁判活动，离不开特种设备事故鉴定活动，特种设备事故鉴定证据是还原并判定案件事实的重要根据，对于保证审理案件质量，正确划分责任，实现司法公正具有关键作用。

特种设备事故鉴定为行政执法提供证据。国家市场监管总局《关于2021年全国特种设备安全状况的通告》表明，2021年全国共发生特种设备事故和相关事故110起，死亡99人，与2020年相比，事故数量增加3起、增幅2.80%，死亡人数减少7人，降幅6.60%。万台特种设备死亡人数为0.08。[①]国家应急管理部公布数据，2021年我国共发生各类生产安全事故3.46万起、死亡2.63万人，其中也包含了特种设备事故。[②]根据《中华人民共和国安全生产法》《中华人民共和国特种设备安全法》规定，特种设备事故应及时、准确查清原因，严格追究事故责任，减少和防止同类事故重复发生，这些案件都需要对特种设备从制造、安装、使用、维护等各个环节进行专业技术判断，特种设备事故鉴定对于国家应急管理、特种设备行业的行政执法有重要作用。

特种设备事故鉴定为生产者、消费者维权提供证据。社会经济不断向前发展，特种设备广泛地应用于生活的各个层面。特种设备发生事故是小概率事件，但必然会发生，政府为加强特种设备管理，需要从事故中吸取教训和经验来制定相应的安全规范；经济贸易活动和社会生活中也会产生特种设备质量和事故纠纷，这些都需要对特种设备从制造、安装、使用、维修等各个环节进行专业技术判断，鉴定意见对特种设备产品质量改进、消费者权益保护、保证社会公共安全、提升人民生活质量有着重要的作用。

---

① 参见市场监管总局关于2021年全国特种设备安全状况的通告，载国家市场监督管理总局官网，https://zycpzs.mofcom.gov.cn/html/gongzuotongzhi/2022/4/1650426496702.html，2022年10月13日访问。

② 参见"2021年中国发生各类生产安全事故3.46万起同比下降9%"，载网易新闻网，https://www.163.com/dy/article/GU60LJ770514R9KQ.html，2022年10月13日访问。

1.3 特种设备事故鉴定的特点

特种设备事故鉴定具有独特的行业和专业特点，有别于普通产品质量鉴定，建立特种设备专业鉴定队伍很有必要。

特种设备管理方式与普通产品管理方式不同。特种设备与产品定义不同，特种设备是对人身和财产安全有较大危险性的特殊产品，产品是指经过加工、制作、用于销售的没有危险性或危险性很小的普通产品；国家制定特种设备目录，实施统一管理，普通产品没有统一管理要求；国家对在役特种设备实施定期现场检验，普通产品不做定期检验，用户按自身需求送实验室检测；特种设备适用的法律是《中华人民共和国特种设备安全法》《中华人民共和国产品质量法》，普通产品只适用《中华人民共和国产品质量法》；在役特种设备定期检验主要针对安全性能技术，普通产品主要针对功能和技术参数。

特种设备事故鉴定与普通产品鉴定资源配置和鉴定方法不同。特种设备检验人员的资格证书由国家统一注册管理，产品质量检测人员的资格由使用人员的单位确认；特种设备检验设备除常规实验室设备外，还有无损检测和现场试验设施及人员经验；特种设备检验场所一般都在设备安装使用的现场，产品检验场所通常都在检验单位的实验室内；特种设备依据产品标准、特种设备产品检验规程、检验或鉴定人员的专业技能进行合格判定，产品检验只能依据标准进行合格判定。

特种设备事故对社会公共安全影响大。特种设备安装使用场合多在公共区域，例如，电梯基本在住所和商业场合、锅炉主要在生产区域、游乐设施和旅游索道主要在旅游等区域，特种设备发生事故容易引发群死群伤事件，社会安全影响程度大。普通产品通常单独使用，事故对社会公共安全影响程度相对较小。

1.4 特种设备事故鉴定项目

特种设备事故鉴定项目是鉴定委托方与接收委托鉴定方合同约定的纽

带载体,是行政机关许可鉴定人执业资格、鉴定机构业务范围的项目,是面向社会公众服务必须公示的内容。

通常,司法审判机关、行政机构、当事人不具备处理专门性技术问题的能力,缺少可查阅或参照的特种设备鉴定事项和鉴定项目分类规范,往往难以准确地确定委托鉴定内容。司法审判机关委托鉴定项目通常来自来当事人的诉求,行政机关委托鉴定项目往往根据事故现象,当事人委托鉴定项目有的是假设或推断,委托事项不准确、不明晰。特种设备鉴定机构是具备检验检测能力的实验室,应满足国家对实验室检验检测项目行政许可要求,实验室的检验检测项目是用鉴定领域、分领域或项目、参数来表征技术能力,加之行业和技术壁垒导致委托的鉴定事项与被委托认可的鉴定项目上称谓不对应、含义不同,甚至相互矛盾,难以统一,严重阻碍了鉴定活动的进行。只有合理地将委托方所委托鉴定事项与鉴定机构具体的技术能力相结合,确定特种设备鉴定机构鉴定项目分类,才能有效地引导鉴定机构和鉴定人执业工作建设,满足司法审判需要、行政机关事故处理要求,化解当事人纠纷的要求。

通过对国家历年公布的特种设备事故类型、司法审判鉴定案例、行政委托鉴定实践和已完成的特种设备委托鉴定业务分析总结,结合特种设备检验检测实验室技术特点,笔者认为当前较为合理的特种设备事故鉴定分类应分为三个层次。第一层次是符合特种设备行业特征的特种设备产品领域分类,第二层次是特种设备产品鉴定分领域分类,第三层次是实验室鉴定项目/参数分类。

特种设备事故鉴定属于特种设备领域。特种设备产品质量鉴定、事故鉴定、价值评估鉴定属于其分领域的三种类别。

第一类别是特种设备产品质量鉴定。按照产品的质量特征、技术特性和参数鉴别产品规定的功能和要求。特种设备产品质量包含产品性能、寿命、可靠性、安全性、经济性、特别约定和法规要求等。

产品性能是产品应达到规定使用功能的要求;寿命是产品在规定条件下,满足规定功能要求的工作期限;可靠性是产品在规定时间内、规定条件下，完成规定功能的能力；安全性是产品在流通和使用过程中保证安全的程度；经济性是产品寿命周期费用的大小，即产品的使用成本；特别约定是供需双方共同约定的特殊产品技术要求；法规要求是国家对特种设备产品的特定要求。鉴定实践中特种设备产品质量委托鉴定内容有产品专利、产品外观和型号、规定功能、技术特性、运行缺陷或故障等。鉴定诉求主要包含贸易活动中特种设备实物与合同要求符合程度、使用过程中产品表征的质量状态与产品技术要求和规范满足的程度。

  第二类别是特种设备事故鉴定。按照特种设备事故表征的常见失效形式或致害方式，鉴别导致产品失效的原因特种设备事故鉴定可分为爆炸、爆燃、泄漏、倒塌、变形、断裂、损伤、坠落、撞击、剪切、挤压、失控、故障或者受困（滞留）等。承压类特种设备失效通常容易发生爆炸、爆燃、泄漏等，机电类特种设备失效通常容易发生坠落、碰撞、剪切、挤压、失控、故障或者受困（滞留）等，承压类和机电类特种设备材料失效都有可能发生变形、断裂、损伤等。鉴定诉求主要包含特种设备使用过程中发生人身伤害的原因、财产损失的原因、确定导致人身伤害或财产损失与特种设备的因果关系。

  第三类别是特种设备价值评估鉴定。按照特种设备生命周期阶段可分为新产品、库存产品、使用后的产品；按照特种设备状态可分为完整无损坏产品、不完整产品、损坏后产品。鉴定诉求主要包含指定的流通区域内产品现有价值和损害价值评估等。

  法律、行政法规规定的特种设备八大类产品和其他特种设备都是具备自身独立特性的产品，但其共性特征，安全特性和环保特性是特种设备最主要的共性。从设计角度，产品的外观、结构、几何尺寸是共性要求；从材料角度，使用材料的物理性能、化学性能是共性要求；从加工角度，焊接、制造工艺、装配质量是共性要求；从控制角度，自动控制和软件是共性要求；机电类特种设备反映的速度、质量、电参数是主要技术指标；承压类特种设备反映的压力、焊接质量（金相）、辅助品（介质）是主要技术指标。这些共性要求可以用实验室技术能力表征，将其归类于特种设备鉴定的项目。推荐特种设备事故鉴定分类见表 1-2。

表 1-2 推荐特种设备事故鉴定分类

序号	产品领域	分领域	项目（参数）	备注
1	特种设备	01 产品价值评估	0101 产品残值鉴定	参数对应实验室认可或实验室资质认定领域分类的项目参数，同时有技术能力限制
2			0102 产品损失鉴定	
3			0103 其他	
4		02 产品质量鉴定	0201 外观特征鉴定	
5			0202 功能状态鉴定	
6			0203 性能参数鉴定	
7			0203 其他	
8		03 产品失效分析	0301 物证宏观检验	
9			0302 物证微观检验	
10			0303 材料物理性能检验	
11			0304 材料化学成分检验	
12			0305 事故原因分析	
13			0306 其他	

产品价值评估是特种设备鉴定机构接受委托人委托，依照规定的程序，按本流通区域价值特性，选择相应的评估价值类型，在评估基准日依照特定评估目的，对特种设备产品价值进行鉴别和判断并提供鉴定意见的活动。

产品价值评估鉴定包括对被鉴定特种设备产品的产品残值鉴定评估、产品损失鉴定评估（含维修价值鉴定评估），残值评估以及委托方要求的其他价值评估。

产品质量鉴定是特种设备鉴定机构接受委托人委托，依照规定的程序，依据被鉴定特种设备产品技术文件规定，选择合适的技术方法，对被鉴定特种设备产品满足规定需要和潜在需要的特征和特性（性能、寿命、可靠性与维修性、安全性、适应性、经济性）等进行鉴别和判断并提供鉴定意见的活动。

产品质量鉴定包括特种设备产品外观特征鉴定、功能状态鉴定、性能参数鉴定。

外观特征鉴定是特种设备鉴定机构接受委托人委托，依照规定的程序，依据被鉴定特种设备产品技术文件规定，选择合适的技术方法，对被鉴定特种设备产品外观形态特征、结构及状态、尺寸参数等进行鉴别和判断并提供鉴定意见的活动。

外观特征鉴定包括了产品外观专利、产品仿制、产品外观结构与合同符合性鉴定，产品外观尺寸与合同、技术文件等符合性及委托方要求的其他与产品外观相关的鉴定。

功能状态鉴定是特种设备鉴定机构接受委托人委托，依照规定的程序，按合同或技术文件规定，选择合适的技术方法，对特种设备产品规定功能状态进行鉴别和判断并提供鉴定意见的活动。

功能状态鉴定包括设备固有运动、定位、安全、环保功能及委托方要求的其他与特种设备产品功能相关的鉴定。

性能参数鉴定是特种设备鉴定机构接受委托人委托，依照规定的程序，按合同或技术文件规定，选择合适的技术方法，对特种设备产品规定的物理、化学性能参数进行鉴别和判断并提供鉴定意见的活动。

性能参数鉴定包括了特种设备产品正常工作时应有的力值、温度、时间、噪声、光学性能、电参数及委托方要求的其他与产品性能参数相关的鉴定。

产品失效分析是特种设备鉴定机构接受委托人委托，依照规定的程序，按合同或技术文件规定，使用产品失效分析技术方法，对特种设备产品事故原因进行鉴别和判断并提供鉴定意见的活动。

产品失效分析包括特种设备产品事故中失效部件的物证宏观检验、物证微观检验、材料物理性能检验、材料化学成分检验和事故原因分析。

物证宏观检验是特种设备鉴定机构接受委托人委托,依照规定的程序,通过目视或借助低倍放大设备,对特种设备产品事故中失效部件物证外观、尺寸、颜色、痕迹、变形特征,比对观察,对特种设备产品失效模式、失效机理和原因进行鉴别和判断并提供鉴定意见的活动。

物证微观检验是特种设备鉴定机构接受委托人委托,依照规定的程序,使用高倍放大设备和成分检测设备,对特种设备产品事故中失效部件物证痕迹特征、材料成分、结构、尺寸、颜色等观察和检测,对特种设备产品失效模式、失效机理和原因进行鉴别和判断并提供鉴定意见的活动。

材料物理性能检验是特种设备鉴定机构接受委托人委托,依照规定的程序,按合同或技术文件规定,选择合适的技术方法和设备,对特种设备产品使用的材料力学性能、电学性能、密度、黏度、粒度、熔点、沸点、凝固点、燃点、闪点、热传导性能、磁性能等进行检验、鉴别和判断并提供鉴定意见的活动。

材料化学成分检验是特种设备鉴定机构接受委托人委托,依照规定的程序,按合同或技术文件规定,选择合适的技术方法和设备,对特种设备产品使用的材料物质成分或元素的种类、含量进行检验、鉴别和判断并提供鉴定意见的活动。

事故原因分析是特种设备鉴定机构接受委托人委托,依照规定的程序,按合同、技术文件或法规的规定,根据产品质量鉴定、失效分析、计算机模拟、科学推导结果,对特种设备产品事故因果关系、原因进行分析和判断并提供鉴定意见的活动。

事故原因分析包括特种设备产品发生人身损害、财产损害、燃烧、爆炸、爆燃、泄漏、倒塌、变形、断裂、损伤、坠落、撞击、剪切、挤压、失控、故障或者受困(滞留)等,以及委托方要求的其他与产品直接相关的事故原因和因果关系鉴定。

1.5 特种设备事故鉴定管理

我国特种设备事故鉴定管理的全部活动必须符合《中华人民共和国特种设备安全法》和《特种设备安全监察条例》，从事特种设备检验检测的机构必须取得《中华人民共和国特种设备检验检测机构核准证》，从事特种设备检验检测的机构的质量管理、资源配置等均应满足特种设备安全技术规范《特种设备检验检测机构核准规则》《特种设备检验检测机构鉴定评审细则》《特种设备检验检测机构质量管理体系要求》。

《检验检测机构资质认定管理办法》规定，在中华人民共和国境内从事向社会出具具有证明作用的数据、结果的检验检测活动，检验检测机构应当取得资质认定。特种设备事故鉴定机构为司法机关作出裁决、行政机关作出行政决定、仲裁机构作出仲裁决定、社会经济和公益活动出具具有证明作用的数据、结果必须取得资质认定。从事特种设备检验检测机构质量管理、资源配置等均应满足认证认可行业标准《检验检测机构资质认定能力评价检验检测机构通用要求》《检验检测机构资质认定能力评价　司法鉴定机构要求》。

《司法鉴定机构登记管理办法》规定面向社会服务的司法鉴定机构依法设立和执业应获取《司法鉴定许可证》。满足司法鉴定执业分类技术能力的特种设备事故鉴定机构体系运行、鉴定流程应符合《司法鉴定程序通则》规定，鉴定机构和人员取证要符合《司法鉴定许可证和司法鉴定人执业证管理办法》规定。

特种设备事故鉴定机构在特种设备检验检测技术能力的基础上增加了鉴定的专门技术能力，特种设备事故鉴定机构服务于司法审判，为社会提供具有证明作用的数据、结果。因此，特种设备事故鉴定机构质量管理体系运作活动应同时满足特种设备行业管理、实验室资质认定管理、司法鉴定机构管理要求。

特种设备事故鉴定机构质量管理体系应根据特种设备行业管理规定、检验检测机构资质认定规定及特殊要求、司法行政管理规定，综合编制质量管理手册和程序文件，统一各行业共同管理要求，分别表述各行业特殊管理要求，保证质量体系管理规定符合法律和行政管理规定，能有效地规范、指导质量体系运行。

特种设备事故鉴定机构资源应配置与鉴定产品、项目参数技术能力对应的检验检测用设备、设施；特种设备行业对机构有《中华人民共和国特种设备检验检测机构核准证》要求，对执业人员有《特种设备检验检测人员证》要求；司法行政机关对机构有《司法鉴定许可证》要求，对鉴定人员有《司法鉴定人执业证》要求；检验检测机构资质认定对关键人员的学历、经历、技术职称有特殊规定。

1.6 特种设备事故鉴定流程

特种设备行业核准、检验检测机构资质认定、司法鉴定程序通则均对机构活动工作流程有要求，其内容无实质性冲突，只是按活动内容控制的方式和程度有差异。特种设备事故鉴定应充分体现各行业管理要求，反映出自身特点，通过归纳、总结已经运行的特种设备事故鉴定机构特点，给出了特种设备事故鉴定基本流程程序。特种设备事故鉴定基本流程见图1-1。

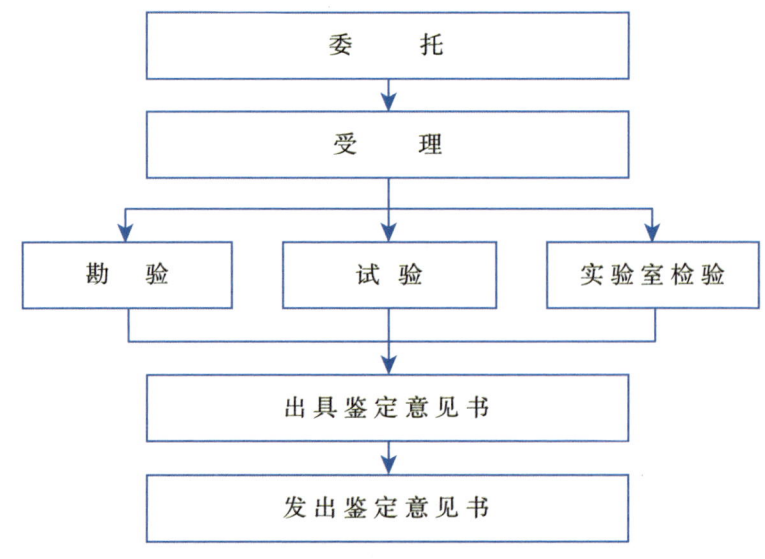

图1-1 特种设备事故鉴定基本流程

流程的划分是根据特种设备事故鉴定活动的阶段进行的，具体每个阶段还有较详细的工作步骤将在对应内容中详述。

1.7 特种设备事故鉴定证据

证据是依照法律规则认定事件事实的依据。按证据的存在和表现形式可以将其分为言词证据、实物证据。

不同的法律体系和法律对法定证据有分类差异，我国刑事诉讼法的法定证据有物证，书证，证人证言，被害人陈述，犯罪嫌疑人、被告人供述和辩解，鉴定意见，勘验、检查、辨认、侦查实验等笔录，视听资料、电子数据八种；民事诉讼法的法定证据有当事人的陈述、书证、物证、视听资料、电子数据、证人证言、鉴定意见、勘验笔录八种；行政诉讼法的法定证据是在民事诉讼法的法定证据基础上增加了现场笔录。随着法治建设的深入，证据分类还在不断调整。证据分类是从多角度、不同标准对证据进行分类研究的活动，同一种证据因分类的标准和角度不同，其类别和包含内容也不完全相同，特种设备有完整的标准和鉴定需求，也应有符合自身特点的证据分类。

证据分类的意义在于能够有效地指导特种设备事故鉴定人员收集、审查、判断证据，认定事件事实，掌握各类证据的运用规则和规律。对证据进行分类研究有益于鉴定走向规范化、科学化。

特种设备事故鉴定证据是指特种设备事故鉴定过程中依法收集与特种设备委托鉴定事件有关联、能证明被鉴定特种设备事件发生过程、性质和原因的一切人证和物证。

特种设备证据分类与其他证据分类有交叉，也有区别，根据特种设备事故鉴定证据特征和鉴定实践总结，同时也满足法律对证据提供的规定，符合实际操作中为特种设备事故鉴定提供证据，对其他法律规定的证据合理归类合并，本书将特种设备事故鉴定证据分为言词证据、书证、物证、鉴定记录四个类别。特种设备证据分类见图1-2。

特种设备事故鉴定

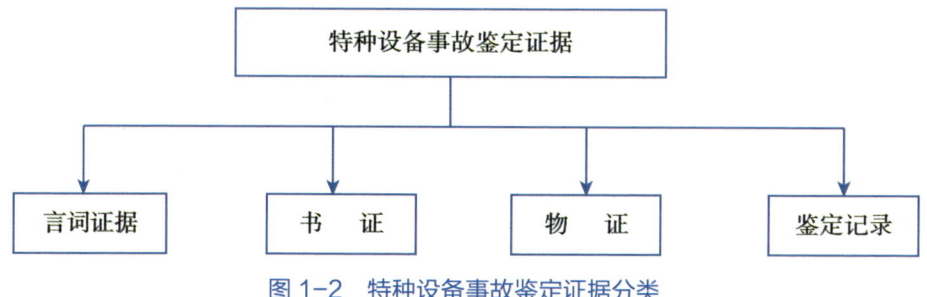

图 1-2　特种设备事故鉴定证据分类

　　言词证据包括与特种设备事故关联人员的书面材料和录音录像材料；书证包括与特种设备事故相关设备的文字、图像材料和电子材料；物证包括能证明特种设备事故的实物物证和痕迹；鉴定记录包括特种设备事故现场勘验记录、现场试验记录、实验室检验记录等。

2 特种设备事故鉴定委托与受理

2.1 委托与受理概念和流程

2.1.1 委托与受理概念

委托是指公民、法人或组织将需要鉴定的专门性问题,按照相应的书面或口头形式,托付给有资质或能力的鉴定机构进行鉴定的行为。受理是指鉴定机构对委托方委托事项审查后,对不违反法律或者社会公共利益、社会公德行为的鉴定事项、自身具备相应的鉴定技术能力,确定接受鉴定的行为。

委托、受理达成需要鉴定的事项后,双方签订的协议就是合同,这是一种特殊的劳务合同。合同是双方的契约,是法律地位平等的当事人之间设立、变更、终止民事权利义务关系的协议;合同作为一种民事法律行为,是当事人协商一致的产物,是两个以上法律地位平等的当事人意思表示一致的协议。只有当事人所做出的意思表示合法,合同才具有法律约束力。依法成立的合同从成立之日起生效,具有法律约束力。履行合同时,鉴定机构以委托人的名义和费用为委托人办理委托鉴定事项,委托人按约支付报酬。

委托方依据相关的法律,向鉴定机构出具鉴定委托文书,鉴定机构审查鉴定事项满足要求受理后,回复受理鉴定文书并告知鉴定费用,这也是一种特殊形式的劳务合同。

2.1.2 委托与受理流程

委托与受理的流程可以是多种形式的，参照国家司法鉴定程序委托、受理的要求，结合特种设备事故鉴定实际，特种设备事故鉴定委托受理基本流程见图2-1。

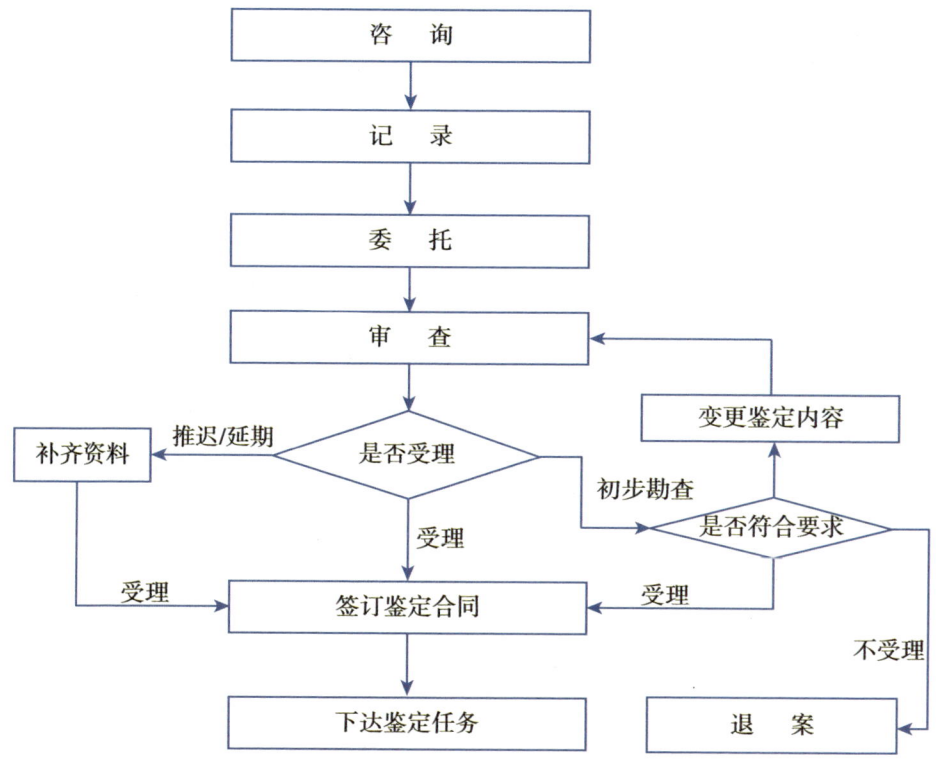

图 2-1　特种设备事故鉴定委托受理基本流程

咨询是委托鉴定前期委托人常有的行为。咨询的方式有当面询问、电话询问。无论委托人采用什么方式，接受咨询人员应记录咨询时间、咨询人姓名、联系电话、工作单位等基本信息；咨询内容应记录特种设备名称、产品型号、规格、设备安装地点、事故发生主要特征、需要鉴定的事项或项目、鉴定意见用途、接受资料清单等，其他特殊事项应记入备注栏目，咨询记录可形成固定的记录格式。承担咨询工作的人员应熟悉鉴定相关的法律、法规，熟悉机构自身的鉴定能力，最好具备相关的鉴定能力，才能有效地做好咨询服务。

鉴定实践中常有鉴定机构让完全不知晓鉴定法规、不懂鉴定业务的一般人员接受咨询，咨询记录完全不能反映鉴定需求，有时还会错误理解、传送鉴定需求，没有起到咨询方和鉴定机构有效沟通鉴定需求的目的。

委托是指委托人依法将特种设备专门性问题托付给有资质的鉴定机构进行鉴定的行为。委托人主体可以是司法机关、行政机关、企事业单位、社会团体和具有民事行为能力的个人。

委托人应向鉴定机构提交鉴定委托书，鉴定委托书通常要载明委托人名称、委托时间、委托事项，明确鉴定要求、案情基本概况，提供客观、详细的技术文件资料以及相应的鉴定材料等。委托书是鉴定合同资料，需要双方签字确认后归档保存。

鉴定机构的功能是解决专门性技术问题，委托书中不能要求鉴定人对案件的事实做出法律评价，应特别注意有的委托书中会提出对事故责任划分的要求。

诉讼活动涉案的委托鉴定应符合《司法鉴定程序通则》要求。鉴定机构应当统一受理鉴定委托，未经机构授权的其他人员不得私自受理鉴定。

鉴定实践中常有鉴定机构不指定专门人员接受鉴定业务委托，为刺激业务增长全员都接受鉴定业务委托，导致委托内容过于宽泛，超出鉴定机构执业范围和鉴定技术能力，委托内容模糊不明确，甚至委托内容违反法规，委托方提供的检材、资料、工辅条件不满足鉴定要求，鉴定时限明显少于正常的鉴定周期，委托方和具体办理委托的人员的法律地位、身份混乱，委托文书填写不规范、错误等。

审查是鉴定机构对委托事项的法律规定、技术范围符合性的核实。审查委托事项法定程序符合性、委托鉴定事项内容合法性、是否为重复鉴定、有无鉴定人应当回避的情形、有无需要保密事项和特殊事项；以及审查鉴定机构许可的执业范围是否满足委托事项技术要求。

鉴定机构应对委托人资格进行审查。司法机关、行政机关、企事业单位、社会团体委托鉴定应提供加盖单位公章的鉴定委托书；个人委托应提供鉴定委托书和本人身份证原件，委托人委托他人代理的应出具委托代理文书；已经进入司法程序的案件，应明确告知委托鉴定的当事人须向司法机关提出申请，由司法机关委托鉴定。

鉴定机构应审查鉴定材料收集、制作、固定、提交、收取、流转、保存、原件、复印件来源的合法性，多案交叉使用的关联性，电子类数据的真实性和完整性，现有鉴定材料范围关系到鉴定方法的适用性等。承担审查工作的人员应有具备相应的鉴定能力，可能承担该业务的鉴定人应参加审核，提前熟悉业务，提前做好鉴定预案。

通过审查委托事项，了解事件发生的经过、性质、争议的焦点及其他相关情况，特别是涉案当事人的情况、相互关系及是否存在利益冲突，是否占有或有可能获取对方的材料等；了解文件资料、被鉴定物勘验、证据发现等详细过程；知晓当事人中的提出鉴定要求者，其怀疑内容是否明确，理由是否充分，以及怀疑对象和其他相关人员的个人情况、利害关系等；了解是否首次鉴定，如不是首次鉴定的应了解历次鉴定的具体情况，特别是有关当事人对历次鉴定意见的不同意见，提出重新鉴定的依据是否充分、可信；了解和发现是否有与事件相关的其他证人证言、书证、物证等证据存在等。

鉴定机构审查委托事项一般可能出现三种结果。

第一种结果是可以接受鉴定委托，委托事项属于本机构鉴定业务范围，委托鉴定事项的用途及鉴定要求合法，提供的鉴定材料真实、完整、充分。

第二种结果是推迟或暂缓受理鉴定委托。提供的鉴定材料不完整、不充分，但委托人能够补充完成、齐全的；委托人说不清楚的疑难、复杂、特殊鉴定事项需要鉴定机构到现场初步勘查确定的；某些原因不能即时决定受理，可以在双方商定的工作日内做出是否受理的决定，并通知委托人。

第三种结果是不能接受鉴定委托。委托事项超出本机构鉴定业务范围、技术条件和鉴定能力；鉴定材料不真实、不完整、不充分或者取得方式不合法；鉴定事项的用途不合法或者违背社会公德；鉴定要求不符合法律、规章、相关鉴定技术规范规定。不接受委托的可以口头或书面告知原因，接受的资料退还委托人,并记录审查处理结果。

鉴定实践中常常有委托事项与鉴定机构许可、资质认定的项目完全不对应的情况。特种设备发生事故往往都需要鉴定事故的原因,而当前法律法规、技术规范对产品鉴定行政许可、产品资质认定项目都没有将产品事故原因鉴定作为鉴定项目列出,委托方甚至在委托书上只书写委托产品质量鉴定,导致后期一方当事人对鉴定机构资质提出质疑。处理该类问题,首先,要向委托方明确表明鉴定机构是否具备鉴定该委托内容的技术能力;其次,要告知委托方鉴定机构的鉴定行政许可、产品资质认定项目与委托内容的差异和原因,由委托方确定是否修改合适的鉴定项目或是否委托鉴定;最后,鉴定机构当场与委托方、各方当事人共同确认是否认可鉴定机构当前资质能承担该项鉴定,并写出备忘录、签字,法定委托的由法定机关确认。只有在委托时就事先解决了今后可能发生的问题,才能降低鉴定、质证的风险,才能正常受理委托。

受理是指有资质的鉴定机构审查委托人资格和委托事项满足法律和技术要求后,接受委托人托付的特种设备事故鉴定事项的行为。通过委托事项法律和技术审查后,鉴定机构与委托人正式签订委托受理合同,明确委托事项、鉴定依据、鉴定时限、鉴定费用等。需要补充提交的资料、鉴定材料、特殊事项、鉴定前初步勘查等情况的要在委托书上注明。有的委托鉴定项目需要外部专家,鉴定机构邀请外部专家参加鉴定应满足法律、法规、标准和行政管理规定。鉴定机构受理委托后应建立鉴定案件档案,给出鉴定案件档案唯一性标识编号。

鉴定时限是鉴定机构根据法律或自身承诺规定的鉴定周期。鉴定项目技术难度较大、取证距离太远、取证受工程施工或季节变化等影响,鉴定周期超出通常规定的鉴定时限时,鉴定机构应与当事人协商,约定合适的鉴定周期;鉴定过程中因补充技术资料、增加鉴定材料等需要延长鉴定周期的要书面告知委托人,重新约定鉴定周期起止时间;发生未预计的事件会影响鉴定时限的应告知委托人,重新确定鉴定周期。

变更是鉴定对象和范围与原来委托鉴定内容不符、初步勘查结果与委托方原来提供的信息不符、事故现场环境变化影响鉴定、技术因素不能完成鉴定等，需要变更原来的委托事项。

鉴定机构应对变动的委托事项进行重新审查，满足法律和技术要求，无其他疑问后才能接受变更委托事项。变更时鉴定机构应有效地与委托方沟通，变更内容应经委托方书面认可，与委托方沟通变更委托鉴定内容应形成记录。变更审查应让承担该业务的鉴定人、参与初步勘查的鉴定人参加。

2.2 特种设备事故鉴定对象

各行业对被鉴定的对象有行业习惯和命名方式，有的将纸质文件和电子文件统称为检材，有的将产品和零部件统称为实物。特种设备事故鉴定实践认为，比较合适的分类命名方式是将鉴定活动中所有相关物品分为资料、实物两类，资料和实物都是特种设备事故鉴定的对象。

2.2.1 资料接收

资料是特种设备司法鉴定活动中，委托方提交或鉴定机构勘验调查与鉴定事项相关的各种文字材料、电子材料。

特种设备事故鉴定资料可包含起诉状、答辩状、庭审记录；合同书、补充协议；产品标准、产品图纸、产品说明书、产品技术要求；产品使用、维修、运行、故障记录；当事人来往邮件、谈话录音；事故现场录音、录像、当事人叙述、旁证材料、事故调查意见；产品检验、检测、鉴定报告及其他与被鉴定物相关的信息等；特殊情况包括合同约定的实物样件等。

鉴定机构接受资料应有清单。委托和现场勘验时，委托方提交的资料清单上要注明材料名称、数量、原件或复制件，一方当事人提供的资料应经委托方同意才能接收。鉴定机构要按照清单逐一核对资料的完整性，委托书中应写明鉴定工作完成后资料是否退还以及退还的方式。某些特别重要的资料，鉴定机构应根据需要，复制、备份资料。

2.2.2 实物接收

实物是特种设备事故鉴定活动中具体的被鉴定物。特种设备事故鉴定实物可包含整机产品及装置、产品或零部件、失效产品或零部件残骸、合同约定实物样件、事故中发现的外来物品及其他与鉴定事项相关的物品。

鉴定机构接受实物应有清单。委托和现场勘验时，委托方提交的样品清单上要注明实物的名称、数量、外观状态、特殊要求等。鉴定机构要按照清单逐一核对实物，根据被鉴定物特性，对样品唯一性进行确认、标记；特殊样品应采用照相、录像、称重、铅封等方式保证样品唯一性；有可能受到环境影响变质的物品应告知委托方，采用冷藏等合适的方式保存；鉴定中可能受损、消耗的实物要提前告知委托人，并在委托书中注明；鉴定过程中实物流转应有流转签字记录；委托书中应写明鉴定工作完成后实物是否退还，退还的方式，鉴定机构为委托方保留的时间等。鉴定机构接受的实物退还应有清单，消耗和鉴定受损物品应注明数量，移交应有交接签字记录。现场固定安装不提取的被鉴定设备设施不纳入接受实物清单，只在现场记录中体现。

特种设备事故鉴定实物和资料必须通过合法途径获取，需要到现场提取的实物和资料应符合法定程序，通知委托人到场见证，应不少于两名鉴定人提取；提取时应制作书面清单，注明提取物来源、名称、数量和唯一性编号，并由提取人、委托方、在场见证人共同签名确认，发生拒绝签字情况时记录当时情况即可；尽量保持提取物品的原始状态，保护提取物上可能留下的痕迹和微量附着物，防止提取物上增加物质和痕迹；采用适当的方式包装固定提取物，防止遗失、损坏、污染、混淆或调换。

2.3 特种设备事故鉴定依据

鉴定依据是特种设备事故鉴定勘验、检测、检验、判别时所遵照、依托的具体实施方法和界限。鉴定活动的本质是确定被鉴定对象法律法规的合法性、技术指标的符合性。所以，鉴定活动必须遵守国家颁布的法律、法规、规章及标准等，应使用经法律确认有效或委托方认可的鉴定技术方法作为鉴定依据。

鉴定依据通常来自国家对产品安全、环保的强制性标准和法律、法规，特种设备自身的产品标准，产品所涉及的相关材料、工艺、安装、使用对应的标准，机电产品和工业产品通用技术要求，合同约定的特殊要求、产品标准、技术文件、实物样件等。

国家发布的有效法律、省级以上行政部门发布的有效行政规章作为鉴定依据，法律和规章另外有规定的从其规定。省和省级及以下发布的地方法规只在所在区域有效，与国家和省级以上行政部门法律、规章不一致的依照国家和省级以上行政部门法律、规章；合同对法律、规章有特别约定时，只要不违反法律规定的依照合同约定法律、规章。

省级或省级以上行政部门批准使用的标准和技术规范作为鉴定依据。优先选择国家标准、行业标准，其次是地方标准、团体标准、区域标准、联盟标准、企业标准，所有的标准水平不得低于国家标准和行业标准规定；合同对标准有特别约定的，只要不违反法律规定的依照合同约定标准。

鉴定依据缺失是特种设备事故鉴定实践活动中最突出、最棘手的问题。很多产品纠纷争议并没有事前的技术约定和相应的要求、争议双方对鉴定机构选择的鉴定依据相互不认同，甚至出现状告鉴定机构错用标准或无标准鉴定的情况，出现这类问题除了确有鉴定标准选择错误外，大部分是一方对标准的定义不理解、所选用的鉴定依据影响了争议方的利益。

标准是对重复性事物和概念所做的统一规定，它以科学、技术和实践经验的综合为基础，经过有关方面协商一致，由主管机构批准，以特定的形式发布，作为共同遵守的准则和依据。特别指出，标准的定义已经确定了并非所有的产品特性指标都必须有标准，有的标准对产品性能指标、安全要求有明确规定，有的只是隐含要求；作为小概率事件的产品事故不需要制定专门的标准，仅有非常特定要求的产品才有故障表征对应缺陷内容。因此，鉴定机构合法、有效地选择适合鉴定对象的鉴定依据，认真向委托方或当事人解读标准、事故的定义和内涵，才能保证鉴定活动顺利实施。

没有鉴定依据时，鉴定机构可选择产品制造单位通过文字、音频、视频、实物样本公布的产品质量数据和功能指标作为鉴定依据；鉴定机构可选择经审判机关指定或经各方当事人同意使用的产品技术方法、科技文献作为鉴定依据；特殊鉴定项目鉴定机构可选择相关科技文献、标准，该专业领域多数专家认可的技术方法和技艺方法作为鉴定依据；无鉴定依据或委托方、争议方均不能提供鉴定依据时，鉴定人可根据自己的专门知识或技能对鉴定事件的专门性问题做出判断。这一类鉴定依据往往容易成为后期对鉴定报告质疑的焦点，鉴定机构应审查所选择的鉴定依据，告知委托人或当事人所选择的鉴定依据的内容，说明选择的原则和理由，并得到委托方认可。

选择鉴定依据应注意依据的时限性。合同签订后、产品交货前，法规、规章、标准变化其鉴定依据也可能发生变化。鉴定依据通常为合同签订时间所依据的法律、规章、标准，法规、规章，法律和标准另有规定的要从其规定选择鉴定依据。

2.4 现场初步勘查基本要求

初步勘查是鉴定机构到事故现场所在地，明确委托事项中模糊、疑难、复杂、特殊要求的鉴定需求，正确确定委托鉴定事项内容，正确实施鉴定的技术准备活动。

特种设备事故鉴定委托时，委托方提供的鉴定对象模糊、背景不清、事件信息不准确、内容前后矛盾、鉴定需求不明确，不能对委托事项进行有效审查时，鉴定机构应向委托方提出初步勘查要求。初步勘查应让参与该项目审查、具备与该项目相关鉴定能力的鉴定人参与。

鉴定机构要明确告知委托方，初步勘查不是正式接受委托鉴定，是解决委托中不明确的问题，若初步勘查发现委托事项不具备鉴定条件，鉴定机构会做出不接受委托的决定，同时要与委托方协调初步勘查要求、初步勘查费用等事项；初步勘查同样要签订委托协议。

鉴定机构初步勘查前应有策划预案，且应将预案内容告知委托人。预案内容应包括初步勘查时间、初步勘查人员、委托方参加人员、当事人参加人员、需要提供的资料、重点解决委托中不明确的问题。

通过初步勘查了解委托鉴定案件的主要信息、争议焦点，确定委托鉴定事项，为后期接受委托规划初步鉴定思路、配备合适的专业鉴定技术人员、准备正式勘验用设施和器材、提出正式勘验安全要求和辅助勘验条件等事项。在不影响后续正式勘验的情况下，初步勘查可以适当提取需要保护的特别重要物证、可能因时间延长受损的物证，提取需要委托方或当事人确认，同时要做好签字确认手续和记录。

鉴定机构初步勘查后应做出是否接受委托方委托的决定，接受委托要通知委托方，告知初步勘查的情况，提出需要补充的鉴定资料或辅助条件要求；不接受委托的要书面通知委托方，告知初步勘查结果，告知不接受委托的原因及法律不能接受委托的规定。

3 特种设备事故现场勘验

3.1 现场勘验概念和方案

3.1.1 勘验概念

特种设备事故鉴定现场勘验是鉴定人员利用科学原理、科技知识和技术方法，对与特种设备事故有关的地点、场所、设备、损伤零件、零件残骸、人体、物品、尸体等进行实地勘查、检验、试验、调查、分析、研究、寻找、发现、固定和提取与事故有关的资料、信息、痕迹、物品等，为鉴定分析判断提供证据的活动。

现场勘验是为特种设备事故鉴定提供有效的客观依据的活动，是特种设备事故鉴定的起点和基础，是获取事故线索和证据的丰富源泉。通过现场勘验，可充分了解特种设备事故原因和质量状态的相关信息，为拟定现场试验和实验室检验检测项目提供导向，为分析判断事故原因或设备质量缺陷提供线索和证据。

现场勘验收集证据的过程应按规定的程序进行。鉴定机构应有委托方出具的书面委托鉴定文书，鉴定机构应下发鉴定工作任务；委托方应派人员到现场见证现场勘验。有的事故特殊，现场设备所有权人与申请鉴定方无法律关系，鉴定机构应要求委托方完善相应法律手续，与设备所有权人协调好关系，提供必要勘验资源和条件以及配合鉴定等事项。

现场勘验应注重勘验时限。鉴定机构正式受理委托方鉴定案件后，应及时实施现场勘验。通常受理手续完成后，鉴定机构与委托方要商定勘验时间，鉴定机构应按照约定时间在勘验时限范围内进行现场勘验，避免延时造成证据损坏或灭失。

3.1.2 勘验方案

现场勘验应准备好勘验方案。现场勘验前应充分分析所获知的事故相关信息、设备技术结构和参数、委托方的鉴定需求，制订基本的勘验技术方案，构思勘验时机、阶段，勘验需要的专业技术人员、基本设备、特殊装置和设备、辅助设备和条件、安全要求，保证现场勘验能有计划、有目的、全面地收集与案件相关的物证和信息；需要委托方或当事人预先准备的事项应提前书面告知。勘验方案由负责该项目鉴定的、参与过项目审查和初勘的鉴定人负责起草。

现场鉴定人员应严格保密纪律。鉴定人员应注意保密，保护现场所观察到的商业秘密、技术秘密，特别是涉及国家机密和刑事案件的秘密，涉密案件勘验全过程应符合法律法规和法定程序要求。

现场鉴定人员应始终坚持公正、客观、科学、认真的执业操守。鉴定人员鉴定全过程要实事求是，杜绝主观臆断以及先入为主，坚持证据第一；无论事故损失大小，技术难度高低，调查询问、检测试验都应做到细致入微，鉴定人员不轻易放弃可能收集到证据的线索；勘验程序和方法应符合规定的鉴定技术规范，使用新的勘验技术和特殊的试验方法时应及时告知委托方；鉴定人员不与当事人谈论与案件信息无关的事件，不参与当事人个人恩怨谈话，不给当事人有倾向的判断意见。

现场勘验应严格安全作业要求。鉴定机构应配备好相应的安全装备和设施及基本救护装备。进入现场前，勘验负责人应检查安全条件、安全隔离措施，明确勘验安全要求和注意事项；勘验活动中应特别关注动火、高空操作等作业安全，监控特种设备可能发生的爆炸、漏电、漏水、漏气、坠物、化学污染等事故苗头，避免勘验时发生次生事故，保证人员、设备安全和勘验活动顺利进行。

现场勘验应确认到场的委托方、当事人、鉴定人员身份，需要时各方到场人员应签字确认到场见证勘验。

3.2 现场勘验对象和范围

3.2.1 勘验对象

特种设备事故鉴定的现场勘验对象是与特种设备事故关联的人、设备、物料、环境、操作设备使用的技术文件、记录等内容。

关联人包括发生事故设备的操作者、事故目击者、事故现场作业人员、事故设备维修人员、事故设备管理人员等；设备包括发生事故的设备设施、为发生事故的设备提供辅助服务的水源、气源、电力、通信、控制等设施设备；物料包括发生事故设备使用的介质水、油、蒸汽，提供能源的天然气、电源、煤炭、沼气等；环境包括与事故相关的设备安装位置、建筑结构形态、能源和介质输送的各种管道结构形态、保证安全的各种固定设施、发生事故时现场的气象条件等；与事故相关的技术文件包括事故设备规定使用的标准、作业指导文件、合同约定特殊功能或技术要求等事项；记录包括设备运行记录、设备维护维修记录、事故设备输出产品的技术特性、与事故相关的检查试验结果等。

特种设备事故鉴定现场勘验要遵守相关法律、法规规定，要符合鉴定委托事项内容，鉴定人员进入事故现场应再次核对、确认被勘验对象和勘验范围。

勘验对象确认包括被鉴定设备名称、型号、编号、安装位置与委托内容一致程度，设备上的铭牌、钢号、色标、标识标签等；某些被鉴定设备因使用年限太长、管理等因素无任何标识和资料，鉴定人员应确认设备安装位置，对设备安装位置、场所制图或拍照取证。被鉴定对象应与委托方逐一核对，若勘验被鉴定对象需要移动出原来场所，或被鉴定对象具有特殊性，均应让委托方或当事人确认，保证鉴定对象与委托的鉴定对象一致。

3.2.2 勘验范围

勘验范围确认应以特种设备事故发生场所为中心，根据事故设备技术特征，确定与事故关联的辅助设施、环境、物料等所在的区域。同一区域内安装的同类设备要注意区分事故发生的范围，明确设备之间的界线；用于勘验比对的完好设备要与事故设备严格区分，做好编号标识和记录，需要时应照相固定证据。鉴定人员进入事故现场应再次核对勘验范围，需要时应使用围栏、隔离线等标识勘验范围，危险勘验范围应根据情况设置专门安全人员守护，防止发生二次事故。

特种设备事故现场勘验时不应随意扩大和缩小委托鉴定的对象和范围，不应涉及与委托事项无关的事件、对象和场所。

现场勘验时发现必须变动鉴定事项的要重新审查委托内容，变更内容应经委托方和鉴定机构签字认可。经委托方同意变动的鉴定对象和范围，应留存记录；特殊情况的变动应在同一画面照片中保留被鉴定对象、委托方、当事人在场图像。

3.3 现场勘验原则和方法

3.3.1 勘验原则

特种设备事故现场勘验前应尽量按照预先制订的勘验方案进行，勘验前确定好勘验对象、勘验范围、安全保护、辅助条件等。现场可以根据实际情况修改、调整勘验方案上不适宜的内容。

现场勘验通常遵守先观察后动手，先照相后提取，先外表后内部，先上面后下面，先重点后一般的原则。先观察现场位置结构、设备安装状态、辅助设施与主体设备关系、管道和线路走向、监视仪表位置、事故集中区域或点位，让鉴定人员对现场整体概貌有初步直觉认识，为判断事故原因提供思路；先照相是固定现场形貌状态，便于后期查找、核对、分析现场中物品之间的相互关系和位置；外表、上面无须移动物品即可观察，便于保护现场；重点部位容易发现事故线索，有效调整分析思路。现场凡是移动物品、开启设备及改变原始现场状态，未固定的现场容易导致证据灭失或变异；现场勘验忌讳偏听偏信一方当事人描绘事故原因，鉴定人员贸然进入现场翻看物品后无功而返，以致破坏现场的原始状态。

确认现场状态。特种设备事故现场勘验前应首先确认所见到的现场状态，主动询问是否有因救援等因素导致现场发生变动的情况；观察现场形貌有无明显异常，核对现场形貌与所知信息有无出入，查证现场反映的事故特征与设备工作原理有无明显矛盾，防止所看到的现场发生变更或有故意伪造现场情形。

识别安全风险。鉴定人员进入现场应主动询问设备使用方安全规定和可能存在的安全风险，观察现场环境预先确认安全状态，主动识别和防范勘验现场安全风险。事故现场安全风险包括是否存在有毒、有害、放射性等物质，是否有二次坠物、垮塌等风险，是否有带电的电源线路，是否有现场被水淹的情况，是否有勘验时需要登高要求，是否有因大风、下雨等不能保证安全的情况，是否有因地质灾害可能产生的次生风险等。鉴定对象的安全状态应全面确认，例如进入在用锅炉勘验前，锅炉炉体降温是否到达规定温度、炉内通风换气是否符合规范、多台锅炉串联管道盲孔是否截断关闭、人员监护和通信安全保护措施等是否有效；进入电梯井道内部轿厢和机房的急停开关是否有效；进入易燃、易爆场所需要的防静电装备等。特殊的事故类型、场所、设备应有特殊的安全装置，如海洋平台上救生用的漂浮装置、高海拔地区用的氧气瓶、火灾事故现场用的呼吸装置等。勘验前要对安全风险逐项排查，确认那些风险能够通过提供安全措施来保证鉴定人员安全，要排除那些风险的安全隐患才能进入现场，防止事故现场发生二次事故。

配备适宜的辅助资源。鉴定人员进入事故现场应预先与委托方或当事人确认其所提供的勘验鉴定用的辅助资源。如勘验鉴定时设备运行需用的水、电、气资源，移动较大物品需要的起重设备和运输设备，拆卸设备或取证时需要的专用工具，切割样品时需要用的切割设施，登高时需要的特殊安全保护装置，现场试验需要的辅助物品和原材料，现场需要的设备操作工人、技术人员、特种设备持证作业人员，设备特殊工作环境中需要的专用安全防护装置和通信设施等。鉴定机构应事先告知委托方或当事人勘验前需要准备的资源，特别是保障安全勘验的资源，争取委托方或当事人协助进行勘验工作。

3.3.2 勘验方法

现场勘验方法是鉴定人员具体调查取证实施的技术方式。实际勘验的方式依据现场情形通常有顺序勘验法、分段勘验法、立体勘验法、离心勘验法、向心勘验法等。

顺序勘验法是按照设备工作原理、工作流程、物料流转路线，分析发生事故可能的先后顺序，按照设备工作流程顺序依次开始勘验。如燃气锅炉房发生可燃气体泄漏，要查找泄漏点，通常就会按照气体输送路线，逐一对各种接头用检漏液体检漏。

分段勘验法是按事故发生的时间段、工序段、发生部位段进行的分段勘验。如管路接头的部件与常规不一样，气体自动控制截断阀曾经有维修史，观察到某个位置有泄漏痕迹，怀疑某个地方有泄漏等，通常就会选择这些地方用检漏液体检漏。

立体勘验法是根据产品结构，依照事故发生位置，从上部空间往下部勘验。如客用电梯冲顶事故，往往从电梯机房顶部开始勘验，逐步向下部空间勘验。

离心勘验法是从事故发生的中心部位，向外部逐步勘验；向心勘验法是从外部，逐步向事故发生的中心部位勘验。如容器发生爆炸，先勘查容器爆裂口部位，再逐步勘查爆炸损伤物品、痕迹，最后到爆裂飞出物，此过程采用的是离心勘验法，反之为向心勘验法。

现场勘验方法不是一成不变的，实际勘验过程中会根据情况选择和交替使用合适的勘验方法。

现场勘验通常是鉴定人员用目视方式观察现场整体宏观状态和特征、物品毁损状态和模式、现场特殊和异常现象、设备和零部件材料断口特征、设备和零件遗留的痕迹、设备运行表征的参数指标等信息；使用携带的仪器设备测量设备与环境的位置尺寸、设备及零部件位置尺寸、环境物理和化学状态、设备运行物理参数、介质或输出物质参数等；借用磁力设备、紫外设备、洗涤器具、筛选等工具寻找与事故相关联的微量物证或异常物质；通过现场运行设备判别设备功能和技术特征，发现相同条件下运行的同类设备和零部件不同的形态特征。

3.4 现场勘验程序和组织

3.4.1 勘验程序

现场勘验程序是保障现场勘验活动达到和满足勘验取证规定和要求的途径和步骤。

现场勘验环境条件和事故难易程度各有不同，勘验节奏、周期、方式随之变化。为保证勘验符合相关法规要求，不遗漏事故关键信息，通过对大部分事故现场勘验的经验进行总结和逐步标准化，特种设备事故现场勘验的基本程序见图 3-1。

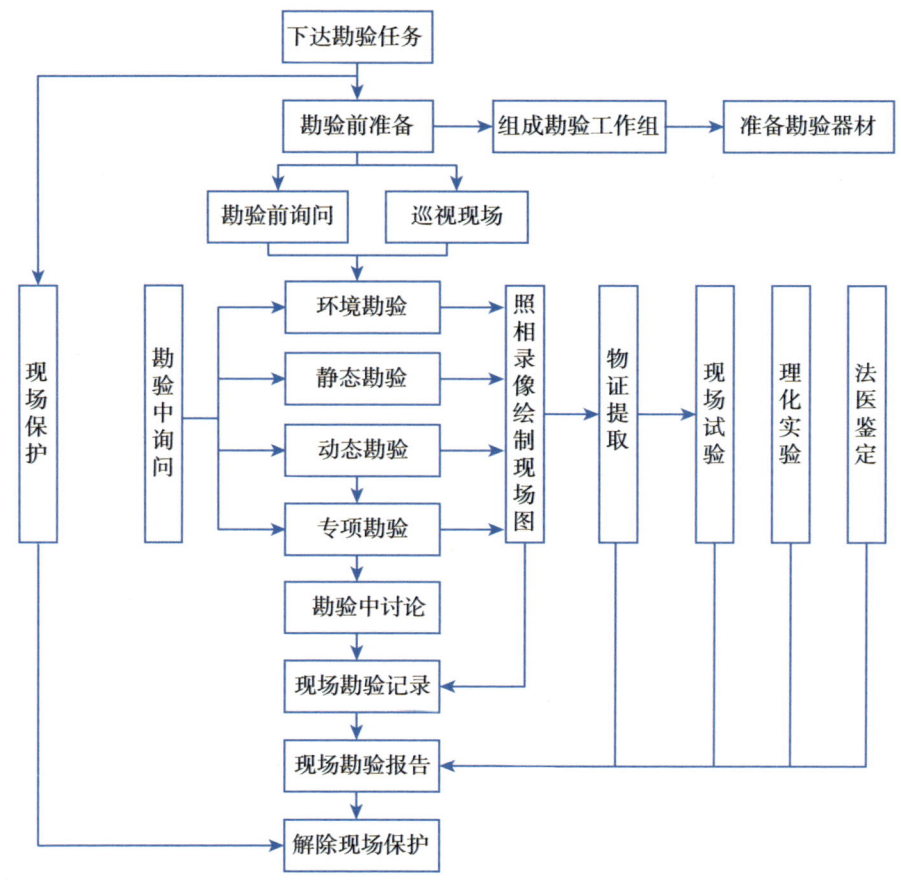

图 3-1 特种设备事故现场勘验的基本程序

3.4.2 勘验工作组

鉴定机构正式受理鉴定委托后应下达现场勘验任务，勘验任务应书面载明委派组成的现场勘验工作组项目负责人、鉴定人员、勘验时间、勘验现场详细地址、委托方名称、联系人电话、鉴定委托事项、特殊注意事项或备注；勘验工作组应提取案件档案全部材料，初步分析事故类型和事故特征，准备专用勘验检测设备、器材和常规勘验设施；勘验工作组项目负责人应是参与过该项目审查、初勘工作，具备该项目相关鉴定能力的鉴定人担任，其余人员根据项目需要安排相关的鉴定人和技术人员；现场事故调查前，勘验工作组项目负责人组织参加勘验的人员内部沟通，熟悉案情，策划勘验方案，落实勘验项目和人员分工。

3.4.3 巡视现场

勘验工作组到达现场后要与委托方或事故现场负责的当事人联系，切忌擅自直接进入事故现场。由委托方或事故现场负责的当事人引导，再次向相关当事人、在场人员等询问调查事故经过，核对、了解事故的基本情况、现场保护或变动的情况、设备现行状况等，可根据现场情形开始收集证人证言，从整体上把握事故初步态势。

由委托方或事故现场负责人陪同，鉴定人员应先对整个事故现场进行巡视观察，巡视封闭的特殊现场应得到相关行政管理机关或委托方同意。巡视现场可以让鉴定人员从感官上初步了解被鉴定的设备状态和现场环境情况，根据巡视观察结果推测事故发生的可能途径，发现勘验时可能存在的安全风险，修正事前的勘验鉴定方案，确定勘验重点和取证要求。

鉴定人员巡视现场时应观察与事故可能有关联的事物和状态。观察作业人员的操作位置、伤亡位置、移动路线和工作通道；观察设备是否处于在用状态，现场有无操作文件、记录文件上所生产的产品或运行参数；观察可能与事故关联的建筑结构、辅助装置、水沟、电线、气源、排气装置、物料输送、安全通道等；观察现场受损零部件、各种明显痕迹的位置和分布特征；观察事故现场有无异常物品、异常气味、异常形态等。观察时要注意询问事故救援时现场改变情况。

鉴定人员巡视观察现场时尽量不要移动现场物品，保持现场原始状态，必须要移动的应做好记录和标识。有的现场保留时间很长，救援时可能有变动，不完全是原始现场，鉴定人员应记录变动情况。

3.4.4 环境勘验

环境勘验是现场鉴定人员在事故区域和周围、事故主体和周边，观察可能与事故相关的建筑结构、设备、设施、各种装置、物品、物料等，观察它们的状态，测量相关参数并记录结果的活动。环境勘验时应评估现场当前安全程度、设备当前稳定性，在保护和固定现场原貌的前提下，提出当前环境需要采取的必要安全措施，确定鉴定人员进出路线，划定发生事故的具体区域。环境勘验要查询并记录发生事故时、现场勘验时可能与事故发生因素关联的温度、湿度、海拔、照度等。

3.4.5 静态勘验

静态勘验又称初步勘验，是在不轻易触及现场物品、尽量不变动现场物品原来位置的情况下，进入现场观察被鉴定物状态、测量相关参数并记录结果的活动。初步勘验应根据设备技术特点和场所特征，观察事故设备位置、设备外部状态、设备损坏部位、其他异常状态。初步勘验应从多角度观察现场，观察应从上到下、由远至近，整体观察事故发生的起点、路径、终点，确定勘验的重点部位，确定各种物体位移方向、损毁情况、程度及特征，寻找痕迹物证。应选择现场的高点位置整体上观察现场，应从操作人员工作位置观察设备、环境、安全状态，应从目击证人位置观察描述的事故状态。通过初步勘验，校核环境勘验获知的初步信息，核对证人证言真实性和可信程度；通过初步勘验发现现场特点，形成初步的事故发生轮廓和路径，确定人的不安全行为、物的不安全状态。

3.4.6 动态勘验

动态勘验又称细项勘验，是对初步勘验过程中所发现的物品、痕迹在不破坏的原则下，逐个检查、勘验并记录结果的活动。细项勘验应确定物证位置、具体尺寸、外观状态、外观特征、损坏程度、损坏方式、形成损坏的初步原因，确定专项勘验对象和所要提取的物证。细项勘验时，人员伤害方式可查阅司法机关法医、医院医生的检查判断结果，可当面询问受伤人员情况；设备按实体结构可从外至内逐步分解勘验，可按照物证损坏的特征采用复原方式勘验，可对沉积在油泥、液体中的物证采用合适的洗涤方式勘验，可对混杂在粉状物中的物证采用筛选方式勘验，狭小场地在不损坏物证前提下可整体移动设备到合适位置勘验等。细项勘验从人员在事故中受伤部位、状态、死者姿态等方面，初步判断人员在事故前的行为和状态；细项勘验从物证损坏模式、痕迹形成方式和特征，初步确定事故发生的顺序和路径，初步确定引发事故的设备部位和原因，进一步核实环境信息和证人证言真实性和可信程度。

3.4.7 专项勘验

专项勘验又称重点勘验，是对现场发现的受损设备、受损部件、痕迹和残留物等可疑物证进行检验、鉴别并记录结果的活动。专项勘验应确定受损物断口失效模式、材料类别、设备工作顺序和操作控制指令之间的关系、造痕体和承痕体之间的相互关系等。专项勘验可采用目视或借助低倍率便携放大设备直观观察鉴别断口，采用光谱法快速鉴别材料化学成分，采用便携式硬度计初步检测材料物理性能，采用便携式无损检测设备检测零部件材料表面及内部裂纹，通过现场试验来确定零部件功能、工作状态和性能。专项勘验结果是分析事故原因的重要证据，根据设备性能、工作特点、工艺特征、使用状态、专项勘验结果、相关的环境和证人证言，初步形成事故原因的证据链。

3.4.8 询问和讨论

询问贯穿整个现场勘验活动。调查时询问的证人证言不可能全部覆盖事故的所有细节，现场勘验中配合特定工位环节，逐步询问当事人有利于发现细微情况，发现与事故有关联的重要证言要及时记录并再次与证人确认。

讨论是现场勘验活动勘验工作组人员沟通的重要环节，通过讨论可以让各鉴定人员充分了解事故信息，分析事故特点和可能发生的因素，商讨下一阶段勘验重点和工作内容等。内部讨论要注意适当回避当事人，特别是与事故责任有可能关联的当事人，避免发生不必要的争执。

3.4.9 现场试验

现场试验是验证设备功能、核查设备工作环境、测量设备技术指标、发现设备运行异常现象并记录结果的活动。现场试验设备可以是整机试验，也可以是部分功能试验。特殊情况下现场试验可对设备做不影响结果的调整或改动，改动的情况要告知委托方或当事人并记录。

3.4.10 物证固定和提取

物证固定是通过照相、录像、绘制现场图等方法，固定现场形态、物证特征的活动。照相、录像、绘制现场图工作贯穿现场勘验活动的各个环节。

物证提取是对现场勘验活动中发现可能与事故关联的受损零部件、痕迹、附着物或不明确的可疑物品收集并有效保存的活动。物证提取的物品是实验室做进一步检验、鉴别的对象。

3.4.11 勘验记录

现场勘验记录是观察现场状态，发现物证、痕迹，收集验证人证言和试验结果，为事故鉴定保存和提供现场勘验证据的活动。现场勘验记录工作贯穿现场勘验活动的全部过程和环节，鉴定人员应签字确认自己提供的勘验记录。记录的方式包括笔录、现场制图、照相、录像、录音等。

3.4.12 勘验报告

现场勘验报告是现场勘验过程、部分情况分析、勘验结果的综合文字记录。现场勘验报告包括委托方、现场勘验参与人员、委托事项、勘验对象、事故基本情况、现场环境、勘验内容、与事故关联的证人证言内容、收集与事故关联书证内容、现场勘验发现的物证、提取的物证、现场异常情况、事故原因初步分析、需要进一步证实的证言、需要补充的证据、需要实验室鉴定的可疑物证等。现场勘验报告应由项目负责人编制，鉴定人员参与讨论，现场勘验报告完成后工作组人员要签字确认并存档。

3.4.13 现场保护

勘验过程中要注意保护现场,尽可能少地变动或不变动现场原始状态。不能一次完成勘验,需要继续或重新勘验的现场,经委托方同意后可以商定在一段时间内保留现场。现场保留可分为全部现场保留、局部现场保留、某些痕迹物证保留;不需要保留的现场可以通知委托方,由委托方决定处理。

3.5 现场勘验常用装备

根据特种设备的技术特点和委托鉴定事项要求,现场勘验要准备与勘验技术和产品技术相适应的勘验设备和工具。通常,特种设备事故现场勘验条件不良,携带必要的便携式仪器设备能有效地提高勘验效率和鉴别能力。特种设备现场勘验常用设备分为检测设备、固定和取证设施、安全防护装备、工器具等。特种设备勘验常用装备见表3-1。

表3-1 特种设备勘验常用装备

序号	装备名称	规格或最小分度值
一	检测设备	
1	钢直尺	150mm、300mm / 1mm、前段 0.5mm
2	钢卷尺	2.0m、5.0m / 1mm
3	游标卡尺	150mm / 0.02mm
4	螺旋千分尺	25mm / 0.01mm
5	塞尺	0.02~2.0mm
6	红外测距仪	60m / ± 1.5mm
7	激光水平仪	5 线 / 自动安平方位 ± 3° 范围光线闪亮发射角度 ≥ 120° 水平和垂直精度 5m ± 1mm、 下对点精度 ± 1mm/1.5m、正交精度 ± 1mm/3m

续表

序号	装备名称	规格或最小分度值
8	红外测温仪	−20~1000℃ / ±1.5℃
9	便携数字万用电表	直流电压 2~300V、交流电压 200V/300V、直流电流 200mA、电阻 2~2000kΩ、有通断测试
10	计时秒表	0.1s
11	便携式里氏硬度计	200~900HL、32~940HV、30~670HB、4~100HRB、20~68HRC、32.5~99HSD ±4HL 或 0.5%、任意测向
12	便携式超声波硬度计	85~650HB、20~70HRC、61~85.6HRB、41~100HRB、80~1599HV 抗拉强度 255~2180N/mm^2、任意测向
13	便携式超声波测厚仪	0.1~65mm /0.01mm 可选
14	便携式粗糙度仪	Ra:0.05~10.0μm、Rz.0.1~50μm 扫描长度 6mm、示值误差≤t15%、示值变动性 <12%
15	电火花检漏仪	环氧煤沥青、石油沥青为介质 0.03~10.mm
16	手持式合金分析仪	金属含量检测限 0.01%
17	便携数字磁粉检测仪	电磁扼极距 75~200mm、电磁扼重量 1.5kg
18	便携式超声波检测仪	范围 0~6000mm、增益 0~110dB（步长 0.1dB、1dB）、垂直线性 <3%、水平线性 <0.3%、动态 >32dB、灵敏度余量 >58dB、分辨率 26dB
19	手持式拉曼光谱仪	化合物官能团分析、材料分析、环境污染物检测
20	便携式测振仪	0.5~5000Hz、0.02%、5~999Hz=0.1、1000~5000Hz=1
21	便携式声级计	30~138dB（A）、40~138dB（C）、45~138dB（线性）、10Hz~20kHz 频率计权 A、C 及线性

续表

序号	装备名称	规格或最小分度值
22	手持式测速仪	1~300km/h±1.0
23	手持式转速计	10~9999 r/min±（0.04%+2）
24	手持式卫星定位仪	—
25	组合式气象仪表	风速 0.1m/s、海拔 1m、气压 0.1hpa、温度 1℃、湿度 5%
二	固定和取证设施	
1	手持式放大镜	<50 倍
2	反光镜	—
3	内窥镜	—
4	可照相手持式数码显微镜	≥500 万像素
5	单反照相机	配广角镜头、中焦镜头、微距功能镜头；配红、黄、蓝、绿系列滤光镜；配红外、紫外、偏振转换滤光镜
6	录像机	
7	红外夜视设备	—
8	有照摄系统的无人机	有效像素>1000 万 录像分辨率 4K:3840×2160P
9	望远镜	—
10	紫外线灯	波长 455nm
三	安全防护装备	
1	安全帽、工装、防护镜	—
2	登高用安全带	—
3	警戒围栏、警戒标线	—
4	防砸安全靴	—
6	报警笛	—

续表

序号	装备名称	规格或最小分度值
7	单人用一氧化碳报警器	—
8	单人用射线辐射报警器	—
四	工器具	
1	无线电对讲机	直线距离大于8km
2	手电筒、强光灯	—
3	磁性、双色照相比例尺	>100mm/1mm、>1mm/10mm
4	照摄用三脚架	—
6	手持式云台	—
7	镊子、剪刀	—
8	磁石、透明胶布	—
9	取样袋、取样瓶	—
10	清洁用无水乙醇或油脂	<50mL
11	带黏贴纸、数字字母标识牌	—
12	棉球、海绵球、海绵垫	—
13	组合式工具箱	—

4 特种设备事故言词证据

4.1 言词证据概念和取证原则

4.1.1 言词证据概念

言词证据是指以人的陈述为存在和表现形式的证据。言词证据的特点是能够动态、直接地证明案件事实，证据来源不容易灭失，但容易受各种主客观因素干扰影响而失真。

特种设备言词证据是特种设备事故的当事人，以语言陈述事故经过来证明事故真实情况所提交的书面材料、陈述记录、录音资料、录像资料。

4.1.2 言词证据分类

特种设备言词证据来源于两个方面，一是委托方提供的当事人书面陈述材料、调查笔录、录音资料、录像资料，二是特种设备鉴定机构调查询问当事人形成的陈述记录、录音资料、录像资料。特种设备言词证据主要有书面言词、录音录像两类，分别包括操作人、受伤人、目击者、维修人员、管理人员、事件相关人员的言词证据。见图4-1。

特种设备事故鉴定

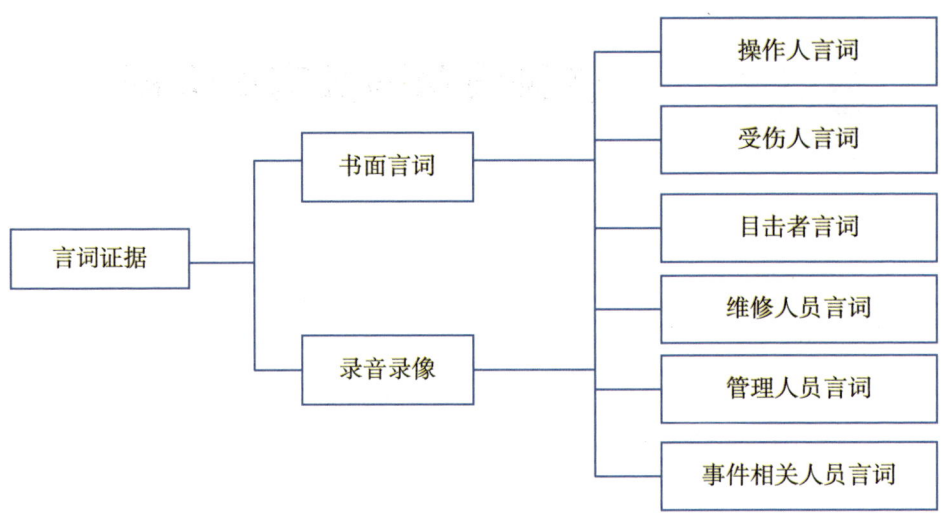

图4-1　特种设备言词证据分类

4.1.3 基本取证原则

特种设备事故鉴定属民事法律和行政法规管辖范围，调查询问当事人要依法进行，不得诱供、恐吓和刑讯，调查询问取证要遵守合法、公正、平等的原则。

合法原则。调查询问当事人应由两名鉴定人员实施，调查询问前应向当事人表明身份，出示能证明鉴定人合法身份的证件；尊重当事人的权利，告知当事人的义务，告知当事人应真实地讲述所见所闻，不主观臆断事实，承担所讲述内容真实性的法律责任；司法、执法机关委托鉴定案件，委托方可在场见证调查过程。

公正原则。鉴定机构是公正的第三方，鉴定是为司法审判机关、行政机关、委托人解决专门性技术问题，鉴定人应始终保持公正的态度，不偏向任何当事人，鉴定结果、鉴定费用与鉴定人个人利益无关。

平等原则。调查询问时要让调查环境有平等气氛，鉴定人应保持平和的态度与当事人交流；鉴定人要尽量使用普通话或能与当事人沟通的地方方言，避免因语言沟通不畅产生误解，特殊情况需要翻译的委托方人员应到场见证调查过程。

4.2 言词证据调查收集和记录

4.2.1 调查与收集

调查询问是鉴定人员为了查明事故原因和其他相关问题，按照规定程序，以谈话形式向事故当事人和有关人员了解、查证相关情况，取得言词证据、发现线索、收集证据并记录调查结果的活动。

特种设备事故鉴定收集言词证据的主要方式是当面向当事人调查询问或录音和录像。询问调查取证方式是通过鉴定人员提问，被调查人回答来获取事实证据，调查询问效果的好坏直接影响事故调查进展和鉴定质量。调查询问对象是与事故相关的一系列当事人，特种设备事故鉴定中言词证据当事人可以是设备操作者、维修者、管理者、事故目击者、受伤人员及其他与事故关联的人员等。调查询问对象时，可按照事故发生顺序和事故涉及岗位来初步确定被调查人。

按照事故发生的顺序调查。被调查询问对象包括最先发现事故发生的人员、最先到达事故现场抢险的人员、事故发生前后离开现场或事故发生时就在现场的人员、熟悉事故发生现场物品摆放或生产工艺的人员。

按照事故所在位置人员的岗位调查。被调查询问的对象包括设备操作使用者、事故发生时的目击者、设备维修人员、设备管理人员，其中还包括受伤人员，没有目击事故但身体能够感觉到事故发生的感受者。

4.2.2 对象和内容

调查询问的主要内容包括人员信息、时间节点、场所位置、人员活动状态、设备或物质状态、安全状态、事故发生过程等。

人员信息通常包括事故中关键人员的姓名、性别、年龄、工种、技术等级、工龄、受伤性质、受伤部位、伤害程度、安全教育和培训等；时间节点包括事故发生的具体时间，年、月、日、星期几、事故发生具体时刻、人员动作和特殊现象时刻等；场所位置包括事故发生具体地点、方位，甚至经纬度；人员活动状态包括事故发生时人员所从事的具体作业动作、处所位置等；设备或物质状态包括事故中设备名称、型号、使用介质、产出物质、环境结构条件等；安全状态包括事故中物的不安全状态、人的不安全行为、环境内的安全设施、安全装备；事故发生过程包括人和物是怎样动作、接触而导致事故和伤亡的等。

调查询问要关注特殊的调查对象，如最先发现事故的人员、最先到达现场的人员、事故前后最先离开的人员、一直在现场的人员、进入现场的陌生人和可疑的人员等。

调查询问最先发现事故发生的人员，可以了解事故发生初期的现场状况。应询问事故发生时间、事故发生部位、发现过程、事故的发展方向、燃烧、爆炸、倒塌等状况、有无可疑人员进入事故现场等。

调查询问最先到达事故现场抢险的人员，可以了解事故现场保持情况。应询问抢险时的事态状况，有无异味，对事故现场有何种移动和破拆，门窗是否完好等。

调查询问事故发生前后离开现场或事故发生时就在现场的人员，询问离开的时间、行为，现场物品的摆放，机器、设备的运转情况，有关人员的活动情况等。

调查询问熟悉事故发生现场物品安放或生产工艺的人员，询问事故发生部位存放、使用的物品的种类、数量、性质、相互位置、存放时间和存放条件，事故发生部位的火源、电源、热源与可燃物间的距离等，以及其他了解事故发生前后耳闻、目睹有关情况的人员。

调查询问事故的目击者。目击事故的当事人能从感官上感受事故发生的过程，所提供的信息最接近事故发生的真实形态。

调查询问设备操作使用者，设备操作人员熟悉设备，可以提供事故前、事故中设备的工作、环境状态，以及设备发生事故时发出的直接与事故发展相关联的指令和动作。

调查询问设备维修人员。设备维修人员了解设备过去的质量状态，熟悉设备故障，可以提供设备历次维修情况和零部件更换情况，便于了解设备原有的质量状态。

调查询问管理人员。管理人员了解操作人员的技术能力和背景、设备历史状态，有益于了解事故背景因素。

调查询问受伤人员和体感者。受伤人员和体感者可以提供事故中处所的位置和感受，事故发生所看见、听见、感受到的情况。

调查询问内容应依据特种设备产品质量特性，推测事故可能产生的原因，有目的地寻找相关证据和信息。调查询问与事故关联敏感的时间、地点、工序或工步点、作业顺序、现场使用的作业文件；被调查人叙述的事故前、中、后设备参数指标差异，看到的异常现象、听到的异常声音、闻到的异常气味、报警等情况；调查询问设备发生事故时，哪些人员在场、在什么位置、这些人员的工作和技术背景如何；设备运行记录及随机电子数据记录、设备技术资料和维修记录、事故现场可能提供的录像资料有没有、保存位置、如何提取；政府或专业机构发布的公开信息，如设备所在区域的气象信息、无线电干扰、地震等自然灾害等。调查材料可调用、查阅、复制公安机关或应急管理部门对人身伤害和重大财产损失已经有的结论和与事故相关的调查记录和资料。

4.2.3 调查前策划

调查询问是人与人交流的艺术，鉴定人员应充分把握询问的内在规律，从众多口述信息中发现、获取与事故关联的重要信息。调查询问应事前根据委托方提供的事故背景资料、被鉴定设备技术特征信息、调查环境等信息策划，初步拟定调查对象、调查内容、采用方式等，避免到场后询问主题和方向不明确，调查处于被动状态或是难以得到真实信息。

调查询问策划内容应包括被调查单位的性质、隶属关系，便于掌握设备使用单位状况、动态、利益关系；通过巡查现场，掌握设备位置和基本情况，便于准确地记录和描述被调查询问人所讲的现场物品、方位等；拟定被鉴定人员的名单，避免遗漏知情者；确定需要询问的内容，确定询问的重点和难点，做到有的放矢；安排好调查询问场所，尽量避免被询问人员对立情绪，便于保密和开展工作；配置好鉴定人员，发挥鉴定人员技术判读能力；准备相应的记录工具，包括录音、录像的设备。

4.2.4 调查方式

注意调查询问方式。与调查对象询问谈话应个别进行，避免多个调查对象一起谈论，以免获得的信息与事实有差异，做到一人一证，询问内容保密；告知被调查对象的权利，事前告知被调查人询问内容是记录或录音、录像。

注意调查时的态度。尊重被调查人的陈述，注意倾听被调查人的说明和解释，在被调查人面前树立起公正无私、认真负责的形象；谈话应诚恳、婉转、准确、简练，既有严肃的批评教育，又有合情合理的启发疏导；调查询问时用语要严谨、通俗、易懂，注意逻辑性，切忌随意和打官腔；调查询问时不要随意打断被询问人讲话，不要用责问方式指责询问对象语言不真实，对表述矛盾、不明确的内容可让询问对象重复讲述，避免引起被询问对象心理对抗。

4.2.5 调查技巧

言词证据是与事故有关联的被调查人对事故所感知的情况做出的陈述，是事故关联人的个人感受，以其自身对事件事实的感知起证明作用，其可能不真实、不准确，也可能会发生变化。

当事人行为、利益与事故相关时，当事人的心理和生理因素表述不清时，使用询问方式、态度让当事人反感时，收集的言词证据的可信程度会有降低趋势，不真实的言词证据会干扰、引偏事故调查方向，甚至提供错误的鉴定意见。若要被调查人陈述的内容真实可信，需要在调查询问时采用一定的方式和技巧，让被调查人主动讲述所知道的事实，再通过事故过程分析，与其他证据相互印证、审查、验证后的言词证据才能作为分析、认定事故的依据。

调查时应有合适的谈话技巧。调查人应树立良好的自我形象，与被调查人建立心理上的联系，使其对鉴定人员产生信任感，消除紧张不安的情绪；调查中要掌握询问的主动权，避免被调查人滔滔不绝地讲述与事故无关联的事情；对有意隐瞒事实，有对抗心理的被调查对象应以柔克刚，一方面对其态度提出批评，另一方面利用其陈述中的矛盾，对其施加思想压力，使其不能自圆其说，从而讲出实情；被调查人编造谎言时，不要急于打断和制止，被调查人看到鉴定人员听得认真，便会极力从更多方面来论证自己所讲的虚假情况是真实的，这时鉴定人员就可抓住漏洞，揭穿其谎言；有些被调查人自以为手段高明、防御严密，谈话时表现出满不在乎的神态，这时鉴定人员可采取施加压力的方法，如出示有力证据或连续发问，造成被调查人心理紧张，使其受到震动而改变态度。

调查时应适当地使用侦查式，先提出一些不重要的情节，借以了解被调查人究竟知道哪些事实，陈述内容是否真实；使用命题式，提出某一主要情节，让被调查人尽情陈述，若其陈述不着边际，可给予必要的提示，若其陈述前后矛盾或含混不清，可让其复述和解释；使用迂回式，提出一些与主要错误事实表面无明显联系，实则有内在联系的问题，使被调查人在摸不清鉴定人员意图的情况下做出如实回答，从而堵死其推卸责任的退路；使用直接式，针对被调查人的要害问题进行询问，使其没有回旋余地，不得不正面回答问题；使用跳跃式，对被调查人早有准备的问题避而不问，跳过其防线，或交叉发问打乱其防御计划，然后突然插到问题中心。

调查询问既要在法律规范的范围内，又要有一定的语言艺术特点，实践中询问只有交替使用才能真正获取事实真相。

4.2.6 调查记录

调查询问时鉴定人员所记录的文字材料是事故鉴定证据材料，是书写编制事故鉴定意见书的依据，调查询问的书面记录应包括询问对象的基本信息、事故发生的时间地点、设备基本信息、事故前后设备状态信息、事故前的环境条件、事故经过、事故当时在场人员等；注意记录事故时间节点、先后顺序、事故中异常声音、气味、感受等；注意记录事故关联的环境条件、使用技术规范、相关物料等信息。

调查询问记录内容要让被询问人阅读，不具备阅读能力的要让其信任的人阅读后讲解给被询问人听；被询问人认为记录有误的要修改记录，修改的方式要符合事故鉴定文书修改规定，修改的地方须被询问人签字确认；被询问人确认记录无误后须签字确认；现场调查询问人员应在记录上签字，注明询问时间。

调查询问记录应字迹工整清晰，不能有错别字，不乱用代号；如实完整记录，不断章取义；程序到位，不任意简化过程；签字押印完备，写明意见，纳入档案管理。

特种设备言词证据可以是被调查人书写的文字材料，勘验过程中对当事人、被调查人调查所做的陈述笔录，被调查人的陈述录音、录像材料等。录音资料的作用是证明人在有关事故中用语言表达的思想内容，证明有关事故发生的过程、环境等情况。需要录音和录像时，应告知被询问人，获取的录音、录像资料应编目并纳入档案管理。

4.3 言词证据鉴别分析和排除

言词证据是指以言词形式提供的证据。言词证据并非都能完全证明事故的真相，只有那些确凿的符合实际情况的证言，才能作为认定事故发生点和分析事故原因的依据。调查询问记录要经过审查和验证，从多方面、多层次对言词证据的真实性相互印证和鉴别。鉴别言词证据同事故事实的关联性，鉴别被调查人与事故当事人或事故本身是否具有利害关系，审查认定被调查人的品格、操行对其证言是否产生影响，审查鉴别被调查人的作证能力，应根据证据技术特征综合对比证言对应程度，审查被调查人之间相互叙述事故的对应程度和差异特征。

鉴别言词证据同事故事实的关联性。言词证据所表达的内容与事故事实是否有关联性，有何种关联性。根据被询问对象在事故中的职责、能力、行为鉴别被询问对象该做什么、能做什么、已做什么，观察分析证言的真实性。如果言词证据与事故事实本身并无关联，即使在内容上符合客观事实，也无证据价值。

鉴别被调查人与事故当事人或事故本身是否具有利害关系，确定其证言的倾向性，鉴别其真实程度。从广义而言，如果被调查人与事故当事人之间存在包括亲属、朋友关系或恩怨等对立关系，就可能影响言词证据的客观真实性；通常证言往往强调客观条件，表述掩饰自身行为差错，以致削弱证据力的程度。实践中，被调查人提供的对与其有亲属关系或者其他密切关系的一方当事人有利的证言，其证明力低于其他言词证据。

审查认定被调查人的品格、操行对其证言是否产生影响。一般而言，品格、操行一贯优良的被调查人，其证言具有更强的真实性、可靠性；反之，其证言的真实性、可靠性就较弱。但是对此也不能一概而论，应针对具体情况进行具体分析，不应以被调查人的身份、地位、荣誉作为认定其证言证明力的唯一标准。

审查鉴别被调查人的作证能力。被调查人的作证能力与其民事行为能力基本上是相适应的。根据自然人生长发育的不同年龄阶段和智力状态，可鉴别某人是否具有作证能力。不能正确表达意志的被调查人，不能作证。未成年人所做的与其年龄和智力状态不相当的证言，不能单独作为认定事故事实的依据。

应根据证据技术特征综合对比证言对应程度。根据事故发生的季节、日期、具体时刻、气象条件等反映工作环境条件，事故中感受到的声音、光、振动反映事故发生时的状态，事故中人员的位置、动作反映事故中人员安全行为，事故中物证证据位置、特征状态反映事故发生过程和结果，判断言词证据与这些证据之间有无矛盾之处，言词证据与被确认的事故事实之间是否相互吻合，有无矛盾之处。

审查被调查人之间相互叙述事故的对应程度和差异特征。要注意被调查人之间相互叙述事故完全一致，如出一辙，甚至一些与事故关联度很小的人都能描述事故的细节，是否有故意串通情况；要关注被调查人之间相互叙述事故在关键点上的差异,分析差异与事故的关联程度,排除不真实证言;当言词证据与其他证据出现矛盾,或者与已发生的事故事实相抵触的,应结合其他证据相互印证,必要时还可依法补充收集证据。

鉴定人员应注意观察被调查对象陈述时表情动作的细微变化,核对其陈述内容各部分是否相符,陈述内容与其他证据有无矛盾,分析鉴别被调查对象心理活动,采取适当对策,防止被有意误导。

[例4-1] 某工厂硫化车间大型卧式硫化罐爆炸,罐盖飞出导致人员伤亡。鉴定人员对现场进行了勘验,并对相关人员进行了调查询问。

勘验事故现场发现实物证据。硫化罐罐体上安装有压力—开盖连锁保护装置,其连锁保护开关内部线路已人为连接导通,连锁保护装置无效;硫化罐盖门开关机构减速器法兰连接螺栓断裂,法兰盘与安装固定座分离,丝杠与拨叉连接处明显弯曲变形,均为新损伤痕迹;经检查全部电器控制线路无损伤、无漏电和破损,试验全部电气开关均有效。

调查询问事故相关人员。厂方管理人叙述:可能是硫化罐使用时间太长,在压力作用下罐盖滑脱产生事故。事故硫化罐操作工叙述:硫化罐内装有刚刚硫化后的产品,我关闭了蒸汽输入开关,然后放气泄压,再接通开罐开关,这时就发生了爆炸,罐盖飞出去砸死了人,我也被震晕了。其他在场人员叙述:正在工作,没有看见爆炸具体发生过程,听到爆炸声时已经出事了。询问事故时人员位置,操作工自述在操作台旁边;最近的在场人员叙述,看见操作工在操作台旁边。询问设备维修人员,维修人员叙述,连锁保护装置已经坏了半年多,不知道盖门开关机构具体的损坏时间,是否为爆炸损坏的。

查阅事故硫化罐设备档案资料。硫化罐设备维修记录显示,按时间记录连锁保护装置已损坏,无处置方式记录。事故硫化罐操作人员资料显示,该操作工为女性,40岁,小学肄业,刚刚从农村出来打工,截至发生事故时,到厂工作时间不足4个月,在本岗位工作不足3个月,无专业技术特长,上岗前由一个师傅对其进行了相关操作的培训。

设备工作原理和实物证据相关性分析。电气线路和电气开关无损坏,功能正常，可排除控制装置线路、开关失效误动作；硫化罐承压状态下开门机构属锁定状态，只有罐内压力卸掉后罐盖锁定才能解除，压力—开盖连锁保护装置人为用电线直接导通，失去连锁保护功能，罐体内有压力状态时，接通开门机构驱动电机也能够发生开盖动作；开门机构损坏，说明丝杠在旋转过程中遇到了极大的阻力，阻力只能来自承受罐内压力的罐盖；只有人为触发控制面板上"松开罐盖"按钮，开门电机才能驱动罐盖门开启。

根据现场勘验发现和对事故相关人员的调查询问，分析鉴别这些人员的言词证据的可信程度。

爆炸是瞬间发生的，无预警，排除故意破坏可能性，要能看见爆炸过程，需一直注视着硫化罐，在场人员没有看见爆炸具体发生过程很正常，爆炸发出声音后引起在场人员关注，该事故责任与在场人员没有利益关系，在场人员提供的言词证据真实、可信。

压力—开盖连锁保护装置事故前就已损坏，核查实物已人为用电线连通，保护装置已经失效，查阅维修记录与实物对应，维修人员提供的言词证据真实、可信。不知道盖门开关机构损坏时间，是否是爆炸损坏的属于推测，不能作为言词证据。

硫化罐操作工自述自己是按照设备规定的操作规范操作的，实际上按规范是不能安全操作设备的，因为连锁保护装置已经人为导通。现场勘验的证据表明，压力—开盖连锁保护装置早在半年前就已经损坏，已经人为用电线连通，不具备罐体带压力状态下防止开盖的保护功能；硫化罐盖门开关机构损坏是开门电机带压强行运转损坏。现场试验证据表明：实际操作必须由人工控制先泄压，泄压要有一定时间才能完成，确认没有压力后才能开盖；排除压力—开盖连锁保护装置，其余电气设备在没有失效的情况下，只有操作工在罐体有压力状态下就触发了"松开罐盖"按钮，开门电机带压强行运转才导致事故发生。操作工与事故责任有直接利害关系，操作工受教育程度低，无工业技术背景，工作时间短，硫化罐操作工所表述的言词不可信。

可能是硫化罐使用时间太长，在压力作用下罐盖滑脱产生事故属于推测，无证据。设备结构和工作原理、勘验和试验的证据都表明厂方推测错误。管理方与事故责任有直接利害关系，管理方没有提供安全合格的生产设备和装置。厂方管理人员言词证据不可信。

该案例通过设备工作原理、勘验获取的证据、调查材料相互印证，对利益和责任方的言词证据真实性做出判断。

[例4-2] 某建筑工地安装的塔式起重机发生倒塌较大事故，应急管理行政部门申请对事故原因鉴定。现场勘验时，设备所有方提供了塔式起重机全部复印档案材料。提供的书面资料表明，该设备投入使用至今约有6年时间。现场询问设备所有方塔式起重机投入使用的总时间，设备所有方负责人明确回答设备使用未超过6年，并提供了证言书面材料。

现象勘验时发现，该塔式起重机无特种设备相关规章和产品标准规定的产品铭牌、无重要结构件编号唯一性标识，设备主要结构件的金属材料都均匀腐蚀减薄，金属构件表面有多层防腐油漆涂层，安全装置为很早时期的结构，电器柜中电器零部件型号老旧，鉴定人员怀疑该塔式起重机是翻新的报废特种设备。

鉴定人员要求设备所有方按照特种设备相关法规提供塔式起重机出厂合格证、法定检验机构定期监督检验报告原件，设备所有方推说工地条件不好，时间过长，原件遗失了。根据复印的定期报告信息，鉴定人员向出具报告的法定检验机构查询报告真伪，查询结果该设备的定期检验报告属伪造报告，法定检验机构出具了证明材料；根据出厂合格证信息，鉴定人员申请应急管理行政机关向设备制造工厂发出了特种设备身份信息调查函，制造工厂复函该台设备的编号是距今21年前生产的塔式起重机产品。在事实面前，设备所有方承认该塔式起重机是6年前在省外一家公司购买的报废产品，维修后投入使用，档案资料是自己复印伪造。

该案中设备所有方违法使用报废特种设备，与事故责任有直接利害关系，有意提供虚假证言掩盖事实真相。现场勘验发现设备状态与申明的服役时间有明显差异，通过定期检验报告、产品合格核实，排除了虚假证言。

5 特种设备事故书证

5.1 书证概念和分类

5.1.1 书证概念

书证是指使用不同载体，采用文字、符号、图案、图表等来记载与事故相关人的思想、行为、设备的性能、状态、设备工作环境等内容，对待证事实具有证明作用的物品。

书证一般是事故发生前，或者事故发生过程中制作的，书证记载的内容本身能够直接证明事故情况，是制作人主观意志的外部表现。书证从内容上记载或表达的思想内涵与事故具有关联性，因此能够作为认定事故事实的依据。

书证载体的表现形式可分为纸质载体和电子载体；书证记录内容可以分为文字和图像；有的书证材料既有字迹特征，又有绘画特征。

纸质载体书证以书面形式采用各种符号、图案来记载人的思想和行为结果，纸质载体书证是比较符合公众意识的传统书证。

电子载体书证是通过录音、录像、电子计算机及其他电磁方式，记录储存待证事实发生时的信息，来证明有关事实的证据。电子形式记录可以如实地反映客观事物，可以直观地反映事故发生时的情景和事物的状态，可以记载动态的事实，反映事故发生的过程，使未曾经历某一事故的人了解事故的过程和事故中有关客体的状态。有些电子载体书证不能直接观察到待证明事实的存在，如高速摄影机拍摄的影像需要通过慢放观察结果，红外线夜视器材拍摄的影像等。电子形式记录是技术发展的结果，是一种新的电子载体书证类型，随技术发展将会不断地扩大应用领域。

电子数据与其他类型证据的界限目前存在不同认识，不宜单纯依据载体形式区分证据类型和证明作用。特种设备事故鉴定是将待证事实完结时间作为界限来确定电子证据的证明作用。实践证明这种划分较为科学，具有实际意义。

5.1.2 书证分类

特种设备事故鉴定的书证与传统书证的概念和内容有一定差别，为了适宜特种设备事故鉴定实际需求，特种设备事故鉴定的书证包含纸质载体和电子载体两大类。

特种设备事故鉴定纸质载体包括设备档案、设备记录、合同、已质证材料等。设备档案包括设备图纸、设备使用说明书、产品合格证、产品标准、设备调试工艺规范、设备安装工艺规范、证明设备技术状态的合格证、计量检定证书或校准证书、产品验收检验报告、产品定期检验报告、核查报告等；设备记录包括设备验收、设备运行、设备维护、设备维修、重大技术改造、变更、转移、重大故障记录等；合同包括当事人约定产品标准、附加或补充约定的技术要求、产品型号、规格、样件等；已质证材料包括经过司法机关质证后的各种文件和资料等。特种设备事故鉴定书证分类见图5-1。

特种设备事故鉴定电子载体书证是以电子形式来记载当事人的意思表示，自然界变化、设备变化产生的现象。电子载体书证包括设备运行、事故发生过程中电子设备伴随过程自动形成的数字化形式存储、处理、传输的电子数据、设备现场实时录音、录像记录；设备运行自动上传到公共平台的电子数据和信息；控制成套设备运行计算机中的程序、预先设置的电子作业指令、作业计划、安全检查规范等文件。计算机存储资料、数据证明作用与书证类似，打印出来即为书证；程序可证明与计算机运行过程有关的情况；数据和程序还可证明由计算机控制的其他设备的运行和记录情况。

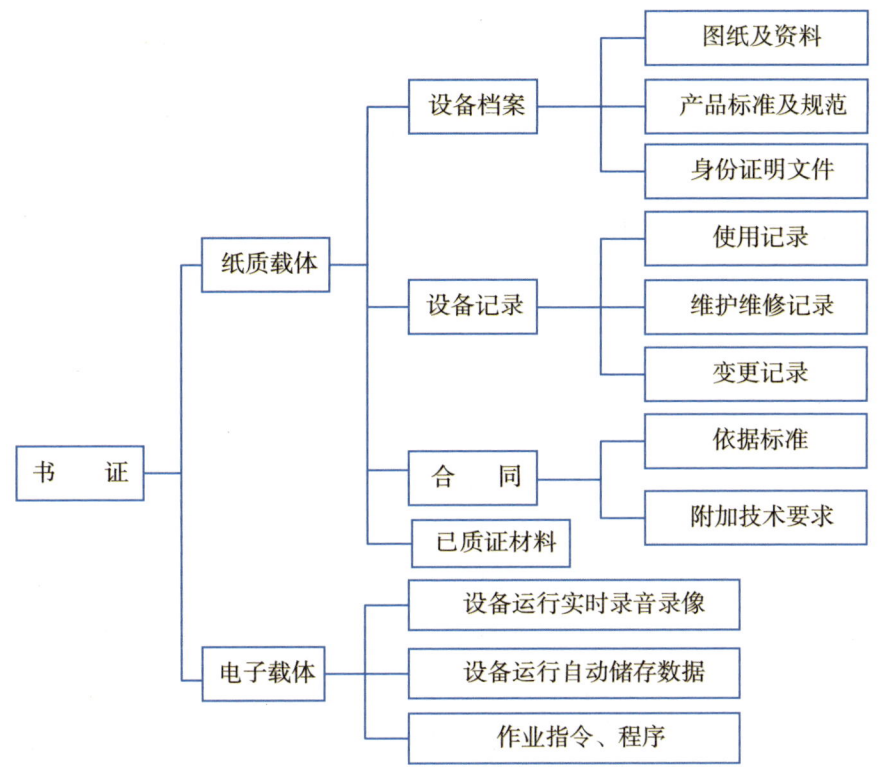

图 5-1 特种设备事故鉴定书证分类

特种设备书证内容的物质载体并不限于纸面材料和电子材料，其他物质亦可成为载体，如锅炉焊接本体上规定标识的检验钢号、厂内机动车产品唯一性标识、特种设备产品金属铭牌等。

书证制作主体可以是设备制造商，设备制造商提供的随机技术文件和资料是书证；可以是设备使用者，使用者提供的设备运行记录是书证；可以是设备管理者，特种设备注册登记等记录是书证；可以是设备维护维修人员，维护维修记录是书证；可以是设备数据上传的社会公共平台，特种设备社会监管平台记录的特种设备运行参数和状态是书证。

5.2 书证取证原则

书证取证是依据法律和法规要求，鉴定机构将委托鉴定事项相关的文字材料、电子文件，从委托方、当事人和事故的相关方汇集并提取的活动。

书证取证应是合法取得。取证时应明确出示鉴定委托书，明示鉴定人身份，告知鉴定委托事项与书证的关联。司法机关和行政机关委托的鉴定可以告知委托方，由委托方依法取证；不同类型的电子数据的取证程序要求可能存在差别，如对于通信信息的收集、提取应满足相关法律规定；取证切不可采取窃听、窥探、侵犯他人隐私权等违法手段。

书证取证应是原始原件。只有原始原件才能真实反映当时相关人的思想、行为、设备性能、状态、设备工作环境等信息。取得原件确有困难时，可以制作书证复制件或副本，书证副本可采用复印、照相、拷贝等方式制作。复制件未经质证或确认不具备证明作用。

书证取证应是完整提取。书证内容需要具备真实性、连贯性，需要原始状态呈现，内容要清晰，对待证实事故部分有准确、完整的描述，不可断章取义，随意裁剪或剪辑，破坏书证的完整性，灭失书证中规定状态前提条件下的设备使用功能。

鉴定实践中视听资料在原始场所电子终端上获取的机会不多，包括委托方提供的经常都是经过复制的资料，取证时应注意审查复制的视听资料作为证据的可靠性，证据作用的实现与收集的途径是否符合相关的法律规定。

5.3 书证收集和提取

5.3.1 书证收集

书证收集的对象通常有鉴定的委托方、当事人、操作人员、设备维护人员、设备管理人员、事故目击者、设备制造单位、设备销售单位、设备运输单位、设备安装单位、司法机关和行政执法机关等。

书证收集方式通常由委托方和事故的相关方提供，以及现场鉴定人员在调查过程中提取，鉴定人员根据鉴定需要指定提交相关书证。书证收集提取可以是一种方式或多种方式同时进行，也可以是多段时间内分别获取。

书证收集内容可以是经法庭质证后的文字材料，包括设备采购合同、当事人提交的与事故相关的信件、票据、各方当事人签字确认的文字材料、设备技术档案、产品标准、设备技术约定文件、设备随机资料、证书、设备运行记录、第三方机构年度检验报告等；也可以是设备运行计算机系统的文件和程序、运行自动存储或上传到网络平台的数据、运行监控的电子数据等电子材料。

电子数据信息随技术发展不断扩展，鉴定实践中已出现的电子文件有网页、博客、微博、朋友圈、贴吧、网盘等网络平台发布的产品信息；手机短信、电子邮件、即时通信、通信群组等网络应用服务的当事人通信信息；用户注册信息、身份认证信息、电子交易记录、通信记录、登录日志等信息；文档、图片、音视频、数字证书、计算机程序等电子文件。

5.3.2 书证提取

提取原件应有交接手续，注明提供单位和提供人、关联的事故名称和唯一性编号，制作取证的书证清单，载明书证名称数量、载体或可以固定书证数量的参数等，如借用要载明归还的方式和时间，交接手续和清单提供方和取证方须签字确认，书证清单应存档。

制作提取书证的副本、复制件，拍摄物证的照片、拷贝电子数据时，制作人不得少于两人；书证副本上应有书证原件持有单位或持有人签署副本与原件、原物核实无误的确认语言；提供书证的副本、复制件及照片、电子文件应当附有关于制作过程的文字说明，说明原件、原物存放何处；制作人签名或单位盖章，注明时间，书证副本制作说明应存档。

电子载体书证收集提取应当坚持技术与法律的双重标准。在线提取电子数据，采取打印、拍照、录像等方式固定证据，电子数据的检查、收集、提取应当符合相关技术标准。

提取电子数据保证其完整性的方法有扣押、封存电子数据原始存储介质，计算电子数据完整性校验值，制作、封存电子数据备份，冻结电子数据，对收集、提取电子数据的相关活动进行录像等。

原始存储介质即存储电子数据的原始载体，如具备数据信息存储功能的电子设备、硬盘、光盘、U盘、记忆棒、存储卡、存储芯片等载体。鉴定实践中，对于有条件扣押电子数据原始存储介质的，应当依法扣押并封存原始存储介质。

完整性校验值，是指为防止电子数据被篡改或者破坏，使用散列算法等特定算法对电子数据进行计算，得出的用于校验数据完整性的数据值。实践中要求第一时间计算完整性校验值，并在笔录中注明。

制作、封存电子数据备份时可以制作多个备份，封存其中部分备份件，将其余备份用于勘验或其他调查活动。冻结电子数据是通过技术手段，锁定相关电子数据，防止对其进行增加、删除、修改等操作。收集、提取电子数据时进行录像可反映提取过程，证实提取的真实性。

时间信息特别重要时，需做一个标准时间引用和参考，应将国家授时中心界面与系统界面放到一起拍照，固定时间。

收集、提取电子数据的情形复杂多样，实践中保护电子数据完整性的方法应当灵活掌握、选择，至少使用一种或使用多种完整性保护方法。

5.4 书证分析和鉴别

书证的证明效力相对较高、效果较好，但在鉴定实践中，有当事人因利益或其他原因而逃避事故责任，提供的合同、文件、产品年度监督检验报告等书证存在不客观、不真实等情形。特种设备书证主要关联经济合同、特种设备产品功能、设备固有技术参数、设备运行记录、特种设备安全监察等内容，鉴定时需要对书证认真分析、审核。

不真实的特种设备纸质载体的书证主要表现为书证内容、书证签名和印章、书证时间有伪造情形；不真实的特种设备电子载体主要表现为书证内容重新编辑、剪切、篡改时间等。

修改书证通常是使用原来有的纸质载体书证，编造不真实内容，添加或涂改单位名称、设备名称、设备型号、设备相关参数、出厂日期、检验日期、下次检验日期等。作伪者通常会使用"消字灵"等化学试剂，将原有内容全部消除后重新书写或打印，在已签章空白页添加内容，修改数值，更改时间等，此类书证保留了本来的签名和印章，其签名是真实的，印章也是真实的，特种设备专业以外的人员不易发现破绽。

伪造书证通常是仿照合法书证格式、内容，采用照相、挖补、复印、打印等方式，除伪造书证内容外，还伪造签名和印章。此外，还有更换特种设备上金属铭牌，磨掉或覆盖特种设备上原有的钢印标识等。

鉴定机构对收集的全部证书应审查书证的合法性、规范性，与其他证据的一致性、唯一性、书证载体质量等，具体分析书证所载产品技术内容的技术合理性。

审核书证取证的合法性。书证取证应符合相关法律、法规要求，不同的委托方应遵守其行业规范。委托方是司法机关或执法机关，现场提取书证应经他们在场见证、签字确认；需要当事人事后提供指定内容书证的，当事人应将书证提交给司法机关或执法机关，由司法机关或执法机关移送给鉴定机构。其他委托方事故鉴定需要现场提取书证的，委托方、当事人应在场见证、签字确认；需要当事人事后提供指定内容书证的，当事人应将书证提交给委托方，由委托方移送给鉴定机构。切忌鉴定机构让当事人提供书证而委托方不知情、无确认，甚至将书证用于鉴定意见。

审核书证取证的规范性。书证取证应遵守鉴定活动程序和方法，使用标准或规范要求的取证设施或工具，获取书证的相关证明材料盖章、签字等应齐全。切忌鉴定机构随意用私人电子设备取证，当事人私下为鉴定机构人员发送书证等。

核实书证与其他证据的一致性。通过书证表征内容与特种设备现场勘验实物比较，核对固有功能、规定参数等指标的完整程度、指标范围限值、指标准确度和显示的最小分度值；通过现场试验，在标准规定的工作条件下验证产品实际的功能、工作能力、参数指标等，核实书证与其他证据的一致性。

核实书证的唯一性。特种设备书证是按照法律和规章由有资质的单位和有资格的人员出具的法定书证。出厂合格证、定期监督检验报告、重要工艺技术文件和检验结果等均有证书唯一性标识编号，原发证单位均保留档案记录，这类书证的真实性可向出具书证的单位查询核实。

分析书证技术内容的合理性。特种设备相关的法规和标准对产品命名、规格、参数有明确的范围和规定，根据书证产品规格、型号可分析评估产品基本市场价值，审核产品固有功能和参数范围与标准规定型号产品的符合程度，审核设备运行可疑现象与标准规定型号产品的差异，特别是产品额定功率、调控精度、安全控制指标值、规定工作范围宽度。通过特种设备固有的工作流程，分析运行电子数据书证记录的内容、顺序和有无异常等。

电子载体书证验证。电子数据是否完整、是否被增加、删除、修改时，可以采用同一算法对电子数据再计算一次，将两次所得的值进行比较，如果一致则证明电子数据没有发生变化，如果不一致则证明电子数据发生了变化。

国家对电子数据、文书、印章等有规定的鉴定程序和方法，存在疑问时可约请专业人员来审查，需要时可以送有资质的专业机构鉴定。

[例 5-1] 某汽车起重机老板要进某工地承揽起重业务，业主方规定进入施工场所的特种设备必须提供合格的定期监督检验报告，该汽车起重机已经好几年没有进行定期监督检验，于是就伪造了当年度汽车起重机定期监督检验合格报告，提交给业主方后获准进入工地施工。施工不到 3 h，因汽车起重机安全装置早已经失效，该起吊过程中无安全防护，导致人员伤亡，应急管理行政机关要求查明事故原因。

鉴定机构现场调查时，依照特种设备法规查阅汽车起重机档案，鉴定人员发现该报告由国家法定检验机构出具，使用的是已经过期的技术检验规范，定期监督检验报告技术规范内容不正确。

鉴定人员现场观察到报告用的纸张和印刷质量很差，要求提供正式检验报告，汽车起重机老板称这就是正式检验报告，因工地保管不力有些损坏。鉴定人员在应急管理行政机关人员见证下，由汽车起重机老板签字确认后提取了该检验报告。事后，鉴定机构到出具检验报告的国家法定检验机构核查，现场提取的检验报告是该汽车起重机 3 年前的定期监督检验报告，国家法定检验机构为此出具了盖章确认的书面证明材料。

事后汽车起重机老板承认，是他用扫描、挖补等方式修改了报告检验日期和下次检验日期，他认为报告的其他内容都没有动，可以蒙混业主，但不知道当前实施的检验技术规范发生了变化，现场被熟悉特种设备检规范的鉴定人员发现问题。

[例 5-2] 某施工单位状告销售单位销售的装载机存在质量问题，人民法院委托鉴定。鉴定人员现场勘验发现车辆外形与规定型号外观不符，使用时间和状态与损坏内容差异大，车架号码外观粗糙，怀疑销售单位提供的装载机车辆识别代号书证作伪。销售方提供的合格证车架号和没有除去油漆实物车辆上车架号同为 ZL50CN>L1607418<，未除去油漆车辆上打刻车架号见图 5-2。

图 5-2　未除去油漆车辆上打刻车架号

用除漆试剂除去车架表面油漆，底部显示原来车架号为 NN、P、ZL50CN>L1607418<、L032847，除去油漆后车辆上打刻车架号见图 5-3。

图 5-3　除去油漆后车辆上打刻车架号

通过该证据核实书证，销售方承认该装载机为翻新品，用油漆覆盖了原车架号，重新私自打刻了车架号。

[例 5-3] 某锅炉房中燃气锅炉爆炸，现场有监控视频，确认后提取现场录像书证资料。通过分帧处理视频录像，见图 5-4、图 5-5、图 5-6、图 5-7。

图像显示了爆炸事故发生顺序。爆炸事故发生前锅炉燃烧器部分无任何特殊迹象；爆炸事故发生时锅炉燃烧器部分有明显火光，为爆炸的初始状态；然后是连接燃烧器的锅炉封头部位有明显的火光；最后是锅炉前封头整个发生爆炸。现场录像书证资料为发现、固定爆炸起点、爆炸先后顺序提供了证据。

图 5-4　事故发生前锅炉、燃烧器状态

图 5-5　燃烧器爆炸时锅炉前封头完好状态

图 5-6　锅炉前封头喷火状态

图 5-7　锅炉前封头爆炸时状态

[**例 5-4**] 某龙门吊车发生事故，现场有监控视频，确认后提取现场录像书证资料。通过分帧处理视频录像。

图像按事故发生的时间顺序，显示了龙门吊车各种用电设备停电的先后。事故发生前，龙门吊车上所有用电照明设备工作正常，发生事故时部分照明熄灭，随时间推移主要照明进一步熄灭，最后全部照明均熄灭。

照明熄灭排除了电网中断供电因素、排除了现场人为切断电源因素，照明熄灭的顺序可表征龙门吊上供电线路发生故障的顺序，为寻找最先发生断电线路提供了分析证据。见图 5-8、图 5-9、图 5-10、图 5-11。

图 5-8　正常照明

图 5-9　少部分照明熄灭

图 5-10　主要照明熄灭

图 5-11　全部照明熄灭

6 特种设备事故物证

6.1 物证概念和分类

6.1.1 物证概念

物证是以其外形特征、物质属性来证明事件真实情况的物品。物证是客观存在的自然物,自然物成为物证,在法律上具有证据作用。

特种设备事故中的物证是以外形变化、损伤特征、物质属性等来证明事故事实的证据,不受人们主观因素影响和制约,其客观性好,稳定性强,但容易灭失,多数物证要进行科学技术鉴定。物证是特种设备事故鉴定中重要的证据之一。

各行各业对物证分类有自身的行业特征,合理的物证分类有益于行业内系统地研究其物证特点。行业通常分类是按照鉴定对象、鉴定需求、同类别物证出现的概率来划分。

特种设备是安全特性特别突出的工业产品,产品有自身的技术特点,分类过程参照了其他行业的分类方式,实践中也逐步归纳出特种设备产品物证按照外观形态、物质性质、形成机制、检验方法、损伤特征等多种分类方式。

按外观形态可分为一般物质物品物证、微量物证。一般物质物品主要为完整的整机产品、辅助结构装置、零部件、工具等各种物品为主;微量物证主要为物质含量极少的一些附着物、散落物、介质物品等为主,如磨屑、油滴、腐蚀物、污渍物、锅炉水中有害物质和元素等各种物质。

按物质性质可分为各种有机物，如塑料、润滑油、橡胶、各种人体、动物体、植物体等物品；各种无机物，如金属材料、非金属材料、玻璃等各种物品。

按形成机制可分为各种斑痕，如水渍、锈蚀、油斑或生物体痕迹等，也可能表现为各种微量逸出物或微量附着物，如烟气、可燃气体、有毒气体、尘土、金属粉末、油漆涂料、药物、橡胶、塑料、爆炸残留物等。

按检验方法可分为物理类物证、化学类物证和生物类物证。物理物证主要以其外形特征、性能参数发挥证据作用，利用物理方法检验鉴别出的各种断口特征、印痕、性能参数都是物理物证。化学物证主要以其化学属性发挥证据作用，利用化学方法或仪器分析方法检验鉴别出的各种微量物、附着物、逸出物的成分都是化学物证。生物物证主要是人体、动物、植物等，一般由法医学或专门技术机构提供鉴别结果。

按损伤特征可分为变形物证、断裂物证、磨损物证、腐蚀物证、老化物证等，该分类是依据失效分析的观点，按设备的零部件外观表征的特点和损伤机理来划分，是工业设备事故分析行业常用的分类方式。

有些物证表现形式具有特殊性，如随设备运行并记录设备运行工况的自动电子数据记录装置，反映设备工作时间、工作次数、工作中相应的物理量等。

分类便于研究物证特点，实际鉴定中很多物证特点都是相互关联的，构件断裂的断口特征、材料的力学性能为物理特征，反映了构件承受机械作用力的大小，而材料的成分结构表现为化学特征，决定了材料自身的力学性能，特种设备行业非常有必要建立适合于自身行业特点的物证分类。

6.1.2 物证分类

特种设备事故鉴定中物证相对广泛，行业特点突出，特种设备产品和辅助装置既可以是被鉴定物整体，也可以是分割后的独立体；既有产品功能、参数，又有产品零部件损伤形态、特征；使用的材料既有金属材料、非金属材料，又包含有机物、无机物；同一种工作介质中会出现固态、液态、气态及混合态表现形式，物理性能和化学性能会发生变化；外来介质也会随地域、环境不同发生变化。

特种设备实物主体是机械设备、工作介质、电气控制装置。承压类特种设备实物主体是机械结构装置、工作介质、部分电气控制装置，机电类特种设备实物主体是机械结构装置、电气控制系统、部分工作介质。介质在承压设备中实物比例大，传统的物证领域没有介质物证称谓和分类，而特种设备中介质在不同工况下反映的物理特征不同，其证据作用就不同。如锅炉水输入时是低温、低压、液态，工作时是高温、高压、液态+气态，输出时是高温、高压、气态；管道输送原油，原油成分、结构随地质、环境、输送参数等情况变化而变化，其证据的内容也在变化，不是传统行业中简单的泄漏的指示物证，而是影响和决定特种设备事故原因的关键证据。特种设备中使用介质种类多、数量多，将介质物证统一归类，有利于研究其物证特点。

通过多年特种设备事故鉴定实践总结，将特种设备物证按物种形式分为整机及装置、损伤物证、介质物证、痕迹四个大类，损伤物证按照损伤机理分为五个小类，介质物证按物质类型分为五个小类，比较适合于特种设备事故鉴定实践活动。特种设备事故鉴定物证分类见图6-1。

整机及装置包含特种设备主机设备、辅助特种设备工作的附属装置。附属装置可以是提供水、电、气等设施的装置、线路、管道、安装和支撑结构等。宏观上，整机及装置都是具体可见的实物，需要获取的证据主要集中在设备运行功能、运行表现出的技术指标，是勘验活动中现场测试、试验的主要内容。

6 特种设备事故物证

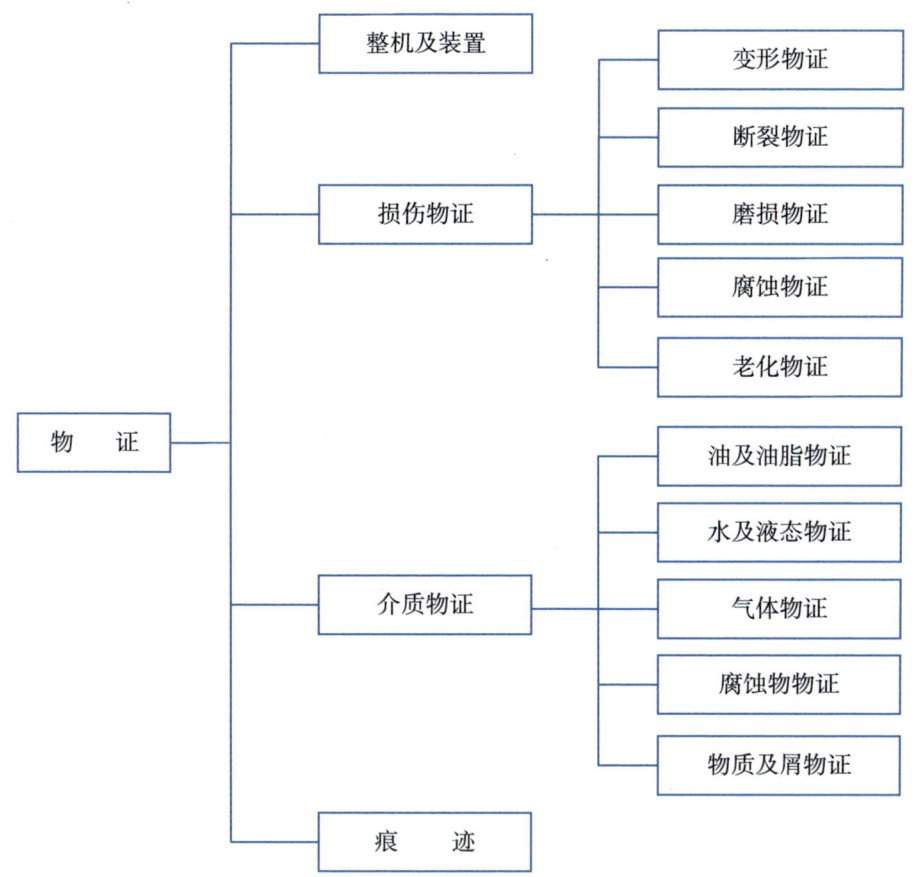

图 6-1 特种设备事故鉴定物证分类

损伤物证包含特种设备产品和零部件材料产生变形、断裂、磨损、腐蚀、老化等缺陷。损伤物证可以是外观完整的零部件，也可以是损伤后的零部件及其残骸。宏观上，损伤物证可以观察到材料发生变形、断裂、磨损、腐蚀、老化的现象；有些外观看起来完整的零部件可能内部已经产生了裂纹，属于特殊的断裂形式，划入断裂物证类。特种设备发生燃烧、爆炸事故的物证归属于损伤物证。

变形物证是机械构件在外力作用下，零部件形状和尺寸发生变化而导致失效现象的物证。

断裂物证是机械构件受外力作用，物体内分子间的相互作用力不足以抵抗外力时，零部件变形断裂而导致失效现象的物证。断裂处暴露出的自然表面称为断口，是直接记录断裂过程有关信息，判别失效原因的有力证据。

断裂失效是机械产品最主要和最具危险性的失效。断裂物证体积可大可小，按断裂机理可分为滑移分离、韧窝断裂、蠕变断裂、解理与准解理断裂、沿晶断裂和疲劳断裂；按断裂路径可分为穿晶断裂、沿晶断裂和混晶断裂；按断裂性质分为韧性断裂、脆性断裂和疲劳断裂。裂纹是断裂物证中的特殊形式。

磨损物证是两个相互接触的零部件发生相对运动时，零部件尺寸变化、精度降低而导致失效现象的物证。

腐蚀物证是由于化学或电化学腐蚀而造成零部件尺寸和性能改变而导致失效现象的物证。

老化物证是高分子材料构件贮存和使用过程中受到热、氧、水、光、微生物、化学介质等环境因素的综合作用，材料物理结构或化学结构改变而导致失效现象的物证。

介质物证是特种设备运行规定需要的水、电、煤炭、可燃气体、燃油、导热油、润滑油脂等物品，特种设备运行规定输出的水、水蒸气、输送或储存的燃气、油料等物品，运行过程中外部侵入特种设备的各种腐蚀物、物质及碎屑等物品，运行过程中特种设备损伤产生的腐蚀产物、物质及屑等。其他行业没有介质物证分类，所鉴定的对象没有规定必须输入和输出的产品，案件中介质种类相对固定，类别相对较少，体量相对较小，通常将其归为微量物证类。

微量是相对于常量而言，绝非物理学中严格意义上的微观粒子。它没有严格意义中的定量概念，而是泛指那些体小质微易被忽视、较为隐蔽、不易察觉、不易毁灭的物质证据。介质物证是特种设备事故鉴定领域内对微量物证的特殊物证分类。

痕迹是一种特殊的物证形式，特种设备事故中机械类痕迹、电气类痕迹所占比例较大，机械类痕迹和电气类痕迹有自身独特的技术特性，是物证研究的主要对象之一。

6.2 物证勘验基本方法

6.2.1 物证勘验概念

物证勘验是发现物证、固定物证、提取物证的技术活动，是为事故鉴定提供证据的重要技术手段。

物证勘验应综合了解现场事故信息，按照发现物证、固定物证、提取物证、保护物证的顺序进行。

进入现场勘验时，鉴定人员应分析已经收集的证据和信息，查阅设备运行记录，根据设备技术特性，听运行设备的声音、问事故发生经过、嗅现场环境味道、感受事故现场温度、湿度、光照变化、观察设备安装位置与建筑结构关系，发现现场出现的异常现象、现场出现的物证。

物证发现是勘验事故现场时，发现、确认或疑似特种设备事故证据的活动。通过观察事故整个现场，确定事故发生位置点或主要区域，观察受损部件结构、位置、受损状态，观察损坏分离零部件及分离后零部件位置，观察附近有无散落物、外来物品，观察现场各种液体、污渍的位置、流向、流量等。通过观察事故形态，确定损坏部位，分析损坏部件运动特性，推测损害部件发生事故的形态、失效模式或事故原因，推测产品设计、工艺、材料、安装调试、环境介质、使用等情况等与受损原因的关联程度。

物证固定及提取是对现场发现的确认或疑似特种设备事故证据采取有效保护措施并收集提取的活动。物证因时间或其他原因，可能难以取得，甚至灭失、失真，为了有效地使用证据来证明事件的真实情况，现场鉴定人员必须采取相应的措施固定及提取物证，保全证据。

物证固定的方法通常有鉴定人员制作的现场图、现场勘验记录、现场照相或录像。对发现的实物物证用文字牌、标签、编号、箭头或圆圈等符号来标识设备损坏部位和零件，选择合适的物证固定方法来记录物证的技术特征、形态、位置、尺寸、颜色、关联的物品等信息，即使物证移动或提取后，需要恢复现场时，仍可以根据物证固定记录完整恢复、还原现场。

确认或疑似特种设备事故物证应及时提取。提取过程中要注意保护物证，标识标记物证时，要防止二次污染物证，防止使用工具或方法不当损坏物证，所有的物证都应有编号和提取记录，提取的部位应拍照固定，重要的提取过程应录像。

物证保护须贯穿整个鉴定活动，从发现物证到退还物证全过程均需要保护物证，防止物证灭失。

6.2.2 变形物证勘验

变形分为弹性变形和塑性变形。弹性变形是当外力消除后，机械构件表面不留任何损伤痕迹，仅是金属材料的弹性模量发生变化，而与机械构件的尺寸和形状无关；塑性变形是当外力消除后，机械构件表面损伤，形状与尺寸均发生变化。

变形物证从宏观上可观察到构件的尺寸、位置发生变化的情况，包括零部件弯曲、扭转、拉伸、压缩，物体减小、增加。凡是改变原零件设计外观、尺寸、位置的现象都属于变形。通过测量构件的尺寸、几何公差可以判断机械构件产生超出设计要求的弹性和塑性变形量。通过观察变形物证的变形特征可以判断受力的方式、方向和作用力的大小。

6.2.3 断裂物证勘验

断裂有两种表现形式，一种是构件彻底分离为两部分或多部分，另一种是构件出现裂纹、裂口后仍然为一整体，因此，裂纹是断裂的另外一种表现形式。通常会在出现裂纹、裂口后仍然为一整体的构件中提取物证，需要时在实验室内利用技术手段打开裂纹，分析断口包含的信息。

金属构件在应力作用下分离为互不相连的两个或两个以上部分，断裂处暴露出的自然表面（即裂纹扫过的面积）称为断口，裂纹扩展留下的痕迹称为断口的形貌特征，断口直接记录了与断裂过程有关的信息，是判别失效原因的有利证据，断口的宏观分析是现场勘验的主要内容。

现场勘验断口的宏观分析是指用目视、50倍率以下的放大镜来研究断口特征的一种方法。断口表面形态特征反映了断裂的模式和断裂的机理，可以指导事故勘验方向，发现事故证据。

断口宏观分析的主要目的是全面了解主断口状态，初步确定断裂的类型和方式，为判断断裂失效的性质（如脆性断裂、韧性断裂、应力腐蚀断裂等）提供依据。初步判断材料断裂源的位置和裂纹扩展方向，估计断裂失效件应力集中程度和名义应力的高低（疲劳断口），观察材料的冶金质量和热处理质量，尤其是断裂源区有无宏观缺陷，初步判断材料的强度水平、工作温度、工作环境等。

断口宏观分析是追寻材料损坏的起源，确定损害加载方式、应力大小、材料相对韧性与脆性的基础，为断口的微观分析和其他分析工作指明方向，是断口分析中的关键环节。实际的断口表面形态特征类型丰富，有些形态特征单一，有的形态特征交织出现，有的形态会有遮盖或损伤，需要鉴定人员有较好的工作经验和实战经验进行勘验。

整体观察是用目视观察断口全部形貌特征、断裂零件的全貌。包括断口的颜色变化、变形引起的结构变化、断口之外的损伤痕迹等；然后对主要的特征区域（如断裂源区）用放大镜进一步观察，确定断裂源区、扩展区、终断区的部位。断口宏观分析过程中，应重点注意观察断口是否存在特征花样，如放射花样、人字纹花样或弧形痕迹线等、断口四周平滑中心粗糙的形貌特征、断口表面的粗糙程度、断面的光泽与色彩、断面与最大正应力的交角、断面上特征区的划分和位置、分布、面积大小等、材料缺陷在断口上所呈现的特征。

韧性断口的宏观特征是断口附近有明显的宏观塑性变形；断口外貌呈杯锥状，杯锥底垂直于主应力，锥面平行于最大切应力，与主应力成45°角；或整个断口平行于最大切应力，与主应力成45°角的剪切断口；断口表面呈鹅毛绒状或纤维状，颜色灰暗。

脆性断口的宏观特征是断口上没有明显的宏观塑性变形，断口相对齐平并垂直于拉伸载荷方向,如果没有腐蚀产物或脏物污染,表面经常呈现晶体学平面或晶粒的外形;断口的颜色有时比较光亮,有时相对灰暗,光亮的断口表面有时存在放射状台阶,在一定条件下放射状台阶会发展为人字纹花样,较灰暗的脆性断口呈现无定型的粗糙表面,有时也呈现出晶粒外形。

应力腐蚀断裂断口的宏观特征为脆性断裂特征,断口平直,断面与主应力方向垂直,没有明显的塑性变形痕迹,应力腐蚀一般为多源,裂纹一般起源于表面腐蚀坑处,断口部位离源区越近腐蚀产物越多。

典型的疲劳断口由疲劳源区、疲劳裂纹稳定扩展区和快速断裂区三部分组成。疲劳源区是疲劳裂纹萌生的区域,通常宏观观察就可以确定其位置。疲劳源区一般在零部件的表面或次表面,如果材料内部有严重的不连续性缺陷,疲劳源也可能在材料内部。疲劳源区是最早生成的断口,而且该区裂纹扩展速率缓慢,裂纹反复张开闭合引起匹配断口表面的摩擦,因此断面通常比较平整光滑。当作用于零件的交变载荷较低或者疲劳源在平滑的表面上萌生时,断口上多呈现出单个疲劳源,且形貌清晰、典型。当表面层存在足够高的残余压应力时,裂纹源则向次表面内移动,形成"鱼眼"状疲劳断口,疲劳源距表面的位置随循环应力振幅的降低而向次表面移动。当交变载荷较高或者在应力集中处萌生裂纹时,往往出现多个疲劳源。多个疲劳源可能不在同一平面上,其扩展连接会形成台阶,因而断口表面比较粗糙。一般来讲,疲劳源的数目越多,说明交变载荷越大,应力集中位置越多或应力集中系数越大。

疲劳弧线是金属疲劳断口最基本的宏观形貌特征,是在疲劳裂纹稳定扩展阶段形成的与裂纹扩展方向垂直的弧形线,是疲劳裂纹瞬时前沿线的宏观塑性变形痕迹。目视观察,看起来像贝壳或海滩,因此在早期研究中又称为贝壳花样或海滩花样。

疲劳弧线的形状受材料的缺口敏感性、疲劳断裂源数量等因素的影响。没有应力集中的疲劳断口上的疲劳弧线多呈凸形,即弧线从源点向扩展方向凸起;缺口的存在会使疲劳裂纹沿外缘表面的扩展速率大于疲劳裂纹向内部的扩展速率，使弧线成凹形。多个疲劳源会促使疲劳弧线由凸向凹转变。

裂纹是完整材料在应力作用下，某些薄弱部位发生局部破裂而形成的一种不稳定缺陷。裂纹直接破坏材料的连续性，尖锐裂纹会产生应力集中，容易引发金属低应力状态下破坏。

裂纹宏观特征按裂纹存在的形状和大小可分为龟纹、"V"形纹、"Y"形纹、"Z"形裂纹、环状裂纹、鸡爪状裂纹、丝纹、发纹、裂纹、裂缝等。按裂纹存在于零部件上的不同方向分为纵向裂纹、横向裂纹。按裂纹存在的不同部位分为表皮裂纹、皮下裂纹、心部裂纹、头部裂纹、中部裂纹、尾部裂纹及角部裂纹等。按裂纹产生的不同根源分为铸造裂纹、锻造裂纹、轧制裂纹、拔制裂纹、研磨裂纹、淬火裂纹、焊接裂纹及疲劳裂纹等。

现场勘验可用目视观察、敲击测音法、煤油渗透法确认裂纹，也可用便携式设备做荧光、磁力着色、超声波等无损检测方法确认裂纹。现场勘验要固定裂纹，记录裂纹位置、形态、方向、深度等参数特征。

6.2.4 磨损物证勘验

磨损通常有多种形式，现场勘验要注意磨损失效模式，根据失效模式特点观察磨损物证特征。

磨粒磨损是外界硬颗粒或偶件表面的硬凸起物在摩擦过程中引起的摩擦表面材料脱落或塑性变形所导致的失效。

黏着磨损是摩擦过程中，摩擦副材料表面之间发生了黏着剪切效应，使摩擦表面材料发生脱落或向对偶表面转移而导致的失效。

疲劳磨损是摩擦副材料表面在循环变化的接触应力作用下，材料疲劳剥落形成凹坑而导致的失效。

腐蚀磨损是在摩擦过程中，摩擦副材料与周围介质发生了化学或电化学相互作用，这种作用加剧了材料的磨损过程而导致的失效。

微动磨损失效是指相对固定的摩擦副材料，设计上大多为静接触，表面之间，由于环境因素所带来的振幅很小的相对振动而产生磨损所导致的失效。

磨损物证的宏观特征是磨损零部件表面材料粗糙度增加，零部件接触面之间发生材料迁移、减少、机械镶嵌融合现象，接触零部件附近会有磨削产物，通常可以观察到磨损面表面形态变化和表面有附着物质。

勘验时要观察摩擦副材料的接触形式、运动形式、载荷、速度、介质、温度、湿度、润滑方式以及润滑剂种类等，确定润滑剂有无变质、检查润滑系统的工作状态，了解事故发生时设备的使用情况、设备日常维护保养情况。勘验时要观察材料磨损痕迹尺寸、深度、颜色、方向、痕迹的共性特点，需要时测量其表面粗糙度。勘验时要注意收集磨损产生的磨屑，为实验室鉴别磨屑提供实物证据。

6.2.5 腐蚀物证勘验

特种设备中腐蚀物证主要为金属类材料，腐蚀机理不同，材料的腐蚀类型也不同。通常可按照腐蚀的形态和腐蚀机理分类，现场勘验要根据特种设备工作环境、工作原理和使用介质，初步确定腐蚀类型特点，观察腐蚀物证特征。

腐蚀物证的宏观特征比较容易发现，通常材料在腐蚀过程中，构件表面会因腐蚀发生形态变化，表现出不同的腐蚀形貌和相应的腐蚀产物。

现场勘验观察到的腐蚀物证的形态，可以表现为材料表面粗糙，有腐蚀形成的污渍、形成的特殊色彩、表面粗糙度增加、腐蚀坑、腐蚀洞、涂层表面与金属基体剥离等单一形式或复合形式。观察腐蚀形貌与被腐蚀的材料特性、腐蚀物特性、腐蚀时间、腐蚀环境和腐蚀程度等相关信息。

点蚀是坑蚀和小孔，有大有小，通常点蚀的深度要比其直径大得多。点蚀的金属失重量不大，但阳极面积很小而腐蚀速率很快，设备穿孔，油、水、气泄漏的部位容易发现点蚀物证。

缝隙腐蚀常发生在设备中法兰的连接处，垫圈、衬板、缠绕与金属重叠处，它可以在不同的金属和不同的腐蚀介质中出现，如在钛及钛合金的腐蚀中最应关注缝隙腐蚀现象。

应力腐蚀开裂是先在金属的腐蚀敏感部位形成微小的凹坑，产生细长的裂纹，且裂纹扩展很快；应力腐蚀断裂时并不发生明显的均匀腐蚀，甚至腐蚀产物极少，有时目视难以发现；发生应力腐蚀的温度一般在50~300℃；通常介质中氯化物浓度的增加，会缩短应力腐蚀开裂所需的时间。

腐蚀疲劳通常会发生在材料表面有损伤或较低的粗糙度所产生的应力集中部位。腐蚀疲劳多数是由于小孔腐蚀引起的，断口的起源常在孔蚀处，断口上疲劳弧线较清晰，即早期常说的贝壳状花样，黑白交替分明，中心处是孔蚀引起的应力集中，然后为光亮的穿晶断裂区，再就是穿晶断裂与沿晶断裂交替出现的区域，最后是沿晶断裂区。

发生晶间腐蚀的零件，有时从外表看仍完好光亮，但由于晶粒之间的结合力被破坏，材料几乎丧失了强度，严重者会失去金属声音，轻轻敲击便成为粉末。容易发生在用轧材焊接的容器及热交换器上。

腐蚀均匀表现为零件表面的全面腐蚀，腐蚀分布在整个金属表面上，宏观上很容易发现，均匀腐蚀对金属的重量影响最大。

磨损腐蚀宏观上可以观察到金属表面形成斑、沟、槽和波纹等腐蚀破坏。管道内流体高速流动、泵和管道内流体有悬浮摩擦颗粒、高压减压阀中的阀瓣（头）和阀座表面有过流、离心泵的叶轮、风机中的叶片有过流等都容易发生磨损腐蚀，容易观察到表面有腐蚀破坏痕迹。

氢脆在钢内部容易形成细小的裂纹，氢气量较高时可以观察到白点。钢冶金质量提高，基体氢气量较低。近年来发生的氢脆大多与材料强度以及表面特种工艺不当有关。常温常压下氢不会对钢产生明显的腐蚀，当温度超过300℃和压力高于30MPa时，会产生氢脆腐蚀缺陷，严重时会出现表面鼓包或皱褶；氢脆容易损伤的设备主要有压力容器、脱硫塔、变换塔、氨合成塔、加氢反应装置、甲醇合成塔等。

现场勘验要注意发现、提取腐蚀产物和腐蚀物。腐蚀过程会伴有腐蚀产物，根据特种设备的结构和运行方式不同，腐蚀产物有留存、移动、微量形式附着、灭失等情况，勘验时要分析设备技术特点、腐蚀物来源，提取真正的腐蚀产物。腐蚀物有可能是固体、液体、气体或与其他介质的混合物。不同腐蚀条件和程度的表面可能残存的腐蚀物也不同。腐蚀产物和腐蚀物是微量时应整体提取物证，便于实验室分析。

6.2.6 老化物证勘验

特种设备中老化物证一般为高分子类材料，主要用于密封材料、表面涂层、胶结固化固定较小的零部件、安全隔离等。高分子材料随时间增长会不可避免地出现老化现象。

高分子材料老化的宏观特征表现为颜色变化、光泽度变化、发黏、脆化、变硬、粉化、起皮、褶皱、开裂、出现银纹、污渍、斑点、失去强度等。这些外观的变化均可以作为评价高分子材料老化程度的方法之一，对于不同的高分子材料，这些外观的变化也不尽相同。

现场勘验要分析高分子材料在使用过程中与热、氧、水、光、微生物、化学介质等环境因素的关联作用，制造和安装过程中有无损伤、变质等。现场勘验时发现密封部位有漏油、漏气、黏结部件脱落现象时应检查所用的高分子材料有无老化现象。

6.2.7 介质物证勘验

特种设备运行规定的输入和输出介质的物理、化学特性影响特种设备运行质量。外部侵入的介质、损伤产生的介质会影响特种设备正常运行，这些介质对特种设备损害会表现出相应的损伤特征。

现场勘验可以通过安装在特种设备上的测量设备和携带的设备，测量特种设备规定输入和输出介质的物理特性，检测水及水蒸气的输入和输出压力、温度、流量等，检测设备电源电压、电流、绝缘性能等；查验安全装置动作参数和记录参数；查验设备运行记录参数，掌握特种设备运行状态。介质物证的其他物理、化学指标主要通过实验室检验确定。

现场勘验时，可以观察环境中液态、固态、乳化态介质物证的状态和来源，观察介质的颜色变化、气味变化、环境中介质残存量等。

锅炉水。宏观上观察水体颜色变化、浑浊程度，嗅有无异常气味；现场勘验可使用 pH 试纸初步检测酸碱程度，使用便携式电导率计测量水质电导率。

液态和乳化态的油质。宏观上观察油质透明程度、有无悬浮物和沉淀物，颜色有无异常变化，气味有无异常。现场勘验时，可与同品种新油料比较，观察到油质洁净清澈，保持新油色泽的表明污染很轻；润滑油中出现雾状或浑浊时，有水污染可能，雾状含水量少，浑浊或乳化含水量多，严重的可以观察到分层；颜色变灰，有被含铅汽油污染可能；燃料燃烧不完全会使润滑油很快变成深黑色；润滑油高温氧化时带有灼烧的刺激气味，严重稀释的润滑油带有汽油或轻柴油的气味。

现场怀疑液态油质含水时，可用铝箔或其他金属薄片制成小碟子，加热小碟子后滴上几滴摇匀的润滑油上去，如润滑油发泡飞溅，说明油内含用较多的水分；如立即就有爆炸声，则说明含有微量水；响声的强弱和持续的次数与含水量有关。

现场怀疑液态油质变质时，可检查其流动性。没有污染的润滑油流动时油流应是细长、均匀、连绵不断；如出现油流忽快忽慢，时而有大块液体流下，则说明油已变质。

现场怀疑液态油中有污染物时，可检查其分散性。取一张干净的白色滤试纸，滴数滴油在纸上，等油渗透后，无杂质的油均匀分散，中心无黑斑，若黑斑明显，表面有黑色粉末，用手触摸有生涩感，就说明油里面杂质较多。

腐蚀物及腐蚀产物观察物质的品种、来源、颜色、体积，腐蚀物与设备和零部件相互关系、工艺关系、接触状态，零部件上是否有腐蚀形貌，有无腐蚀产物，腐蚀产物的状态、数量等。

物质屑观察外观状态，观察屑可能产生的路线和来源因素。有的物质屑是设备运行时自己产生的，有的是随环境或使用介质带入的，勘验时要注意区分和提取。

6.2.8 火灾物证勘验

燃烧是燃料中的可燃物与氧化剂产生剧烈的氧化反应，产生大量的热量并伴随着强烈的发光现象，是特种设备事故的主要类型，物证主要表现为损伤特征。特种设备火灾事故物证勘验应符合通常的火灾事故勘验原则和方法，勘验时应结合特种设备自身的技术特征，发现和确认事故中的起火部位或起火点、可燃物、点火源、可燃烧条件，推演火源延伸路线，分析火灾事故原因。

不考虑故意纵火、其他燃烧物引燃爆等因素，机电类特种设备除场（厂）内车辆外，自身发生火灾事故的概率较小，机电类特种设备自身的可燃物少，仅有少量的润滑油料；场（厂）内车辆相对特殊，其燃油、燃气、蓄电池、摩擦过热和运输可燃物质等都有可能发生火灾事故，应参照车辆火灾事故方法勘验。承压类特种设备发生火灾事故主要集中于使用、储存、输送可燃物质的设备。可燃物主要为天然气、油料以及附近存放的一定量的可燃物质，发生燃烧的主要因素通常是可燃气体和油料泄漏。

现场勘验起火部位和起火点时，应观察燃烧后烧损严重的部位，如燃气管道或储罐泄漏时，可在泄漏部位形成扩散燃烧甚至爆炸，并引燃其周围可燃物，造成这一部位烧毁严重。应重点勘验物体受热面位置、物体被烧损程度、烟熏和燃烧痕迹的指向、烟熏痕迹和各种燃烧图痕、炭化和灰化痕迹、物体倒塌掉落痕迹，金属发生变形、变色、熔化的痕迹，非金属发生变色、脱落、熔化的痕迹，外来物的位置、状态和烧损部位及程度，收集火灾自动报警时间、自动灭火系统和电气保护装置的动作顺序、视频监控系统信息、手机和其他视频资料。

现场勘验点火源时，应核实火灾前该设备的使用状态，只有在使用状态下，工器具和设备才有引发起火物着火的可能性；观察设备本身或附近是否存在可以点燃可燃物的热源，热源与起火点的相对位置；电气部件装置应确认通电时间，有无防爆措施，电气设备开关有无自动或人工操作的动作，损坏状态特征是内热还是外热，电气线路熔痕与起火部位电气线路故障点是否是同一回路，有无电弧痕迹，有无短路留下的熔珠，短路点和起火点的位置等。

特种设备涉及的可燃物通常比较明显，现场勘验应确认可燃物种类，查明可燃物的沸点、闪点、爆炸下限、爆炸上限、比重等参数指标。对于相对封闭的空间应测量空间几何尺寸，确定空间中可燃气体的含量等。

现场勘验应观察火场是否具备可燃条件，环境是否能提供燃烧用氧气，环境对火势的影响；观察设备安装位置、避雷设施、房屋结构、有无其他可燃物等；查证事故时气象条件，事故时有无雷击现象；观察设备周边有无可以产生静电作用的条件；建筑结构有无开孔、开窗、门洞，有无外部火源侵入可能等。

现场勘验怀疑气体泄漏时，可通过嗅觉感受环境中遗留的可燃物气味；使用便携式有害气体测试仪判断泄漏气体类别；使用灵敏度稍高的手持式天然气检漏仪测量工作环境和怀疑位置有无泄漏气体，确定泄漏区域；使用惰性有压气源检漏，用肥皂泡沫或其他非腐蚀性的发泡水涂于怀疑泄漏的管路、接头等部位，待附着在表面涂抹的气泡消失后，通入近似压力的惰性气体，观察 3 min 内有无气泡产生，确定泄漏点；通过固定气表可估算可燃气体泄漏量。

现场勘验怀疑油液泄漏时，可观察怀疑的泄漏部位，有无裂纹、裂口、沙眼、泄漏痕迹特征等；保证安全的情况下短时间恢复油料压力观察泄漏点位；特殊情况下对怀疑位置进行水压试压等。

6.2.9 爆炸物证勘验

爆炸是在较短时间和较小空间内，能量从一种形式向另一种或几种形式转化并伴有强烈机械效应的过程。爆炸物证勘验是对爆炸发生地点、波及的场所、爆炸残留物、爆炸痕迹的变化程度测量、统计、收集的活动。

不考虑故意设置爆炸物、其他爆炸物引爆、殉爆等因素，电梯、起重机、索道、游乐设施机电类特种设备技术特征和结构特点决定设备自身不具备形成爆炸的危险源；锅炉、压力容器和压力管道承压类特种设备使用、储存、输送高压蒸汽、高压液体、可燃气体,自身具备形成爆炸的危险源。

按照爆炸能量来源的不同,爆炸可分为物理性爆炸、化学性爆炸。物理性爆炸是由物理变化(温度、体积和压力等因素)引起的。在物理性爆炸的前后,爆炸物质的性质及化学成分均不改变。化学性爆炸是物质在短时间内完成化学变化,形成其他物质,同时产生大量气体和能量的现象。

锅炉过热的水迅速蒸发出大量蒸汽,使蒸汽压力不断提高,当压力超过锅炉材料的承压极限强度时,就会发生物理性爆炸。储存氧气的钢瓶受热升温,引起气体压力增高,当压力超过钢瓶材料的极限强度时也会发生物理性爆炸。发生物理性爆炸时,内部介质气体或蒸汽等蓄积的能量瞬间释放,内压瞬间降至与外界大气压力相等,破坏性取决于蒸汽或气体的压力。

锅炉、管道、容器内的可燃气体或液体蒸汽泄漏到大气中,与空气混合形成预混可燃气体混合物后,再遇到点火源作用,会发生气体混合物化学爆炸,破坏性取决于泄漏时间、形成可燃气体混合物的量。锅炉使用煤粉、油、可燃气体等燃烧介质时,在点火或者燃烧不正常时,炉膛内积存的燃烧介质与空气形成混合物达到一定极限,遇明火快速燃烧爆炸。

爆炸事故物证勘验应遵从爆炸事故勘验的基本原则和方法。勘验要发现、确认事故的爆炸类型、爆炸物、爆炸中心位置、引爆方式,根据爆炸散射物与爆炸中心距离估算爆炸当量,分析导致爆炸事故发生的原因。

爆炸现场按照爆炸物质构成爆炸的条件分为炸药爆炸(固体爆炸)和气体爆炸现场两种,勘查现场和提取物证时必须把二者区别开。固爆与气爆构成爆炸的条件不同,炸药爆炸一般由炸药、起爆物、起爆能源三要素构成,炸药爆炸在任何地方都能发生,不受地点、环境、容器限制;气体爆炸要在一定的容器和空间内,并有空气、氧气等助燃物和火源才能发生。爆炸点不同。炸药爆炸速度快、能量集中,产生气体多、破坏力强、一般都有明显的炸点(悬空爆炸除外);气体爆炸由于爆炸前气体所占体积大、能量分散、无爆炸作用集中点,主要突破容器或设备的薄弱部位、无明显炸点。抛出物不同。炸药爆炸因能量集中、击碎力强,故抛出物量多、体积小、呈崩碎状，抛出物上有烟痕和呈熔化状；气体爆炸因能量分散、击碎力弱，故抛出物数量少，体积相对较大，炸碎程度轻、呈撕裂状，抛出物上有烟痕烧痕，一般不呈熔化状。爆炸残留物不同。炸药爆炸在其残留物中可能找到炸药的包装物或起爆装置，也可检查出炸药成分；气体爆炸在其残留物中找不到包装物、起爆装置，也检查不出炸药成分。烟痕不同。炸药爆炸是化学反应，爆炸时有发光、燃烧现象并产生烟、气味、声响等，烟痕多分布在炸点周围的介质上，燃烧现象也只存在于炸点附近的可燃物上。锅炉、压力容器物理爆炸没有发光、燃烧等现象；气体发生化学爆炸虽有发光、燃烧和烟痕现象，但烟痕不集中，通常分布于可燃气体存在的空间。

现场勘验要观察、测量并记录炸坑的形状、直径、深度、位置，描述炸坑介质组成、性质，初步估算爆炸当量；保证安全情况下感受爆炸后产生的气味，一般炸药在炸坑可以保留较长时间，有机物在腔体内有可能保留，可根据嗅到的气味来判断炸药或爆炸物种类；观察爆炸发生后炸点和抛出物的表面留下的烟痕，根据颜色差异、深浅均匀程度、分布特点，判断爆炸物品种、数量等；观察燃烧痕，爆炸产物直接作用于现场可燃物上会引起燃烧现象，一般低爆速爆炸品爆炸时常引起燃烧，中爆速爆炸品不易引起燃烧，高爆速爆炸品容易引起局部燃烧。

现场勘验应观察整个爆炸现场环境，根据物品散布的区域、位置、指向方位、建筑物和设备设施倾倒方向、现场尘土的分布状态、现场燃痕和烟痕分布及轻重程度，分析寻找爆炸中心位置。勘验应逐件确认从设备安装位置爆炸后分离出的部件位置、距离、重量、建筑物和设备设施损伤程度分析爆炸当量；测量爆炸环境相对封闭空间的尺寸、容积，门和窗的位置、开闭状态、尺寸，现场有无强制通风设施，分析是否满足爆炸极限范围等。

现场勘验承压锅炉、压力容器、压力管道发生爆炸事故时，应核实安全阀等安全附件的整定压力、检定有效期、动作有效性和敏感性；现场勘验常压锅炉发生爆炸事故时，应核实锅炉大气连通管、输入输出水路、水泵、储水箱的正确安装程度。

锅炉应观察受热面有无变形特征、有无缺水干烧特征、有无严重结垢、金属焊缝有无缺陷、表面腐蚀状态等，查验锅炉水质化学性能、锅炉运行工况参数等；对盛装或输送易燃易爆介质、可进行化学反应的介质的压力容器和压力管道，应查验和确认介质种类、介质物理化学性能、介质配置配方、介质输入和输出操作工艺顺序、容器材料表面腐蚀状态等。应观察爆裂口附近有无其他介质附着物、爆裂口断裂特征，确定基本断裂模式，需要时提取爆口材料和介质进行物理、化学性能检测。

现场勘验应核查设备各工作段的工作压力、辅助设施和介质输送状态、自动记录装置保存的数据，当事人在爆炸前或爆炸过程中看到或听到的异常现象和声音等。

6.3 物证宏观检验鉴别

6.3.1 宏观检验鉴别

现场勘验受环境和条件限制，不能对物证做深入的技术检验，鉴定人员通常会根据已经发现的物证，采用宏观检验方式获取事故失效模式，结合设备工作原理和已获知的信息，初步判断事故发生顺序、分析失效机理等。

宏观检验广泛地应用于特种设备事故鉴定活动，这是一种无损、快速、经济、简便的有效物证技术鉴别方法。世界各国对承压类特种设备首选宏观检验，国内外标准规范明确了目视检测（VT）要求。我国航空、航天、核电和兵器等行业已把目视检测人员纳入无损检测人员资格考核范围，宏观检验需要鉴定人员有扎实的基础知识和综合判断能力，是不可或缺的和淡化的物证技术检验手段。宏观检验方法包括目视检测、仪器仪表检测、捶击检查、样板检查、量具检查等。

目视检测是通过鉴定人员的视觉、听觉检查事故物证特征，借助手电照明、放大镜、内窥镜，观察物证表面状态、结构变化、颜色变化。用手电筒贴着容器平行照射进行宏观检查，更能清楚显示出容器表面坑槽、鼓包、表面的纹路和变形，散射灯光达不到这样的效果。

放大、显现仪器仪表能将目视无法看到的特征显现出来，遇到不能用目视直接观察的狭窄部位，可用反光镜或内窥镜伸进容器内进行检查，便于观看特征形貌并对特征进行判断。

古老而实用的捶击检查是通过鉴定人员的听觉、知觉来判断被捶击的物体是否存在缺陷，压力容器捶击检查就是根据所发出的声音和小锤弹跳程度来判断压力容器质量状态；不能进人的压力容器，往往是通过手孔或较大管口，将手伸入容器，用手触摸容器的内表面，检查其内壁是否光滑，有无凹坑、鼓包。

常规量具可以测量设备各部件的尺寸、偏差、直线度、缺陷大小、面积、深度和位置。用平直量具或拉线紧靠容器、管板的表面，可以检查容器的平直度、腐蚀、磨损、鼓包、凹陷深度；用焊缝检验尺可检查焊缝的各种坡口角度、高度、宽度、间隙和咬边深度。

用选定标准的样板可以检查、比较被检查对象的几何形状差异和各种变形；用低浓度硝酸酒精溶液和放大镜可以检查打磨干净的容器表面是否有裂纹。

现场宏观检验是初步认定事故证据的基础，可初步分析物证与事故的关联程度，鉴别物证的证据作用，为继续勘验提供思路和方向。

6.3.2 变形物证鉴别

变形量较大的零部件可目视观察宏观变形状态，有直线段或平面的零件可采用平尺、钢制直尺检查变形位置和变形量；异形或变形量较小的零部件可用样件比较，用便携式仪表测量表面变形量；材料表面有油漆涂层的可以观察到油漆涂层开裂形态和施力方向。

有的构件本身与其他构件配合，工作时机械构件在外力作用下，发生变形的构件会出现干涉或磨损痕迹，宏观可以判断有变形产生；设备的某些故障会导致与其相关的发生变形，通过导致构件变形的因素可以分析出设备的故障。

现场勘验发现变形物证证据，应拍摄固定变形状态的照片、录像，将变形量数据测量或计算结果、变形特征或变形影响结果记入勘验记录。

[例6-1] 某轨道门式起重机的轨道终端限位装置严重变形失效，防撞装置缓冲材料缺失。门式起重机运行到轨道终端时，终端限位装置不能接触并推动行程开关断开驱动门式起重机驱动电源，起到限制门式起重机移动作用；防撞装置缺少缓冲材料，接解产生的撞击会损坏限位机构。安全限位装置变形失效状态见图6-2。

图6-2 安全限位装置变形

[例6-2] 某汽车起重机用副吊钩起重时，发生钢丝绳脱开重大事故。现场勘验发现，副吊钩钢丝绳与挂钩连接脱落，楔形接头内无锁紧楔形块、无吊重用钢丝绳，脱落外观见图6-3。

[例6-3] 某场内机动翻斗车卸货时，发生载货的货厢坠塌重大事故。现场勘验发现，货箱起升后保险用安全支撑杆弯折，弯折形貌见图6-4。

图 6-3　脱落外观　　　　　　图 6-4　安全支撑杆弯折

[例 6-4] 某建筑工地用履带式起重机发生倒塌重大事故。现场勘验发现，起重臂桁架钢管结构断裂，断口区域表面有防腐油漆。钢管表面油漆开裂形貌，表明了桁架受拉伸应力作用，见图 6-5。

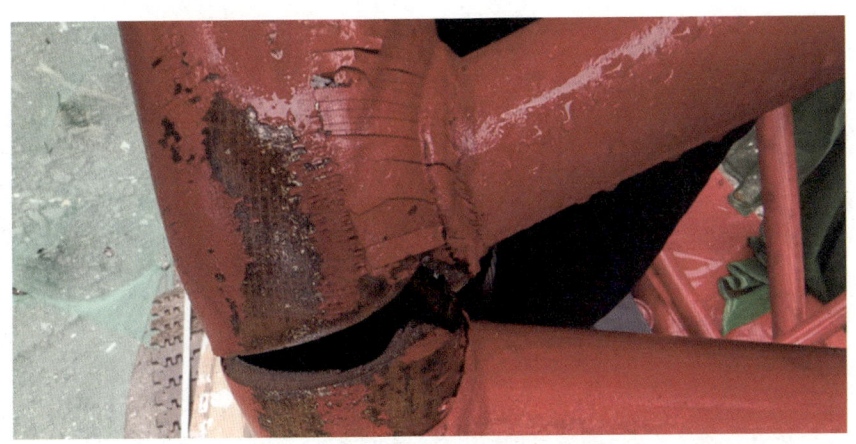

图 6-5　钢管表面油漆开裂形貌

[例 6-5] 某工厂使用金属模具生产压铸铝合金产品，所生产的产品平面度不合格。生产现场检查产品模具，观察到与产品平面度相关的模具平面明显翘曲，用钢直尺直边检查模具平面，发现有明显的漏光现象，现场用塞尺测量漏光缝隙尺寸，模具平面变形形貌见图 6-6。模具质量不良导致产品质量缺陷，为产品质量分析提供了证据。

图 6-6　模具平面变形

[例 6-6] 某单位备用电源用大型柴油发电机组，调试运行时不能满负荷工作，调试运行过程中，排气管路上的波纹管突然弹起伸长，并发生永久变形。现场勘验时发现，波纹管表面有明显高温变色痕迹，波纹管伸长变形形貌见图 6-7。

图 6-7　波纹管伸长变形形貌

该事故表现出的是波纹管伸长变形现象，实际上表征的是发动机排气温度过高，波纹管在高温废气和排气冲击波的共同作用下，受热膨胀变形，为分析发动机工作时过热提供了证据。

[例6-7] 某橡胶硫化车间用硫化罐发生冲盖爆炸事故。现场勘验发现，罐盖开启，驱动电机基座与安装基座明显变形分离，见图6-8。

（a）开盖机构整体形貌　　（b）安装位置变形翘起特征　　（c）分离间隙

图6-8　罐盖开盖驱动电机安装基座分离变形

机构正常状态应为紧密结合，该分离变形特征表明，有来自驱动杆方向足够大的驱动力，导致安装机构的固定螺栓断裂，机构与基座之间发生分离，为人为误操作开盖机构提供了证据。

6.3.3 断裂物证鉴别

现场观察断口的宏观状态，依据断口物证表面的颜色、断口上的花纹、断口的粗糙度、断口的边缘状态、断口的位置、裂纹的状态分析，初步判断材料的性能、受力特点，确定断裂的模式，分析产生断裂的因素，推导事故发生过程，为鉴定指明方向。

现场依据断口的颜色分析。断口有无氧化色彩可以判断零部件的工作温度高低；有无腐蚀产物的特殊色彩可以判断腐蚀的情况和程度；有无冶金夹杂的特殊色彩可以判断冶金因素的作用；根据疲劳断口各区的光亮程度，可以判断断裂源的位置。

现场依据断口上的花纹分析。断口宏观上呈纤维状或长绒毛状属于韧性断裂的特征；断口上有放射状的撕裂棱线或"人"字纹花样属于脆性断裂或快速加载的断裂特征；有弹性干涉条纹则是极脆材料断口，如玻璃；断口宏观上可见疲劳线可以判定为疲劳断口；疲劳断口上有无台阶，可以判断交变应力的大小。

[**例 6-8**] 某液化气钢瓶使用时发生爆炸。检查液化气钢瓶时发现，钢瓶护罩与钢瓶本体焊接后，焊接部位有明显的焊接热影响区变色痕迹，钢瓶的爆裂口位于焊接热影响区痕迹内，触摸感觉焊接热影响区表面有明显变形。液化气钢瓶护罩与钢瓶本体焊接热影响区变色形貌见图 6-9。

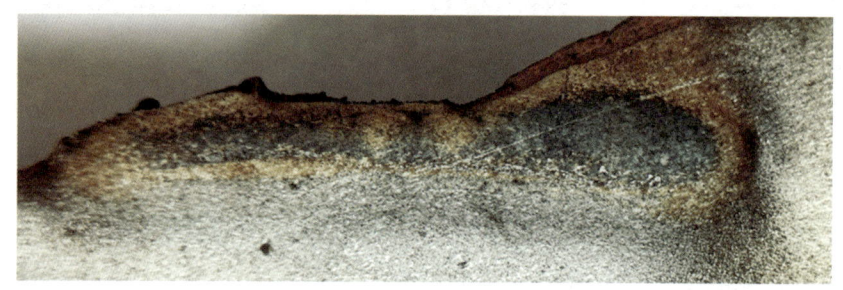

图 6-9　液化气钢瓶护罩与钢瓶本体焊接热影响区变色形貌

[**例 6-9**] 某塔式起重机钢结构在大载荷作用下快速断裂，断口上产生明显的撕裂棱线，金属管材撕裂棱线形貌见图 6-10，金属板材撕裂棱线形貌见图 6-11。

图 6-10　金属管材撕裂棱线形貌

图 6-11　金属板材撕裂棱线形貌

[**例 6-10**] 某塔式起重机用高强度回转支承连接螺栓，在不同载荷条件下发生断裂，其螺栓断口状态各不相同。图 6-12 为韧性断裂，图 6-13 为脆性断裂，图 6-14 为疲劳断裂及其撕裂唇。

图 6-12　韧性断裂形貌　　图 6-13　脆性断裂形貌　　图 6-14　疲劳断裂形貌

现场依据断口的粗糙程度分析。断口的粗糙程度可判断断裂零部件的受力大小，定性估计材料的晶粒大小及裂纹的扩展速度；断口呈颗粒状时，依据颗粒的大小和形状、分布可以判断零件的工艺历史及其工艺参数是否正确；断口上是否存在反光"小刻面"和存在的数量，可以判断金属材料的冶金质量、杂质相的多少或者导相的组成。

[**例 6-11**] 某大型卷扬机变速箱用铸造齿轮断裂事故。现场勘验时发现，齿轮断口表面相对粗糙，见图 6-15；断面上有明显的反光"小刻面"，数量较多，见图 6-16。

图 6-15　齿轮断口粗糙形貌

（a）明场　　　　　　　　　　（b）暗场

图 6-16　齿轮断面上反光"小刻面"形貌

现场依据断口的边缘状态分析。断口的边缘情况可以判断疲劳源的位置；依据断口上唇边情况，可以判断零件的应力状态；根据唇边的大小可以初步判断材料塑性的大小。

现场依据断口的位置分析。从断口和零件形状来分析应力集中因素的作用；依据断口与零件变形方向的关系来判断材质对断裂所起到的作用；根据断口和主应力状态的关系来分析应力状态，进而分析断裂的性质和原因。

现场依据裂纹的状态分析。裂纹的宏观外形种类很多，龟裂和直线状裂纹比较有代表性。龟裂是裂纹的宏观外形，呈龟壳网状分布，通常龟裂的深度不大，属于表面裂纹。精密铸钢件表面的沿晶龟裂是由于熔融金属液与模壁及其涂料起作用；金属锻件和轧制件表面龟裂可能是过烧、含硫量过高的缘故；高碳钢零部件淬火和回火表面龟裂是表面脱碳造成的；焊接过程焊接热裂纹一般是沿晶龟裂；磨削加工出现网状裂纹与材质关系密切，出现与磨削方向基本垂直、有规则排列的条状裂纹主要是磨削条件导致；使用过程中的龟裂主要是应力腐蚀和蠕变。

[例 6-12]　某大型柴油发动机曲轴不同部位产生裂纹。主轴颈工作表面产生 Y 形裂纹，见图 6-17，连杆轴颈工作表面产生直线状裂纹，见图

6-18。不同的裂纹形态反映了曲轴材料性能特征和受力特征。

图 6-17　Y 形裂纹形貌

图 6-18　直线状裂纹形貌

6.3.4　磨损物证鉴别

现场勘验时应对磨损失效表面和磨屑进行仔细分析，检查磨损失效前后表面形貌、硬度等物理力学性能的变化，根据表面磨损特征和磨屑形状判定磨损失效模式，确定失效是由外界杂物、冲击负载、断油等因素引起，还是在设计工况条件下运行后的累计结果。

疲劳磨损通常会引起表面金属小片脱落，在金属表面形成麻坑，麻坑的深度多在几微米到几百微米；黏着磨损通常有材料迁移，摩擦副相对运动时，接触点表面的塑性材料变形、焊合、剪断由一个表面转移到另外一个表面，严重时表面有犁沟状划伤；磨料磨损通常有外来硬物侵入摩擦面，早期表面有很多硬物同时划伤两个摩擦面，表面痕迹方向、形状、位置很相似，后期容易转化为疲劳磨损；腐蚀磨损是摩擦过程中，摩擦表面同时与周围介质发生化学反应产生的摩擦面损伤，要观察周围环境条件和介质状态，有时候可见到形成的氧化物，其中冲蚀磨损是腐蚀磨损的特殊形式，当零部件表面与内压有变化的液相接触时，材料表面剥离脱落或局部塑性变形；微动磨损容易产生红色金属氧化物，表面容易形成蚀坑。磨损的形式因时间、正压力、介质、润滑等因素影响会转化成复合型磨损，还要兼顾零部件安装位置间隙、维护保养、使用等因素综合考虑。

[**例 6-13**] 某柴油发动机的凸轮轴工作面发生黏着磨损，见图 6-19；

发动机油底壳内沉积的磨损所产生的磨屑，见图 6-20。

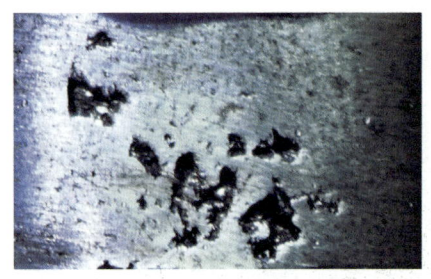

图 6-19　黏着磨损形貌　　　　　图 6-20　黏着磨损产生的磨屑形貌

正常工况下磨损须对磨损次表层进行分析，了解裂纹的形成部位及扩展方向，确定磨损发生和发展过程；可能发生化学腐蚀磨损的部件需要对磨损失效表面和磨屑进行化学成分分析。

磨损过程往往是多因素共同作用的系统过程和动态过程，影响材料磨损性能的因素包括摩擦副材料材质和表面处理、润滑技术及润滑剂和润滑方式、环境条件的温度、气氛和介质、摩擦条件的接触形式、运动形式、负荷以及速度、结构设计、润滑管理等。

[例 6-14] 某容器发生泄漏事故。勘验时发现，带有弱酸的高温蒸汽、水流对金属容器内壁冲刷，导致金属表面腐蚀、磨损复合作用，金属表面损伤形貌见图 6-21。

（a）局部特征　　　　　　　　　（b）整体特征

图 6-21　金属表面腐蚀、磨损复合作用损伤形貌

[例 6-15] 某电梯钢丝绳发生微动磨损，在钢丝绳运动范围内，洒落了大量铁磨损后产生的红色氧化磨屑，见图 6-22。

（a）整体特征

（b）局部特征

图 6-22 钢丝绳微动磨损红色磨屑形貌

6.3.5 腐蚀物证鉴别

腐蚀是材料在环境的作用下引起的破坏或变质。金属和合金的腐蚀主要是由于化学或电化学作用引起的破坏，有时还伴有机械、物理或生物作用。鉴别腐蚀物证要分清腐蚀种类，金属表面与离子导电的介质发生电化学作用而产生的破坏是电化学腐蚀，金属表面与非电解质直接发生化学作用而引起的破坏是化学腐蚀。

点蚀是金属材料中存在缺陷、杂质和溶质等，当介质中含有某些活性阴离子时，这些活性阴离子首先被吸附在金属表面某些点上，从而使金属表面钝化膜发生破坏。点蚀经常发生在表面有钝化膜或保护膜的金属上，金属表面缺陷处易露出机体金属，使其呈活化状态，而钝化膜处仍为钝态，这样就形成了活性—钝性腐蚀电池，由于阳极面积比阴极面积小得多，阳极电流密度很大，所以腐蚀往深处发展，金属表面很快就被腐蚀成小孔。流动不畅的含活性阴离子的介质中容易形成活性阴离子积聚和浓缩的条件，促使点蚀的生成；粗糙表面比光滑表面更容易发生点蚀；pH 降低、温度升高都会增加点蚀的可能性。

[例 6-16] 某锅炉内对流管发生溶解氧腐蚀，表面形成小型鼓包、溃疡、小孔形局部腐蚀，其直径为 1~20mm 不等，腐蚀形貌见图 6-23。

 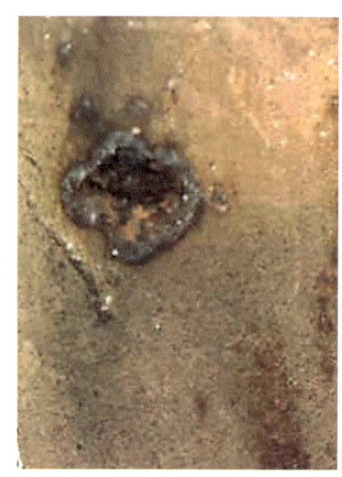

（a）整体特征　　　　　　　　（b）局部特征

图 6-23　对流管壁内溶解氧腐蚀形貌

鼓包表面的颜色由黄褐色、黑色到砖红色不等；次层是黑色粉末状物质；腐蚀产物下面是腐蚀造成的缺陷坑，坑壁表面呈砖红色，未发现水垢附着，腐蚀坑直径约为 25mm，坑内覆盖一层带光泽的黑色硬膜状物质。

表面层的黄褐色到砖红色产物是各种形态的氧化铁，次层的黑色粉末是 Fe_3O_4，最里黑色层是 FeO。腐蚀坑内覆盖一层黑色硬膜状物质，能谱分析该物质含有大量的 O 元素与少量的 P、S、Cl 等元素，该对流管的失效模式为氧腐蚀失效。

缝隙腐蚀是金属与金属或金属与非金属表面之间在电解液中构成狭窄的缝隙，缝隙内有关物质的移动受到了阻滞，形成浓差电池，从而产生局部腐蚀。通常分析介质中氧气浓度增加，pH 减小，阳极溶解速度增加，缝隙腐蚀量也增加；活性阴离子的浓度增加，缝隙腐蚀敏感性升高等。

应力腐蚀是材料在特定的腐蚀介质中和在静拉伸应力下，所出现的低于强度极限的脆性开裂现象。应力腐蚀的产生有两个基本条件是材料对介质具有一定的应力腐蚀开裂敏感性，存在足够高的拉应力。应力腐蚀过程一般包括孕育期，腐蚀过程局部化和拉应力作用的结果使裂纹生核；腐蚀裂纹发展时期，裂纹生核后，在腐蚀介质和金属中拉应力的共同作用下裂纹扩展；由于拉应力的局部集中，裂纹急剧生长导致零件破坏的三个阶段。通常应分析导致应力腐蚀开裂的工作应力、自制造过程中产生的残余应力，包括外加载荷、热应力、冷加工、热加工、焊接等所引起的残余应力等因素。

腐蚀疲劳是腐蚀介质与循环应力联合作用下产生抗腐蚀疲劳性能降低的现象。疲劳破坏的应力值低于屈服点，在一定的临界循环应力值（疲劳极限或称疲劳寿命）以上时，才会发生疲劳破坏；而腐蚀疲劳却可能在很低的应力条件下就发生破裂。通常应分析应力交变速度、介质温度、介质成分、材料尺寸、加工和热处理等因素。

晶间腐蚀是金属材料在特定的腐蚀介质中，沿着材料的晶粒间界受到腐蚀，使晶粒之间丧失结合力，金属发生局部腐蚀破坏的现象。通常认为，晶界合金元素的贫化是产生晶间腐蚀的主要原因。鉴别时应分析材料的纯度、C、N、P 和 Si 等有害微量元素含量的影响，分析热处理、加工工艺对晶界上碳化物析出控制等因素。

均匀腐蚀是金属材料与环境接触，整个表面上几乎以相同速度进行的腐蚀。主要考虑的是使用材料的抗均匀腐蚀的能力，以及材料使用环境恶化或突然变化等因素。

磨损腐蚀也叫作冲蚀磨损，是由磨损和腐蚀联合作用而产生的材料破坏过程。腐蚀介质与金属表面间相对运动，引起金属的加速破坏和磨蚀，通常应分析腐蚀介质的相对流动速度、钝化型耐蚀金属材料表面的钝化膜损伤程度，腐蚀介质中存在的固相颗粒等因素。

[例 6-17] 某汽包封头减薄发生开裂事故。勘验时发现汽包内部金属表面局部有高温水汽混合物冲刷腐蚀的痕迹，冲刷腐蚀区域边缘表面有明显的白色腐蚀产物，见图 6-24。

图 6-24 冲刷腐蚀和白色腐蚀产物形貌

氢脆是溶于金属材料中的氢，聚合为氢分子，造成应力集中，使材料强度劣化的现象。在腐蚀介质中，金属因腐蚀反应析出的氢及制造过程中吸收的氢，是金属中氢的主要来源。通常应分析炼钢、焊接过程中湿气在高温下被还原而生成氢，并溶解在液体金属中；设备在电镀或酸洗时，钢表面被吸附的氢原子过饱和，氢渗入钢中；使用过程中金属容器装存含氢或含混硫化氢的介质等。

6.3.6 老化物证鉴别

高分子塑料的颜色变化是其发生老化的最为直接的依据。高分子塑料老化表面会变黄，黄变程度可以用色差和黄色指数来表征，现场勘验可使用便携式色差仪测量色差和黄色指数。

硫化橡胶受热而发生热老化后会脆化、变硬，某些高分子橡胶长期在低温、极寒或者是高低温交变的环境下长期使用脆性会增加，变得极易断裂，橡胶老化程度可以用硬度和脆性表征，现场勘验可使用便携式硬度计测量硬度。

高分子有机涂层老化破坏以后，其表面的光泽度会逐渐下降，表面变得粗糙而失光，涂层中的某些基料会出现粉化现象，现场勘验可使用便携式粗糙度测量仪和手持式光泽度计测量表面粗糙度和光泽。

老化物证同样可以对其几何尺寸进行检测，材料性能参数通常在取样后由实验室检验提供证据。

[**例 6-18**] 某风力发电机调浆用齿形橡胶带，其与背轮接触的工作面老化变色，变色分界面明显，变色形貌见图 6-25。

图 6-25　高分子材料表面变色形貌

6.3.7 介质物证鉴别

介质物证的物理、化学性能随设备运行的工作状态变化，不同的设备工作状态下，介质物证表现出来的物理、化学性能对事故的证据作用不同，不同设备工作状态的介质指标值对特种设备运行质量和损伤程度有重要的影响。

勘验时应根据调查、测量获得的特种设备运行规定输入和输出的介质参数值，结合设备工作原理，分析产品质量和事故与介质可能引起事故的因果关系。

设备同一腐蚀部位的损伤形态不同，其引起腐蚀的介质会不同，甚至会是复合种类的腐蚀。如锅炉管道管内壁水汽侧发生腐蚀，其腐蚀损伤模式和介质参数特征会形成多种腐蚀损伤机理。

当锅炉管道管内壁水汽侧发生溶解氧腐蚀，腐蚀是由于 Fe 与 O_2、CO_2 之间存在电位差，形成无数个微小的腐蚀电池，Fe 是电池中的阳极，溶解氧起阴极去极化作用，Fe 比 O_2 等的电位低而遭到腐蚀。分析时应查验或测量锅炉水的 pH，当 pH 小于 4 或在强碱环境中，腐蚀会加重；当 pH 介于 4～13，金属表面形成致密的氢氧化物保护膜，腐蚀速度会减慢。腐蚀速度与溶解氧的浓度成正比，分析时应查验运行锅炉给水速度和负荷，随着给水速度提高、锅炉热负荷增加、溶解氧腐蚀也随之加剧。表现出的介质是锅炉水，反应的特征参数是介质的 pH、给水速度、锅炉热负荷。

当锅炉管道内壁水汽侧发生垢下腐蚀时，垢下腐蚀由于给水质量不良或结构缺陷妨碍水汽流通，造成管道内壁结垢。垢下腐蚀介质浓度高，又处于停滞状态，会使管道内壁发生严重的腐蚀，这种腐蚀与炉水的局部浓缩有关。当补给水或因凝汽器泄漏（河水）使炉水含碳酸盐，其沉积物下局部浓缩的炉水（沉积着高浓度的 OH^-）发生碱对金属的腐蚀，反应的特征参数是 pH 上升到 13 以上；当凝汽器泄漏的是海水或含 Cl^- 的天然水，水中的 $MgCl_2$、$CaCl_2$ 将进入锅炉、产生强酸 HCl，沉积物下浓缩的炉水（很高浓度的 H^+），发生金属酸性腐蚀，反应的特征参数是 pH 快速下降。

当锅炉管道内壁水汽侧发生碱腐蚀，碱腐蚀游离碱会在多孔性沉积物和管内表面浓缩，浓缩的强碱会溶解金属保护膜而形成铁酸根与次铁酸根离子的混合物，管壁表面局部碱浓度超过 40% 会释放出氢气，形成金属表面深而广的腐蚀，也称延性腐蚀。

当锅炉管道内壁水汽侧发生氢损伤，实际是一种酸性腐蚀。一般情况下给水与管壁（Fe）发生反应生成 H_2 和 Fe_3O_4。保护膜 Fe_3O_4 阻隔 H_2 进入管壁金属而被炉水带走，当给水品质不佳或管内结垢会生成 Fe_2O_3 和 FeO，其疏松、附着性很差，有利于 H_2 向管壁金属的扩散，高温下晶界强度低，H_2 与钢中的 C 和 FeC 反应生成 CH_4。管壁金属脱碳，CH_4 积聚在晶界上的浓度不断升高，形成局部高压以致应力集中，晶界断裂，产生微裂纹并发展成网络，导致金属强度严重降低，使金属变脆而断裂。

当锅炉管道内壁水汽侧发生铜氨化合物腐蚀，其在炉水处理中使用脱氧剂和中和胺等均可能产生游离氨。在 pH 大于 8.3 且含溶解氧的情况下，氨会侵蚀以铜合金为材质的冷凝管，一旦铜离子进入锅炉并沉积在管壁上，便会产生电化学腐蚀而损伤炉管。

介质物证类型、物理、化学性能现场勘验难以准确判定，勘验时应观察分析特种设备使用的介质和外部侵入的介质外观、种类、来源方式，设备损伤部位、状态、产生的产物，取样后进行实验室检验，确定介质的证据作用，综合分析引起事故或损伤的因素和因果关系。

[例 6-19] 某橡胶与钢丝绳复合结构皮带，运行检查中发现皮带表面存在较多微裂纹，裂纹源区域均有微小附着物，见图 6-26。放大观察从裂

纹内部溢出的腐蚀产物，裂纹源区腐蚀产物形貌见图 6-27。

图 6-26　裂纹源区域微小附着物

图 6-27　裂纹源区腐蚀产物形貌

检验发现皮带表面包布有缺陷，工作环境湿度很高，空气中的水分介质与钢丝绳接触，皮带工作应力作用下发生腐蚀，腐蚀产物从裂纹内渗出。

6.3.8　火灾物证鉴别

分析认定起火点或起火部位时，应根据初步认定起火点、引火源、起火物、火灾现场特征，分析由起火点向周围蔓延的各种燃烧痕迹与现场实际总体蔓延的方向一致程度，起火物与引火源作用与现场的条件相一致程度。

通常，现场烧损严重的部位应是起火点，但不是所有烧损严重的部位都是起火点。火灾过程中烧损严重程度取决于燃烧时间长短、温度高低、可燃物种类和分布、现场通风状态、灭火扑救顺序、气象条件等因素。可燃物种类和分布直接影响现场的烧损程度，当可燃物的燃点比较低，火灾中就容易被引燃，燃烧比较充分，烧损程度就比较严重；通风情况直接影响现场的烧损程度，通风部位新鲜空气的补充使物质的燃烧速度加快，烧损程度就比较严重；火灾扑救灭火的顺序直接影响现场的烧损程度，先行扑救的部位燃烧先终止，相对于扑救晚的部位燃烧时间较短，烧损程度就会减轻；火灾时风力和风向会影响火势的蔓延方向和现场烧毁程度，风向转变可能会使火势蔓延方向转变。通常引火源的位置与起火点基本一致，而电气类火灾、可燃气体火灾并非是必然对应，但是必须存在一定的对应关系。

  一起火灾现场通常只有一个起火点，但一些特殊火灾，由于受燃烧条件、人为因素以及其他客观因素的影响，有时也会形成多个起火点，如故意纵火、电气火灾、自燃火灾、飞火引起的火灾等。

  认定引火源应当同时具备引火源在起火点或者起火部位、引火源足以引燃起火物、起火部位或者起火点具有火势蔓延条件。

  分析引火源周围有无可燃物。无可燃物，此火源就不可能成为引火源；有可燃物，还要分析该火源的火焰、火星或热辐射能否引燃这些可燃物。在有些火灾现场中，虽然找不到引火源，但起火物遗留的痕迹特征，常常也可证明或说明是由于何种火源的作用而引起火灾的。如烟头引起火灾，虽然在起火点处找不到烟头的残体，但从现场的阴燃起火方式分析，就能判断出可能是弱火源或自燃等引起火灾；现场不存在自燃性物质，极有可能就是弱火源引起火灾，然后寻找起火前现场存在哪些弱火源，逐步找到引火源引起火灾的证据。

  分析引火源能量。引火源释放的能量大于起火物的最小点火能量时才能起火，这是作为引火源的基本条件之一。像明火、高温物体和电弧等强火源，它们的温度和释放的能量远高于一般可燃物的自燃温度和最小点火能量，因此很容易成为引火源。一些弱火源，如静电火花、烟囱火星和碰撞火星等，就要考虑其放出的能量是否大于或等于起火物的最小点火能量；个别情况下，火源的温度虽然低于起火物的自燃温度，起火物也能着火，如烟头的表面温度一般低于棉布、草类物质的自燃温度，但是在烟头火源作用下，棉布、草类物质能发生热分解炭化，吸氧生热，所以会自行升温，达到自燃温度而起火。因此，在分析引火源能量时，不但要考虑火源本身，还要考虑起火物的种类、性质、状态和环境因素对最小点火能量的影响。不同物质的最小点火能量不同，同一物质的形态不同，其最小点火能量也不同，环境温度的高低和空气中的氧浓度对最小点火能量也有一定的影响，分析引火源释放的能量时要综合考虑这些因素。

分析引火源作用时间。引火源作用于起火物后，会滞后一段时间起火，这个时间有长有短。一般情况下，明火作用于可燃物会立即起火，而有的弱火源如烟头作用于纤维类物质、物质自燃等，起火滞后的时间比较长。引火源的作用时间与起火时间可以基本相同，也可以有一定的时间差。

分析引火源种类与现场起火特征是否吻合。初步认定的引火源，应该与现场的起火方式相吻合。一般情况下，弱火源作用于纤维类可燃物，各种火源作用于不易发生明火燃烧的物质，现场一般呈阴燃起火特征；强火源作用于一般起火物，现场呈明火点燃特征；作用于爆炸性物质，现场呈爆炸或爆燃起火特征。

[**例 6-20**] 某中型客车在高速公路上运行，驾驶员从反光镜中观察到车辆左后方下部有亮光，停车查看是左后轮起火，扑救无效，整个车辆被烧毁。勘验发现，车辆后部烧损重于车辆前部，尤其是左后轮最为严重；左后轮轮毂有明显高温变色特征、表面附着制动蹄片高温后碳化物，见图 6-28；检查燃油系统、电气系统无故障；检查制动系统左后轮制动油缸卡死，制动蹄片不能分离回位。

（a）黏结特征　　　　　　　　　　（b）高温特征

图 6-28　轮毂高温变色形貌和表面附着碳化物形貌

分析左后轮制动鼓表面颜色呈金属高温氧化特征、摩擦片与制动鼓残留黏连物，该制动摩擦表面曾出现过高热过程（热源），轮毂金属氧化特征和蹄片黏连温度理论上大于 600～800℃；结合驾驶员自述左后轮起火（言词证据），认定起火点位置是左后轮，火源来自制动片持续摩擦产生的高温，可燃物为与轮毂一体装配的橡胶轮胎，橡胶的燃点约 350℃。

[例 6-21] 某电梯轿厢呼叫金属面板突然起火，发现后迅速使用干粉灭火器扑灭。呼叫面板上只安装了电梯正常运行的呼叫开关、报警显示灯、开关门开关、多媒体显示器及电路板盒。

勘验时发现，各连接电线断头均无断裂，金属面板上无放电火花痕迹；呼叫厢外部线束完好、无任何损伤。可以确认封闭的呼叫厢火源来自内部，不是连接到外部的电线短路起火。

确认起火点。观察面板正反面，多媒体面板上方烟熏痕迹重，下方基本无烟熏痕迹；多媒体面板中部有严重焦化现象，起火点位置应是多媒体位置。面板原来状态、起火后正面、背面痕迹形貌见图 6-29。

（a）原始正面

（b）燃烧正面

（c）燃烧反面

图 6-29　金属面板原来状态，起火后正面、背面痕迹形貌

小心拆卸多媒体显示器电路盒。观察电路盒金属背板、石棉垫板上部分存在烟熏痕迹。可确认白色部分为起火的高温区,其余后点燃部分留下了烟熏痕迹,核对电路板上元件位置,起火点是电源整流块失效导致。电路盒金属背板、石棉垫板、电路板痕迹形貌见图6-30。

(a) 金属背板、石棉垫板表面特征　　　　(b) 电路板表面特征

图6-30　电路盒金属背板、石棉垫板、电路板痕迹形貌

6.3.9 爆炸物证鉴别

发生爆炸事故必须具备能与氧气反应提供能量的爆炸性物质、辅助燃烧的助燃剂(氧化剂)、可燃物质与助燃剂均匀混合、混合物有相对封闭的空间、有足够能量的点燃源,现场勘验应根据这些条件来发现和分析鉴别物证。

爆炸的类型可按照能量、反应相、燃烧速度分类。承压类特种设备爆炸类型主要是物理爆炸、化学爆炸、气相爆炸。

物理爆炸是由物质温度、体积和压力等因素变化引起的爆炸,爆炸前后,爆炸物质的性质及化学成分均不改变。物理爆炸分为超压爆炸和工作压力下爆炸。

超压爆炸是使用压力超过容器额定承压能力发生的爆炸。如锅炉中过热的水迅速蒸发出大量蒸汽,蒸汽压力不断升高,当压力超过锅炉的极限强度时发生爆炸；氧气钢瓶受热升温，引起气体压力升高，当压力超过钢瓶极限强度时发生爆炸。导致超压爆炸的因素通常是设备上的安全泄压装置失效、安全阀卡涩、整定压力失准、排气量不够、化学反应物质同时进入压力容器发生反应等。

工作压力下爆炸是容器规定使用压力以下发生的爆炸。导致工作压力下爆炸的因素通常是因容器本体的材料缺陷、加工缺陷、机械损伤、材料腐蚀等降低了容器的规定承压能力。

化学爆炸是物质本身起化学反应，产生大量气体和高温而发生的爆炸。化学爆炸的物质是一种相对不稳定的系统，在外界一定强度能量作用下，能产生剧烈的放热反应，产生高温、高压和冲击波，引起强烈的破坏作用。较典型的特种设备化学爆炸是反应釜中化学物质种类使用错误、化学物质添加量错误、操作工艺顺序错误、化学物质在反应釜中受到温度冲击或其他能量的作用等。化学物质反应发生爆炸应分析物质反应的组分比例、加入的量、设备环境温度、工作温度、可能产生的外部作用的能力等。

气相爆炸是可燃性气体和助燃性气体混合物的爆炸、气体的分解爆炸、液体被喷成雾状物引起的爆炸、飞扬悬浮于空气中的可燃粉尘引起的爆炸等。较典型的特种设备气相爆炸是容器、管道内可燃气体泄漏爆炸、燃油锅炉燃烧器雾化喷油爆炸、燃煤锅炉喷射煤粉爆炸等。

非可燃性物质爆炸，应分析工作介质压力与爆炸事故的关联程度。如锅炉运行工作介质水、水蒸气，核实锅炉各工作阶段记录的压力数据，核实气瓶充装次数和充装压力。

容积、管道类特种设备发生爆炸事故的爆炸物质主要是存贮、输送的可燃性物质天然气、氢气、乙炔、甲烷、酒精、汽油、燃煤粉尘等，应分析可燃性物质的闪点、燃点、自燃点、爆炸极限、最小点火能与爆炸事故的关联程度等。

闪点是液体气化着火的最低温度。易燃、可燃液体、具有升华性的可燃固体表面挥发的蒸汽与空气形成混合气，火源接近时会产生瞬间燃烧；可燃液体温度高于其闪点时容易被火焰点燃。闪点越低越容易发生闪燃，闪点能分析确定引起闪燃的最低温度。

燃点是气体、液体和固体可燃物与空气共存，当达到一定温度时，与火源接触即自行燃烧，火源移走后，仍能继续燃烧的最低温度值。燃点是物质燃烧的着火点，燃点越低越容易发生燃烧，燃点能分析确定燃烧的最低温度。易燃液体的燃点约高于其闪点 1~5℃。

爆炸极限是遇火源能够发生燃烧或爆炸的浓度范围。可燃气体、可燃液体蒸汽或可燃粉尘与空气混合并达到一定浓度时，遇火源就会燃烧或爆炸。可燃物质与助燃剂均匀混合的程度通常用可燃气体在空气中的体积百分比（%）表示。可燃气体、可燃液体蒸汽的爆炸极限分为下限和上限，即在空气中含量的最低浓度和最高浓度，爆炸极限又称燃烧极限。浓度低于爆炸下限，遇到明火既不会燃烧，也不会爆炸；高于爆炸上限，也不会爆炸，但是会燃烧；只有在下限和上限之间时才会发生爆炸。而可燃粉尘的爆炸上限很高，一般达不到，所以通常只标明爆炸下限，用 g/m^3 来表示。当其浓度超过爆炸下限时，遇到明火即发生爆炸。爆炸极限范围越宽，下限越低，爆炸危险性也就越大。分析可燃气体的泄漏量、泄漏时间、测算爆炸环境相对封闭空间容积可以估算环境是否到达爆炸极限范围。

特种设备通常都是安装在自然环境下，暴露于空气中，空气中的氧气就是辅助燃烧的助燃剂，化学爆炸中某些物质本身含有一定量的氧化剂，在一定条件下能放出氧气。分析爆炸现场设施结构的通风程度、空气自然流动程度、物质生成氧化剂的含量，可以确认爆炸具备的条件。

最小点火能是指能引起爆炸性混合物燃烧爆炸时所需的最小能量。明火、电气火花、机械火花、静电火花、高温、化学反应、光能只要能量足够，都可能成为点燃源。最小点火能数值越小，说明该物质越易被引燃。如某加油站发生爆炸事故，油罐车用喷溅方式向储油罐室卸油，卸油中无静电接地装置，作业中产生大量静电荷积聚不能释放，静电火花成为卸油过程点燃油气的点燃源。

爆炸的飞出物、损坏物是爆炸物证之一，爆炸的类型不同、环境不同，飞出物、损坏物特征不同。爆炸现场的飞出物容易在建筑结构上留下痕迹，通过爆炸现场多处飞出物的位置与飞出物原来安装位置连线，产生的交叉区域中容易发现爆炸点；通过爆炸现场损伤物的损伤程度、位置朝向，容易发现爆炸点；管道、容器发生气相爆炸可以根据爆炸喷射的痕迹发现爆炸点；气相爆炸对距离相等、强度接近的物体损坏程度接近，低强度的砖墙体容易整体推塌，很少留下整体大块墙体；材料强度较高的墙体，容易从连接强度较弱的墙体接合部位开裂，整体推出墙体。

[例6-22] 某单位在地下车库内安装4台燃气锅炉，调试2#锅炉时发生爆炸事故。勘验时发现，锅炉房基本为密闭环境，无任何废水、废气等其他设施，安装在同一房间大楼在用配电箱无任何防爆装置，锅炉调试期间一直带压输入天然气。管道检漏发现，锅炉燃气输入管道多处连接不良，分析判断爆炸物为泄漏燃气。锅炉房平面布局见图6-31。

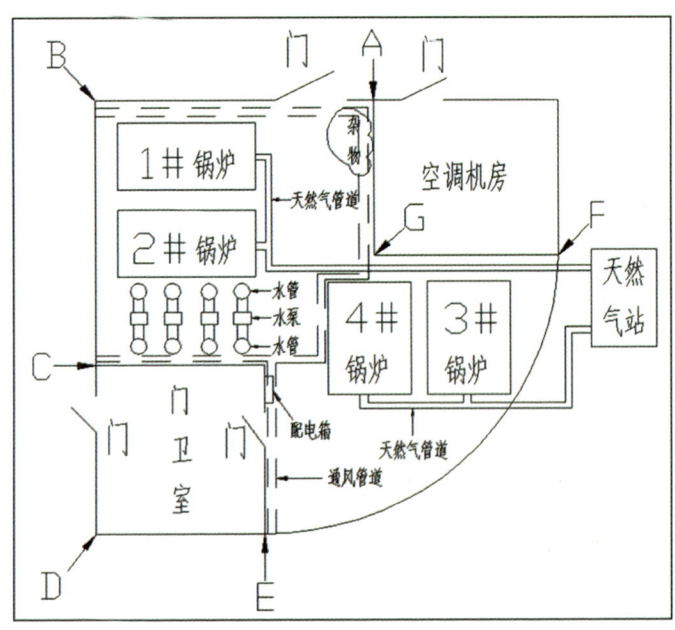

图6-31　锅炉房平面布局

锅炉带压调试期间，逐步泄漏的天然气与房间内空气混合，当房间内燃气达到爆炸极限时，大楼在用的配电箱自动空气开关动作，开关动作产生的火花为点火源，点燃了泄漏的天然气，发生气相爆炸。

发生在相对密闭空间内的气体爆炸属有限体积源爆炸，其内部物品受压力作用产生的变形不明显，物品产生的位移方向性不明显；塑料、纸张、纺织物、木材以及人体的表面有高温作用的熔化、烧灼等痕迹特征；爆炸压力对边缘的破坏比较明显，门窗、玻璃、阳台等相对脆弱的地方向四周飞散，相对比较坚固的墙壁向外凸起、变形和移位，破坏具有明显的方向性，但没有局部粉碎特征；通常情况下，比空气轻的气体发生爆炸产生的烟痕在顶部。外部爆炸特征表现为破坏强度大，破坏范围广，方向性明显。

A—B、B—C非承重墙体整体向外推塌气体爆炸特征见图6-32。

图6-32 墙体整体向外推塌气体爆炸特征

勘验发现，给水管道与2#锅炉区域内的管道保温层表面黑色碳化沉积物多于同一管道的另一侧，管道表面有明显的色差，见图6-33。当局部可燃气体的浓度过高，处于负氧平衡时，多余的可燃气体就会在高温作用下发生分解反应，析出碳颗粒，形成黑色烟痕。屋顶变色痕迹见图 6-34，屋顶、承重墙、黑色碳化物沉积分布区围成的区域应为爆炸中心位置，见图 6-35。

（a）烟痕整体特征

（b）烟痕局部特征

图 6-33　管道保温层表面黑色碳化沉积物烟痕

图 6-34　屋顶变色形貌

锅炉、钢瓶本体发生爆炸后通常都有明显的爆炸开裂口，开口的尺寸取决于内部压力值和材料强度。发生超压爆炸的断口通常以快速开裂为主，断口的位置多处于容器强度的薄弱区域，根据材料和使用工况不同脆性断裂和韧性断裂均有发生。发生工作压力下爆炸的断口通常以应力腐蚀断裂、疲劳断裂为主，根据材料和使用工况不同，断口的裂纹源区、扩展区、快速断裂区较明显。

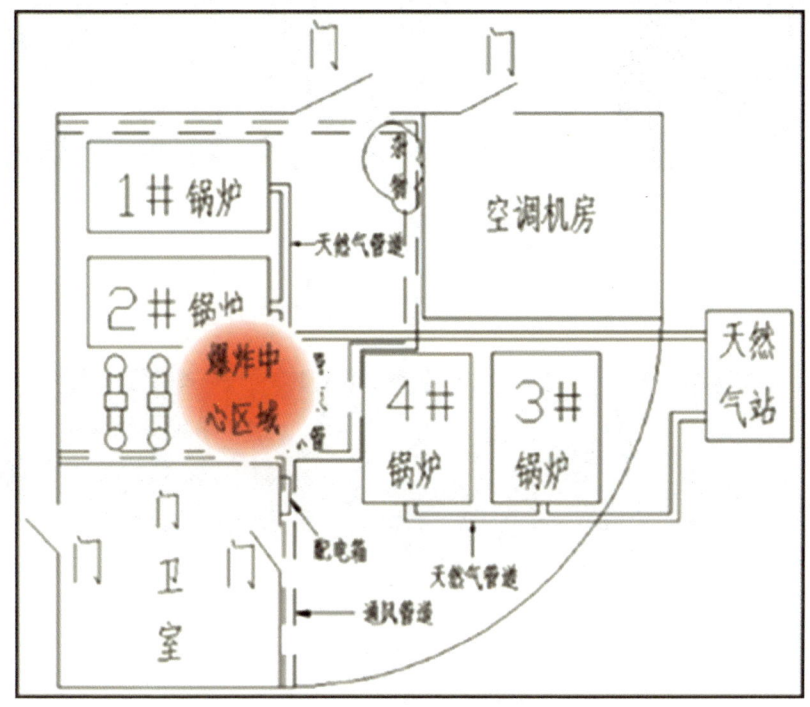

图 6-35　爆炸中心位置

[**例 6-23**] 某市餐饮店液化气罐爆炸事故。裂纹源位于钢瓶本体与护罩焊缝热影响区位置；开口对称裂纹源，沿焊缝热影响区向瓶体下方扩展，扩展线整体呈山坡状。见图 6-36。

（a）爆口宏观　　　　（b）焊缝热影响区位置　　　　（c）裂纹源宏观

图 6-36　气瓶爆炸口宏观

显微观察断口有多源疲劳裂纹，由瓶体内部向外部扩展，见图 6-37。

图 6-37　多源疲劳裂纹

分析爆炸原因是随着钢瓶的持续使用不断地为钢瓶充装液化石油气，裂纹反复受气体压力扩展，发生疲劳断裂，导致爆炸事故。

7 特种设备事故痕迹

7.1 痕迹概念和分类

7.1.1 痕迹基本概念

痕迹含义丰富、应用广泛，它可以泛指物体留下的某种标记，事物经过后可察觉的形影或印迹。广义的痕迹概念是环境作用于系统，在系统表面留下的标记。

特种设备事故所产生的痕迹大部分属于机械失效痕迹，同时也有一些非机械作用产生的痕迹，这些痕迹都是特种设备事故物证的特殊表现形式。机械失效痕迹是力学、化学、热学、电学等环境因素，单独地或协同地作用于物体和物体表面，并在它们的表面或表面层留下的损伤性标记。特种设备运行过程中，各种部件相对运动和相互作用，会留下运动所产生的正常和非正常标记，事故中变形、断裂、摩擦、磨损、应力腐蚀等力学因素对痕迹产生有重要的影响，是特种设备事故物证分析、鉴定的重要内容。

痕迹发生并残留于相互起作用的接触部位，存在于接触部位的表面，包括物理表面及改性层，不深入内部，是一种表面损伤，是不希望产生但可以鉴别的有害印记，是接触过程或非正常作用的产物。

痕迹形成必须具备造痕物（造痕体）、留痕物（承痕体）、造痕物与留痕物发生相互接触或非正常作用。痕迹的形成是痕迹制造者（造痕物），接触并作用于痕迹接受物机械表面，将自身的某些特征标记遗留在机械表面。造痕物与留痕物是相对的，有时在两个匹配的接触面都会留下痕迹。留痕物一般具有可塑性、化学活性、渗透性、吸附性或可剥性等。

痕迹分类与传统和行业习惯相关，通常会根据痕迹形成特点将痕迹分为平面痕迹、立体痕迹、静态痕迹、动态痕迹，来体现痕迹产生时的接触方式、作用力大小、物质转移程度、表面形态等特征。

平面痕迹是造痕物作用于留痕物，只在留痕物表面发生了某些物质的增减，未改变其结构形态而形成的痕迹。平面痕迹留痕物上物质增加称为加层痕迹，物质减少称为减层痕迹。加层痕迹增加的物质根据有无颜色差别分别称为有色痕迹和无色痕迹。立体痕迹是在留痕物上形成的能反映造痕物表面凸凹结构形态的印迹。静态痕迹是造痕物作用于留痕物时，接触面未发生相对平移所形成的痕迹，作用力多以垂直或接近垂直的角度施加于留痕物。动态痕迹是造痕物作用于留痕物时，作用力平行或接近平行于接触面，在相互滑动中形成的一种形象痕迹。外围痕迹是在接触面范围以外的表面发生变化而形成的，反映造痕物运动轨迹方向或轮廓。

7.1.2 机械痕迹分类

按照痕迹形成的机理和条件，特种设备机械失效痕迹分类见图 7-1。

机械接触痕迹是接触部位在机械力作用下所留下的痕迹。机械痕迹依据接触方式和相对机械运动方式的不同又可分为压入性机械痕迹、撞击性机械痕迹、滑动性机械痕迹、滚压性机械痕迹和微动性机械痕迹。

压入性机械痕迹是造痕物压入留痕物时，法向载荷的作用缓慢而持续，变形速度一般较小，保持较长时间的接触状态或接触面不再分离（即静态接触），简称压痕或压印。

撞击性机械痕迹是造痕物原来不与留痕物接触，只在撞击时接触，作用时间很短，变形速率较大，在接触面之间以垂直于接触表面方向的相对运动为主。

滑动性机械痕迹是造痕物和留痕物的接触面在痕迹形成过程中不断相对移动、分离（动态接触），机械作用力和变形方向大体平行于接触表面，也称为摩擦痕迹。

7 特种设备事故痕迹

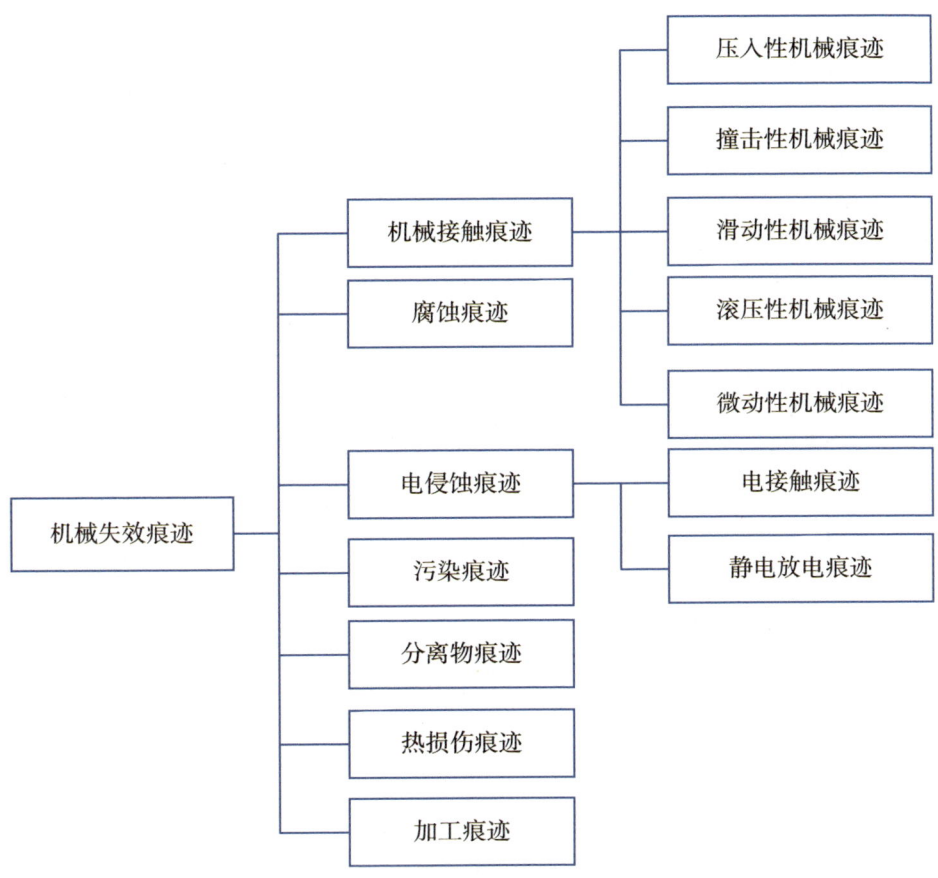

图 7-1 特种设备机械失效痕迹分类

滚压性机械痕迹是在滚动力矩的作用下，造痕物与留痕物接触面间断性分离，滚压或滚滑留下的痕迹。作用力和变形方向垂直于接触面，也有平行于接触面的变形，变形速率可以在较大范围内变化。

微动性机械痕迹是造痕物与留痕物名义上是相对静止的两个固体，由于法向压力作用，接触面互相挤压，往复的幅值很小，相对滑动过程中形成的痕迹。

腐蚀痕迹是化学和电化学作用在与介质接触部位表面留下的反应产物（生成物）和基体材料损耗留下的痕迹。

电侵蚀痕迹是在电能作用下，带电体在电接触部位或放电部位留下的痕迹。电侵蚀痕迹分为电接触痕迹和静电放电侵痕迹。电接触痕迹是电接触现象在电接触部位留下的电侵蚀痕迹。静电放电痕迹是静电放电现象在放电部位留下的电侵蚀痕迹。

污染痕迹是各种污染物附着在机械表面而留下的痕迹。设备运行过程中，外来物、固有物、损伤产出物等都有可能产生污染痕迹。不是所有的污染痕迹都来自事故设备中某构件失效本身的损伤性痕迹，还有可能是其他构件损伤的产物，它能够反映其他机件的失效状况，并与失效构件有关联。还有些污染痕迹并不涉及某构件失效，但可提供某种线索。

分离物痕迹是指整体物质在外力的作用下，发生了物理变化或化学变化分离为若干部分，在各分离体新界面上的各种凹凸形象带有痕迹属性的信息。整体物质是指一种形态完整的并且具有一定几何形状的单一物体，或采用某种方式连接的并且具有一定功能的组合物体。分离物痕迹的微粒物质既可以是机械表面的分离物，也可以是反应产物的脱落物。各个行业分类不同，本书所指的分离物与刑事侦查分类的整体分离痕迹的定义指向不同。

热损伤痕迹是接触部位在热能作用下发生局部不均匀的温度变化而在接触部位表层留下的痕迹。

加工痕迹是机械产品出厂前在其表面加工所留下的痕迹，包括最终的机加工痕迹、表面处理痕迹、各种加工和检验标记等。

厂（场）内车辆在规定道路和区域内运行，所产生的事故痕迹和道路交通事故痕迹相同，可参照道路交通事故痕迹鉴定方法。

7.2 痕迹勘验基本方法

痕迹勘验与物证勘验规则基本相同，是物证勘验的组成部分。痕迹勘验通常按照发现痕迹、测量痕迹、固定痕迹和痕迹描绘的顺序进行。

7.2.1 发现痕迹

发现痕迹是勘验工作的重要技术环节，是为分析事故原因、提供证据的重要途径。现场勘验主要是依靠人体感官功能和智力、经验、适当的辅助工具，获取事故发生过程产生的痕迹，现场多采用视觉、听觉、触觉、嗅觉等检查方式发现痕迹。

视觉观察方式发现痕迹。人的眼睛具有特殊的聚焦深度和分辨率，视野广阔，收缩面积大，速度快，有立体三维图像感知的功能，能分辨不同颜色和形貌的细微变化，视觉观察法广泛运用于痕迹勘验活动中。

视觉观察勘验痕迹应确定痕迹的范围和分布特征、痕迹部位和相对位置，痕迹几何形状、尺寸、深度、角度取向，痕迹的颜色、亮度或灰度，痕迹的附着、重叠、往返、交叉、粗糙度、泄漏状态，痕迹的种类等。

发现痕迹应根据事故类型及特点，观察事故现场所显现出来的各种异常现象，确定勘验的重点部位；根据设备结构、运动部件运行特征，观察事故现场部件非正常位移与地面、伤亡人员、建筑物或其他设施的接触部位痕迹；观察事故现场部件正常运动留下的痕迹；观察设备运行环境带来的风、水、雷电、腐蚀物、异物等留下的痕迹。

视觉观察中往往使用便携式放大镜、内窥镜，观察微小痕迹；使用荧光、紫外光源、移动光源发现特殊痕迹；在不同距离、不同高度、不同方位、不同角度，使用固定或移动光源，转动痕迹位置来观察痕迹的各种形态特征。

听觉方式发现痕迹。任何机器在运行过程中都要产生不同程度的振动和噪声。根据设备的机械结构、运行速度、介质类型感受振动、监听噪声，可以判断设备的工作状态、机械故障部位来发现可能留下的痕迹。同时可以借助快速听诊器、高感听音器、振动探测器等便携式设备增强听觉效果，发现痕迹。

触觉方式发现痕迹。人的手指的感觉非常灵敏，手指的触觉可以感受到设备的异常振动、温升、表面质量、介质颗粒等。人体的正常体温为37℃左右，不同的构件温度会给手指带来不同的感受。0℃左右时，手指感觉冰凉，连续触摸较长时间会产生刺骨痛感；10℃左右时，手感较凉，一般能耐受；20℃左右时，手感稍凉，随着接触时间的延长，可以觉得手感渐温；30℃左右时，手感微温有舒适感；40℃左右时，像触摸到高烧病人；50℃以上时，手感较烫，如掌心按的时间较长则有汗感；60℃左右时，手感很烫，手指耐受力约为 10 s；70℃左右时，手指耐受力约为 3 s，但有灼痛感，接触部位很快出现红色；80℃以上的手指只能瞬间接触，痛感加剧，长时间接触可能发生烫伤。手的触觉可以发现油液或膏脂中是否有颗粒物；手指或指甲的触觉可以感觉构件表面是否有划伤、毛刺、沟槽、锐边、尖角；利用手拿钩针可以感知内孔表面的加工刀痕等。

嗅觉方式发现痕迹。通过嗅觉器官来辨别有无异常气味，判断机械可能的故障和位置。例如，对烟味、火药味、焦煳味、油味、胶皮味等各种气味痕迹鉴别种类。

现场勘验活动中，往往是交叉、综合运用视觉观察、听觉感受、触觉感触、嗅觉感知等检查方式发现痕迹。

7.2.2 测量痕迹

测量痕迹应确定痕迹的位置，分布区域，选用准确度合适的测量器具进行测量，测量痕迹应标注痕迹起点位置、运动延伸方向、痕迹终点位置。测量痕迹包括痕迹的平面和立体几何尺寸测量，测量痕迹的长度、宽度、高度（深度）、尺寸变化、面积、体积等参数；测量和描述痕迹的痕底、痕壁、痕面的尺寸、状况、形状、特点；测量、描述痕迹表面形貌、花样变化、表面化学成分变化、材料迁移、颜色变化、表层组织结构变化、表面性能变化、残余应力状态变化、表面污染状态等信息。

设备损坏变形、环境设施产生的痕迹、车辆制动痕迹等尺寸相对较大，现场测量痕迹通常使用激光测距仪、钢卷尺测量；机械部件相对运动产生痕迹通常用钢卷尺、钢直尺、游标卡尺、深度尺等测量；实验室放大设备下观察、测量微小痕迹通常用放大设备自带的测微尺、读数标尺等测量。痕迹表面色泽明显可用目视方法检验，特殊的可以用比色标板比较，色度计测量；表面化学成分变化、材料迁移、表面性能变化可用电子探针、扫描电镜、红外光谱等检测；增加厚度可用测微尺、超声波测厚仪等检测；

表层组织结构变化可用显微镜观察或制作金相试样观察；残余应力状态变化可用残余应力检测仪检测。

7.2.3 固定痕迹

固定痕迹主要的方法有照相、录像、实物提取、绘图和笔录等。通常尺寸较大的痕迹固定多使用绘图，笔录，无人机、3D 照相、录像等设备，尺寸较小的痕迹固定多使用手机、照相机等设备。一般的痕迹固定提取在保证不损害痕迹特征的情况下直接提取实物；特殊的痕迹固定提取应遵守技术要求，配置专门的痕迹复型、复制、制模提取设备。固定提取较稳定的痕迹物证应专门保护、包装、保管、运输、标识、记录，不便立即送检的易挥发性的痕迹物证，应使用清洁环保的玻璃瓶、塑料瓶或塑料袋密封，并低温保存；特殊的痕迹物证应满足特殊管理要求，防止痕迹物证因人员触摸、环境变化造成痕迹物证的损坏或灭失。

现场固定勘验痕迹应遵循由大到小、由整体到局部、由表及里、穷尽的原则。先检查观察大范围内的痕迹特征，再观察局部地方的细小痕迹；先检查设备外壳、部件、零件外表面，再检查内表面；容易灭失的痕迹应先行提取，方能移动设备；需要时应反复观察，做到不遗漏痕迹。

现场勘验活动中，固定痕迹大量地使用宏观形貌拍摄大范围内的痕迹特征、痕迹在设备上的具体相对部位、痕迹全貌、痕迹与痕迹之间的相对位置、痕迹的颜色特征。照片反映的形貌和状态是痕迹分析的重要依据。

痕迹宏观照相时所拍摄的照片要充分、客观地反映痕迹的整体特征，既要有代表性，又要有典型性。这包括痕迹的全貌、分布、几何特征、颜色和痕迹间的相对位置；拍摄时不要放过某些易被忽略的烟迹、油迹、细微附着物等异常痕迹；对于一些特殊的、暂时难以判断的痕迹，应如实记录，供进一步分析研究，不要轻易地判为假象，不要随意地按"经验"下结论；宏观照相要与文字或草图记录相结合；宏观照相也要突出重点，可在目视检查的基础上，对关键部位的痕迹进行重点拍摄；必须清洗后再拍照的痕迹，应先将清洗前的状态做文字记录。

现场勘验时，痕迹的细微特征可用增倍镜放大后拍摄，使用附加镜方便，但倍数很小、有色相差、成像清晰度低；提取痕迹回实验室后用低倍摄影装置拍摄低倍放大图像，加长像距的方法可使清晰度提高，放大率可随皮腔伸缩变化，但对相机结构有要求；为了保证拍出的照片清晰，应尽量使用小光圈以加大景深；拍摄过程中应注意适当地增加照明，把痕迹的宏观特征刻划、衬托得最好。

7.2.4 痕迹描绘

不同的行业对痕迹描述会使用一些约定俗成的惯用术语，方便同行之间痕迹形态特征信息交流。通常会按照痕迹的几何形状、生成方式、增减状态、表面状态等来描述痕迹形态特征。

几何形状描述平面痕迹、立体痕迹的整体外观状态，如线形、条形、方形、三角形、倒三角形、圆形、半圆形、椭圆形、月牙形、心形、沟槽形、台阶形等；生成方式描述构件受机械力作用形成痕迹的整体外观形态，如方向、形成路线、起止点、划痕、擦痕、挫痕、凹陷、凸起、弯折、扭曲、缺失等；增减状态描述痕迹表面物质的迁移姿态，如附着物、腐蚀产物、缺损、镶嵌等；表面状态描述痕迹表面变化状态，如颜色种类、颜色深浅、花纹形态（云朵状、水波纹状等）、烟熏、过火、电蚀、腐蚀、交叉、重叠等。

痕迹描述往往不是单一方式，而是多种方式组合描述痕迹形态特征才能够完整地体现痕迹的真实性和特点；使用行业约定俗成的惯用术语，基本上可以反映出痕迹形态特征所包含的多层内容。如划痕是承痕体上留下的简单细条状、呈一定方向、显现一定凹陷深度并存在物质增减的痕迹；擦痕是较软造痕体对承痕体施加作用力的相对轻微摩擦，形成具有方向性、可能显示印迹和物质增减的痕迹；挫痕是由造痕体摩擦形成具有方向性密集的细条状，可能显示印迹和物质增减或伴有形体改变的痕迹；凹陷是承痕体受较大作用力造成的几何形状向内改变，可能反映作用力方向、造痕体形状的痕迹；弯折是承痕体受力造成几何形状弯曲改变，可能反映作用力大小、方向的痕迹；扭曲是承痕体几何形状或结构多向受力改变的痕迹；缺失是承痕体损坏、物质缺失留下的痕迹；花纹状态粗糙、细腻是承痕体材料强度、受力大小不同留下的痕迹等。

痕迹描述要注意区分多种痕迹复合表现，如痕迹叠加、痕迹交叉等，同一接触表面有可能出现多次撞击、反复滚压、划伤的情况；痕迹描述要注意特定痕迹特征表述与产生方式的联系，如机床加工痕迹、焊接痕迹、磨具痕迹等具备加工特点的痕迹；痕迹描述要注意痕迹形成的先后顺序，应根据设备工作原理、事故发生的先后以及收集的其他信息来综合判断痕迹形成历程，痕迹描述要注意控制过度使用形容词，刻意渲染会导致描述失真，适当使用缺少量值表述痕迹或偏中性形容词能帮助解读痕迹。

7.3 痕迹宏观检验鉴别

7.3.1 机械接触痕迹鉴别

机械接触痕迹的特征是塑性变形或材料转移、断裂等集中发生于接触部位，并且塑性变形极不均匀，不同的机械接触形成方式有自己的特点。

压入性机械痕迹的特征是痕迹形貌比较规则，与造痕物接触部位的形状较吻合，能较好地反映造痕物的几何特征。如曲率半径、锥度、螺距、棱边或刀刃特征等，并且在有些情况下仍能保留机件原始的表面加工痕道，压痕的边界也比较清晰。压入性机械痕迹在垂直表面方向上的变形最大，往往形成容积性压印痕，典型形貌是容积性的压坑、压伤、压陷和压痕。

压入性机械痕迹所产生的容积性痕迹特征可以分析承痕体材料状态、造痕体压入尺寸、压入方式等，如球体压入加工硬化后的金属表面会形成一圈隆起的凸脊，而对退火的金属易出现下沉现象。因此，脆性材料压痕常带有明显的表面裂纹，某些情况下压痕附近还有材料剥落。

压入性机械痕迹常应用于发生事故（或故障）时构件卡压痕、仪表指示位置卡压痕迹、外来物压入痕迹、敲击压印、撬压印痕、钳压痕（成对），踩在泥地上留下的脚印、鞋印以及动物和人体留下的牙印等分析，用于确定造痕体的形状尺寸、材料种类、形成各种痕迹的先后顺序等。

[**例 7-1**] 金属表面受钢制圆球垂直作用力，形成的压坑痕迹，金属表面有轻微线状摩擦痕迹，局部有红色油性笔线状痕迹，可以观察到线状摩擦痕迹沟槽中有红色油性笔颜料，线状摩擦痕形成在颜料前；压坑中有受压变形的线状摩擦痕迹，线状摩擦痕形成在压坑前，所以金属表面最先形成的痕迹是轻微线状摩擦痕迹，后形成红色油性笔线状痕迹和压坑痕迹。就该照片而言，不能确定红色油性笔线状痕迹和压坑痕迹形成先后。见图 7-2。

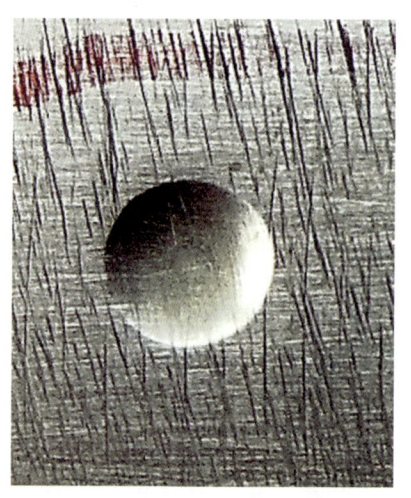

图 7-2　球形压入性机械痕迹

[**例 7-2**] 某工业锅炉产品金属铭牌上有打刻的锅炉产品信息。仅从拉丁语数字可以观察到，打刻钢印形成的数字压痕之间有差异，至少锅炉制造许可证级别和编号打刻痕迹与其他的打刻痕迹不同，不是同一套字钉和打刻方式形成的，表现在字体大小不同、间隔不同、规整程度不同、痕迹形成的深度不同；锅炉制造许可证级别和编号的数字有机器打刻痕迹特征，其他的数字均是手工打刻形成的痕迹，打刻时定位不准、受力有偏斜等。见图 7-3。

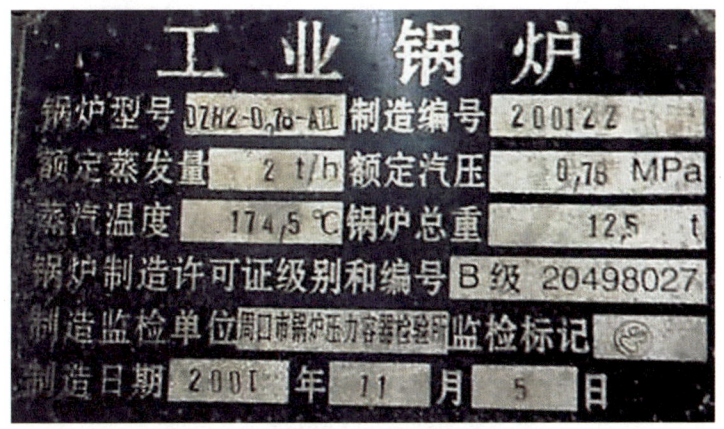

图 7-3 打刻钢印压入性机械痕迹

通常在载荷增长（或施加）时间小于构件最长的固有振动周期一半左右时，就必须将该载荷看作冲击载荷或撞击载荷（动态载荷）。这时必须关心载荷经历时间和冲量，仅仅关心载荷大小是不够的。如果增长时间大于构件最长的固有振动周期的三倍左右时，则该载荷可以看作准静态的，所关心的参量通常是载荷的最大值。用锤、斧、棒等手动工具敲击形成的痕迹与压痕相似，可作静态压痕，机械设备运行中意外接触产生的痕迹通常冲击性撞击较多。

撞击性机械痕迹的特征是面积完整，痕底、痕壁特征明显，能较好地反映出造痕物接触部位形象和特征。例如，车辆坠崖冲击地面时的接地痕迹，石头撞击高速运动列车车体的痕迹等。

[例 7-3] 某金属构件表面有连续的撞击性机械痕迹，见图 7-4。承痕体金属表面有线状原始加工痕迹；承痕体金属表面形成连续的撞击性机械痕迹块，痕迹块同向边缘的金属有明显推凸特征，推动方向相同，面积呈减小趋势；痕迹块呈三角状，三角底部损伤深度大于顶部。该痕迹可判断造痕体按跳跃方式与承痕体接触，沿痕迹块从大到小方向运动；造痕体载荷偏斜于三角底部，沿运动方向载荷逐渐降低；造痕体有是一定锐度的钝器，顶部略呈三角形。

图 7-4　跳跃撞击痕迹

[例 7-4] 某铜质铸造金属构件表面有撞击性机械痕迹，见图 7-5。承痕体金属表面有线状原始加工痕迹，撞击性机械痕迹右侧有与线状加工痕迹垂直的线性裂纹痕迹，右侧顶部有铸造缩孔疤痕；承痕体撞击性机械痕迹左右两侧有变形金属凸起，痕迹底部呈较规则圆柱面，表面有原始加工痕迹，相对光滑，无其他损伤，痕迹深度从下边缘向上逐渐减小。该痕迹可判断造痕体对承痕体施力呈正压状态，施力方向偏向痕迹下边缘，造痕体为圆柱形钝型物，表面相对光滑，造痕体直径近视痕迹宽度。

图 7-5　单击撞击痕迹

[例 7-5] 某常压锅炉发生爆炸事故，锅壳圆柱表面和底部两处发生

内陷变形，变形线均圆滑过渡，无明显折角，变形表面有不同特征痕迹。

圆柱体变形表面损伤痕迹较多，整体无明显方向性，长度不等，深度较浅，均呈擦伤状态，损伤仅存在于锅壳表面防锈油漆层，痕迹见图7-6。

（a）整体形貌　　　　　　　　　　（b）局部形貌

图 7-6　圆柱体变形表面损伤痕迹

底部变形表面损伤痕迹较少，痕迹整体基本呈规则的正方形，痕迹形成的三个直角特征明显，其中靠近底部中心的直角痕迹深度已经进入到基体金属，损伤形态有明显的方形硬物砸挫痕迹，痕迹见图7-7。

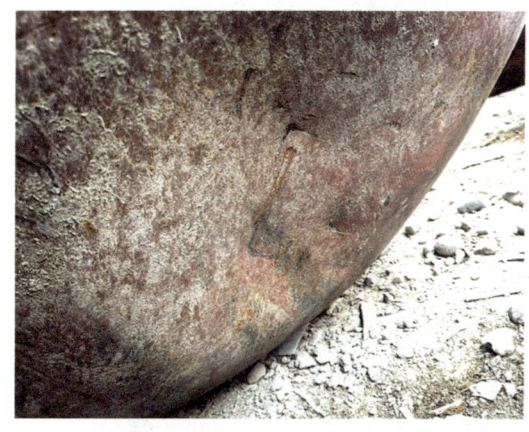 

（a）整体形貌　　　　　　　　　　（b）局部形貌

图 7-7　底部变形表面损伤痕迹

同一个物体表面反映的痕迹特征有明显区别，分别表征不同变形特征的损伤方式。如锅壳圆柱体表面不规则的损伤痕迹深度未超过表面防锈油漆层厚度，损伤形态为擦伤，属使用过程、事故后移动等产生，锅壳圆柱体表面内陷变形是爆炸气体快速扩散后负压产生，内部负压在筒体内各向同性，没有撞击性损伤。锅壳底部表面内陷变形是爆炸后锅炉腾起，重力作用自然跌落，砸在地上竖立的建筑结构方形钢管上，撞击产生机械接触痕迹，痕迹尺寸大小与地面建筑结构方形钢管尺寸重合，通过痕迹分析，可以初步确定设备损伤方式，为分析事故提供证据。

滑动性机械痕迹的特征是摩擦表面上形成线状痕迹、面状痕迹。线状痕迹是点状造痕物的典型痕迹特征；宽条带状、面状痕迹是线状造痕物的典型痕迹特征。如机械表面的各种划痕、磨痕、刮痕，曲轴轴承润滑油中沙粒在轴瓦上产生的线状条纹，汽车制动时轮胎在地面上留下的拖轮痕迹，以及摩擦面上留下的摩擦痕迹和磨损痕迹。

[例 7-6] 某发动机凸轮轴表面产生滑动性机械痕迹。凸轮轴桃尖顶部有椭圆疤状痕迹，位于整个痕迹的底层，颜色为深蓝色，表面能观察到有少许沿凸轮轴旋转方向留下的黏结坑、点，椭圆状痕迹表面有线状合成的条带状滑动性机械损伤痕迹，见图 7-8。结合发动机工作原理和工况，底层椭圆疤状痕迹是发动机缺少润滑油时，凸轮与气门挺柱相对运动摩擦，高温状态下材料热黏结形成的蓝色损伤痕迹；表面条带状痕迹是凸轮表面损伤材料迁移脱落，形成颗粒状磨料，被润滑油带入摩擦面形成的损伤痕迹。核实发动机润滑系统工作时存在断续供给润滑油情况，该工况与形成痕迹的方式和特征对应。

图 7-8　滑动磨损面状痕迹

[例 7-7] 某减速箱中齿轮表面产生滑动性机械痕迹。齿轮表面有原始加工的线状痕迹、基体上有铸造夹砂，齿轮运转啮合面积不良；磨损面有沙粒磨料形成的面状痕迹，面状的线纹比原始加工的线纹细；检查润滑油箱底部，沉积有大量矿石粉状物。见图 7-9。

图 7-9　滑动磨损线状痕迹

滚压性机械痕迹的特征是痕迹规则、重复性较好，形成压坑状滚压印痕。常见的一次性滚压性机械痕迹，如各种轮胎滚压痕迹和履带滚压痕迹，常见的多次性（反复）滚压性机械痕迹，如轴承钢球在滚道内滚动产生的损伤痕迹等。

[例 7-8] 某肇事逃逸车辆在事故现场留下轮胎一次性滚压痕迹，见图 7-10。车轮作为造痕体对松软沙地承痕体滚压，在沙地上留下了清晰、规则的一次性滚压痕迹。制模提取承痕体痕迹，与根据怀疑车辆造痕体轮胎制作的一次性滚压痕迹比对，花纹样式一致，测量花纹深度一致；同时通过微量取证，证实轮胎上有同特征和同性质的沙粒。

图 7-10　轮胎一次性滚压痕迹

[**例 7-9**] 某铁路轨道长期使用后产生的多次性滚压性机械痕迹，见图 7-11。滚动众多火车车轮是造痕体，铁轨作为唯一的承痕体，当列车运行空转或紧急制动时，轮轨接触面因相对摩擦产生高温，钢轨表面发生相变，局部表层金属形成马氏体组织；在轮轨接触应力和摩擦力的反复作用下，轨面产生微裂纹，严重的产生剥落掉块，形成损伤痕迹。

图 7-11　轨道多次性滚压痕迹

微动性机械痕迹是设备发生微动磨损时产生的。微动磨损是接触表面黏着和塑性变形，伴随强烈加工硬化，使材料脆化并形成白层，随白层破碎，颗粒剥落、碾碎、迁移，形成磨屑。早期磨屑呈轻度氧化，仍为金属本色，粒度为微米量级；碾碎和迁移过程中进一步氧化，颜色变成灰褐色，粒度在亚微米量级；当磨屑深度氧化后就呈红褐色，粒度为纳米颗粒。

微动可以造成接触表面摩擦磨损，引起构件咬合、松动、功率损失、噪声增加或污染源形成等；微动也可以加速疲劳裂纹的萌生和扩展，使构件的疲劳寿命大大降低。

微动性机械痕迹相对滑动幅度一般在 5~40 μm，其典型的痕迹特征是微动区出现大量微裂纹和微动磨屑，氧化时间足够就会在微动区周围产生红褐色磨屑。同在发生微动磨损的设备安装螺栓，低振幅部件周围可以发现。

[例7-10] 某乘客电梯用钢丝绳发生微动磨损，曳引轮绳槽凸缘顶部、机架下方分布有大量的红褐色磨屑，见图 7-12。现场检验电梯曳引钢丝绳之间的张紧力偏差值从 −205%~38%，严重超出规定标准，长期运行的钢丝绳产生微小震动，发生微动磨损。

（a）曳引轮绳槽凸缘顶部磨屑　　　　（b）机架下方磨屑

图 7-12　微动磨损产生的红褐色磨屑

7.3.2 电侵蚀痕迹鉴别

电侵蚀是接触元件在工作中因各种原因引起金属的转移、气化或喷溅，造成接触元件重量或体积的损失、接触表面的破坏及接触电阻增加的现象。电侵蚀痕迹分为电接触痕迹和静电放电痕迹，虽然都是电侵蚀现象，但两种痕迹特征各有不同。

电接触放电通常有火花放电、弧光放电和辉光放电三种形式。火花放电的特点是低电压大电流放电，如本安电路中的电容放电、化学电源放电均属于火花放电。弧光放电为高压击穿时产生的放电，它可以产生持续电弧，电流密度大、能量集中、点燃周围环境中爆炸性混合物的能力强，电感电路能产生弧光放电。辉光放电是在高电压小电流的条件下发生的，通常认为电压在200～300V以上才能发生辉光放电。辉光放电的特点是能量不集中，散失大，点燃周围环境中爆炸性混合物的能力差。

电接触痕迹的主要宏观特征是火花或电弧高温作用下，产生金属液桥、材料转移或喷溅现象，宏观上可观察到电蚀坑、金属熔球、金属转移等。液桥侵蚀时，在接触部位的两极表面，分别形成类似"火山口"的凹坑和类似"尖刺"的小凸起物。电腐蚀的瞬间高温作用，放电凹坑表面一般有熔化层铸态形貌特征，热爆炸力的推挤作用，坑边一般形成凸缘，并且坑的直径一般明显大于坑的深度。材料表层发生变化，有显微裂纹，碳钢工件表面最上层的熔化层金相照片上呈现白色（白层），厚度一般不超过0.1mm，金相组织呈树枝状淬火铸造组织，可能有渗碳、渗金属、气孔及其他夹杂物，与基体金属完全不同，与内层的结合也不甚牢固。热影响层介于熔化层和基体之间。热影响层金相组织发生了变化，与基体材料之间并没有明显的界限。

微观上电气短路微坑形状不规律，面积较大，有时用肉眼或高倍放大镜就可以辨认；不具有"火山口"形貌特征，具有明显的"贝壳"几何花样、"溅射"花样；往往存在明显的金属黏连特征痕迹和大量的金属迁移。

静电放电是指在电荷产生和消失过程中所产生的电现象。它的主要表现是带电体形成的电场作用（库仑力、感应电荷、感应电位、电场强度、电位差等）以及带电体的放电作用（电磁波辐射、磁场的产生、静电场的变化、电流、绝缘击穿等）。静电起电的最常见原因是两种材料的接触和分离。最常发生的静电起电现象是固体间的摩擦起电现象。物体的静电起电-放电一般具有高电位、强电场和宽带电磁干扰等特点。静电放电中绝缘导体上的静电火花所放的电的能量最高，是最危险的放电形式。静电燃爆事故大多是静电火花放电引起。

静电放电痕迹的主要宏观特征是放电过程中形成的碳及碳化物,宏观形貌常见树枝状、点状、线状、斑纹状,放电部位的表面颜色发黄、发灰或发黑,局部高温熔融使放电部位表面颜色变成深蓝。

高电压、小电流情况下发生的静电火花放电,微观形貌特征会形成形貌类似于"火山口"状的高温熔融的火花放电微坑。它是静电爆炸事故残骸件上最主要的微观形貌特征,鉴定实践中对液化石油气燃爆事故残骸分析发现,加油枪的局部表面存在大量的"火花放电微坑",证实了静电放电火源就是加油枪。

微观分析时要谨慎区别静电放电产生的"火花放电微坑"与低电压大电流火花放电产生的"电气短路微坑"。

[例7-11] 某变电站隔离变压器供电回路发生事故,流开关柜中非线性电阻、熔断器均受到不同程度地烧蚀融化,短路电流在器件上产生电接触痕迹。非线性电阻、熔断器损伤表面可观察到金属熔球、金属转移、喷溅现象。见图7-13。

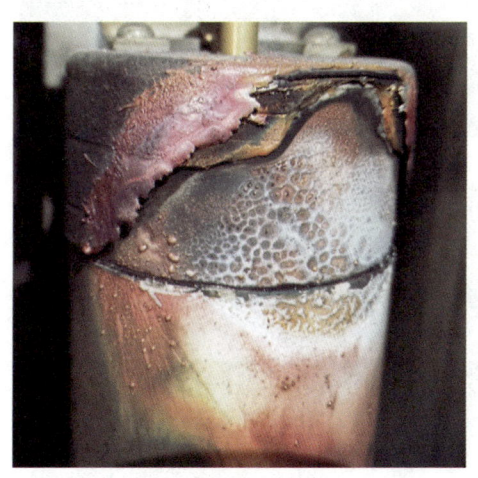
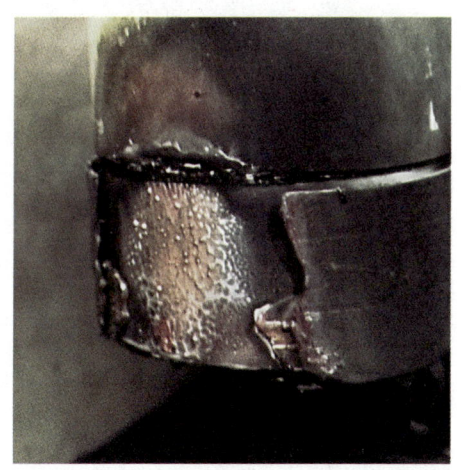

(a) 电阻表面痕迹　　　　　　　　　(b) 熔断器表面痕迹

图 7-13　器件表面电接触痕迹

[例7-12] 某水利发电机组运行时发生短路事故,勘验发现机组冷却装置接头脱落,侵入发电机内,导致定子线圈受金属接头挤压后绝缘材料破裂,发生短路事故。定子线圈表面形成短路放电痕迹、局部挤压损伤痕迹,见

图 7-14；定子线圈绝缘材料被电弧烧损，产生电蚀坑、金属熔球，见图 7-15；静电放电产生的"火花放电微坑"微观形貌见图 7-16。

（a）定子整体痕迹

（b）定子局部痕迹

图 7-14　定子线圈表面放电痕迹和局部挤压损伤痕迹

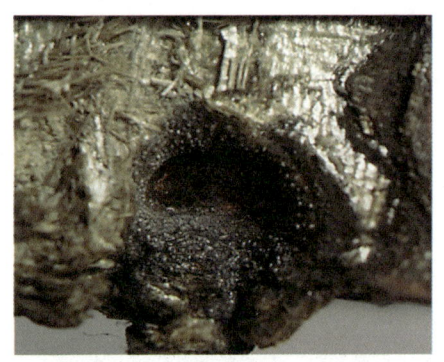
（a）电蚀坑

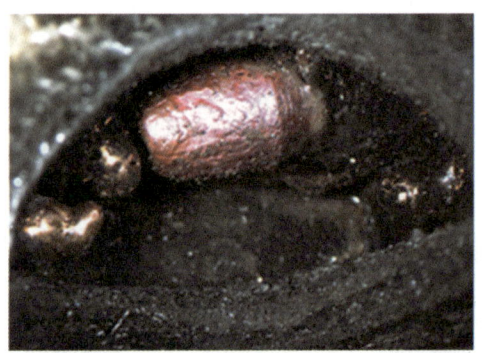
（b）金属熔球

图 7-15　短路放电产生的电蚀坑、金属熔球

（a）微坑低倍

（b）微坑高倍

图 7-16　静电放电火花放电微坑微观

7.3.3 污染痕迹鉴别

污染痕迹的宏观特征通常比较明显，人的感官可以感受到。常利用气味来鉴别的污染物痕迹有烟味、油味、火药味、油漆味、酸味等；常利用观察来鉴别的污染物痕迹有水迹、膏脂迹、灰迹、积碳、汗迹、血迹、指纹、霉斑、寄生物、各种金属溅痕等。

设备构件发生腐蚀最容易发现污染痕迹。当金属发生腐蚀时，金属表面有腐蚀产物、接触面形貌变化、表层化学成分改变、表面光泽和颜色变化、导电传热表面电阻变化、失去金属的声音等，宏观上可观察到点蚀坑、麻点、剥蚀、缝隙腐蚀、鼓泡、生物腐蚀、气蚀等痕腐蚀后产生的污染痕迹；钢和铸铁表面颜色随腐蚀程度变化，腐蚀开始时金属表面颜色发暗，腐蚀轻时呈暗灰色，腐蚀重时呈褐色或棕黄色，腐蚀严重时呈棕色或褐色痕甚至锈坑。

外来的污染物可能通过设备加注油料、使用工作介质（油、水等）、吸入环境空气、使用腐蚀性物质、设备维护清洁度差等方式带入；固有的污染物可能来源于设备构件机械加工、铸造、焊接、装配、早期磨合；构件发生磨损或表面剥落也是污染源，通过污染痕迹特征，可以追寻污染源。如锅炉外壳上留下的烟熏痕迹能反映锅炉有正压燃烧现象，地面油污痕迹能反映液压系统有泄漏，紧急按钮上的油污手印能反映曾经使用过该装置等。有些污染物虽与机械表面接触，但未发生物理反应或化学反应，表面留下的痕迹实际上反映的是污染物自身的特性。

[**例 7-13**] 某导热油锅炉运行时，炉体外表面金属覆盖层上有出火燃烧后留下的污染痕迹，见图 7-17。该导热油锅炉设计工况未负压燃烧，燃烧烟气应经烟管、烟囱排出，炉体外表面金属覆盖层上出现燃烧后污染痕迹，表明导热油锅炉有正压燃烧发生。根据该痕迹指引的方向，核查证实，导热油锅炉确有引风量不足情况，导致正压燃烧，炉体受损。

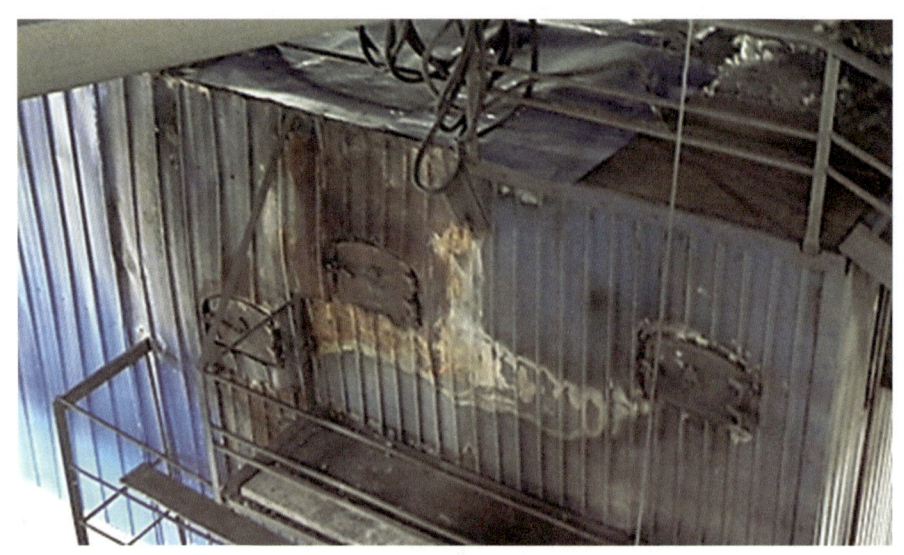

图 7-17　炉体外表面金属覆盖层燃烧污染痕迹

[例 7-14] 某施工工程现场作业的起重吊装设备用变速箱传动齿轮爆裂，导致承载的钢丝绳快放，发生事故。勘验发现失效变速箱金属箱体加油口有严重的腐蚀和外来物产生的污染痕迹，检查变速箱润滑油，油质严重浑浊，肉眼可见有泥沙等外来物，见图 7-18。

（a）箱体污染痕迹

（b）润滑油变质特征

图 7-18　锈蚀和外来泥沙污染痕迹

[例7-15] 某运行的燃气锅炉发生爆炸事故。锅炉水受爆炸力作用，喷射在锅炉墙面和天花板上，留下锅炉水污染痕迹，见图7-19。根据墙面、天花板上污染痕迹，确定喷射方向、喷射量，推测、印证锅炉炉体爆裂口的开口顺序、开裂方向。

（a）锅炉墙面痕迹　　　　　　　　　　（b）天花板上痕迹

图7-19　喷射污染痕迹

7.3.4 分离物痕迹鉴别

分离物痕迹重点分析分离物本身的形貌、成分、结构、颜色、磁性等对设备失效的影响程度，它是某一痕迹产生后的产物，能更直接地反映痕迹的形成机制和原因。

分离物痕迹中最常见的产物有磨屑、腐蚀产物、毛刺、剥落的涂层、镀层、烧熔溅痕等，分离物痕迹的宏观特征通过视觉和触觉容易被发现和感知。

分离物的分离过程可以看成为一种小范围的特殊断裂过程，但这种断裂不穿越整个机件的截面，仅局限于表面层的封闭式断裂。分离物的断裂总是发生于接触部位，并且分离物的断面与被分离的机械表面的断面之间一般没有严格的形貌匹配对应关系。当分离物进入系统时，也可看作污染物。

[例7-16] 某金属板表面涂层剥落，见图7-20；某墙面涂层剥落，见图7-21；某车轮、水龙头镀层脱落，见图7-22；某管道腐蚀产物，见图7-23；某零件机加工毛刺，见图7-24；某钢板焊接金属熔料飞溅物，见图7-25。

图 7-20　金属板表面涂层剥落

图 7-21　墙面涂层剥落

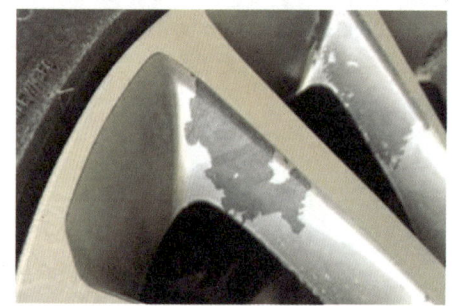
（a）车轮镀层脱落

（b）水龙头镀层脱落

图 7-22　金属镀层脱落

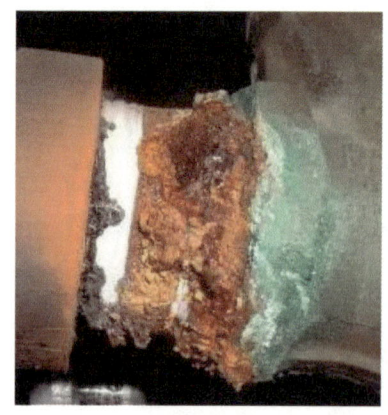
（a）整体形貌

（a）局部特征

图 7-23　腐蚀产生

7 特种设备事故痕迹

图 7-24 加工毛刺

图 7-25 焊接熔料飞溅物

[例 7-17] 某风力发电机调浆用橡胶传动带老化,存放地板上一段时间后,留下橡胶分离物,见图 7-26。

图 7-26 地板上留下橡胶分离物

7.3.5 热损伤痕迹鉴别

热损伤痕迹特征是金属表面层局部过热、过烧、熔化、烧蚀、漆层及非金属表面烧焦形貌等。

热损伤痕迹一般可从材料表面颜色、表面层成分、金相组织、表面性能、形貌变化进行分析。表面成分和结构变化,包括氧化膜的形成、合金

143

元素的扩散、富集和贫化；金相组织变化，如再结晶、表面脱碳、晶界熔化、表面层局部相变等，甚至出现局部冶金过程；表面性能变化，如显微硬度、接触电阻、耐蚀性、耐磨性等；形貌特征除了变色的形貌外，严重烧伤时会出现熔坑等，非金属表层还可能出现龟裂、鼓包、起皮、烧焦痕迹等，如不锈钢从 430～480℃开始变色，随着温度上升，从黄褐色、淡蓝色、蓝色变为黑色。

[例 7-18] 某钢材加热时发生过烧现象，钢的晶粒长大，晶粒间结合力下降，塑性变差，表面颜色也发生变化，见图 7-27；某电饭煲不粘锅涂层烧焦现象，见图 7-28；某叶轮、发动机汽缸盖表面发生烧蚀现象，见图 7-29。

图 7-27 钢材过烧形貌

图 7-28 金属涂层烧焦形貌

（a）叶轮表面烧蚀形貌

（b）汽缸盖表面烧蚀形貌

图 7-29 金属表面烧蚀形貌

[**例 7-19**] 某内燃机凸轮轴桃尖表面高温留下的蓝色变色痕迹，见图 7-30。

图 7-30　高温蓝色变色痕迹

7.3.6 加工痕迹鉴别

机械加工痕迹是已知生产条件下的产物，规律性较强，容易识别判断，有利于与使用痕迹对比分析；非正常加工痕迹，即留在表面的各种加工缺陷，如啃刀、磨削烧伤痕迹，人为再加工和手工加工痕迹等可能导致机械失效的痕迹。

[**例 7-20**] 某液化气钢瓶阀门被破坏，断口表面状态见图 7-31，表面直线状条纹是使用金属锯条手工切割后留下的痕迹，瓶阀外边缘部分有烧蚀留下的蓝色高温痕迹，内边缘有外力折断留下的台阶。

图 7-31　金属锯条手工切割痕迹

[例 7-21] 某轴承外圈沟道表面磨削加工，沟道表面有严重的黑色烧伤斑痕迹以及与磨削方向基本垂直的平行分布的横向裂纹，见图 7-32。

图 7-32　磨削横向裂纹、黑斑痕迹

7.3.7　其他痕迹鉴别

裂纹是痕迹的特殊表现形式，是材料在应力、环境作用下产生的裂隙。与裂纹源有关的痕迹主要有冶金夹渣、挤压裂口、加工痕迹、电笔烙印、针焊沿晶氧化微裂纹、焊接冷裂纹等。

[例 7-22] 某车用轮胎爆裂发生事故，橡胶断口区域内表面有树枝状裂纹和表面龟裂纹，见图 7-33；某橡胶传动皮带表面有线状裂纹，见图 7-34。

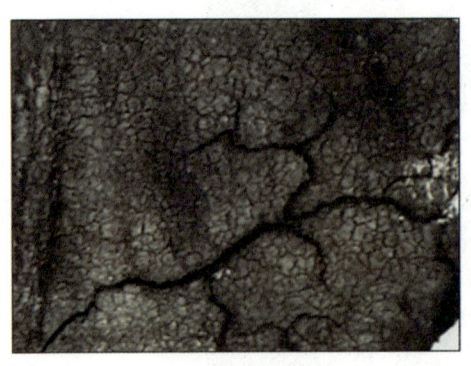 

图 7-33　树枝状裂纹、表面龟裂纹　　　图 7-34　表面线状裂纹

玻璃是非晶无机非金属材料，固态玻璃在应力作用下容易开裂，不同类型的玻璃开裂后宏观裂纹不一样。钢化玻璃自爆碎化后，裂纹痕迹的宏观特征是蝴蝶斑状形貌，破坏源处都有一对蝴蝶形状的碎片，这是拉应力层中的杂质颗粒引起的应力集中裂纹形态；钢化玻璃受外物冲击发生破裂后，裂纹痕迹的宏观特征是以冲击点为中心的辐射状裂纹形貌。通过裂纹形成痕迹的宏观形貌，可以初步分析应力产生原因和玻璃质量。

[例7-23] 某幕墙钢化玻璃自爆，玻璃表面相对平整，无脱落物，形成蝴蝶斑形貌，见图7-35。某幕墙钢化玻璃受小石头点状冲击，玻璃表面冲击点有凹坑，同时有玻璃碎片脱落，形成以冲击点为中心的辐射状裂纹形貌，见图7-36。

图7-35　自爆蝴蝶斑状裂纹

图7-36　点状冲击环状裂纹

[例7-24] 某屋顶安装的20立方米不锈钢热水储水罐容器变形，表面留下明显的受力变形痕迹。容器为常压容器、单层结构、长5800mm、内径2200mm、自重2295kg、双鞍座支撑，核查水温、水压符合要求，已投入使用约4个月，筒体发生内陷变形损伤，表面变形痕迹清晰。

罐体正面凹陷部位沿罐体纵轴线方向，形成了两条主变形线。罐体纵轴线以上呈"山"字形轮廓线，"山"字形中间段轮廓线呈凹陷弧形，顶部向下，弧形顶部基本位于罐体中部垂直轴线区；"山"字形两边轮廓线呈凸弧形，两边弧形凸出轮廓线未完全贯通，弧形顶部斜向上，偏向最近的封头一侧，与罐体垂直轴线约呈30°夹角。罐体纵轴线以下，变形轮廓线以罐体支撑脚内侧为界，呈弧形，顶部向下，弧形顶部基本位于罐体中间垂

147

直轴线区。两条主变形线围成的区域总体呈内凹趋势，罐体纵轴线以上区域内凹程度大于罐体纵轴线以下区域，正面变形轮廓线相对圆滑。罐体正面凹陷损伤形貌见图 7-37，损伤轮廓线分布形貌见图 7-38。

图 7-37　罐体正面凹陷损伤形貌

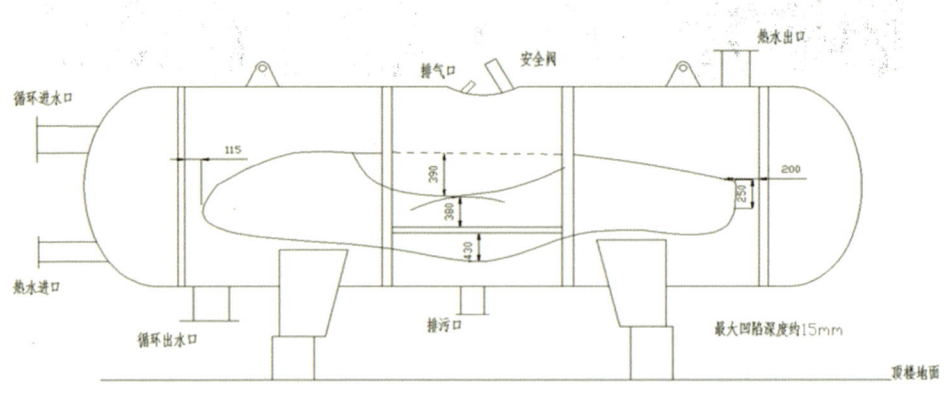

图 7-38　罐体正面损伤轮廓线分布形貌

罐体背面凹陷部位形成了一条凸型主变形线，基本接近罐体纵轴线，紧靠人孔边缘，轮廓线弧形顶部向下，弧形顶部基本位于罐体纵轴线区域，变形线与罐体顶部变形区贯通，共同围成内凹区域。罐体背面凹陷损伤形貌见图 7-39，罐体背面损伤轮廓线分布形貌见图 7-40。

图 7-39 罐体背面凹陷损伤形貌

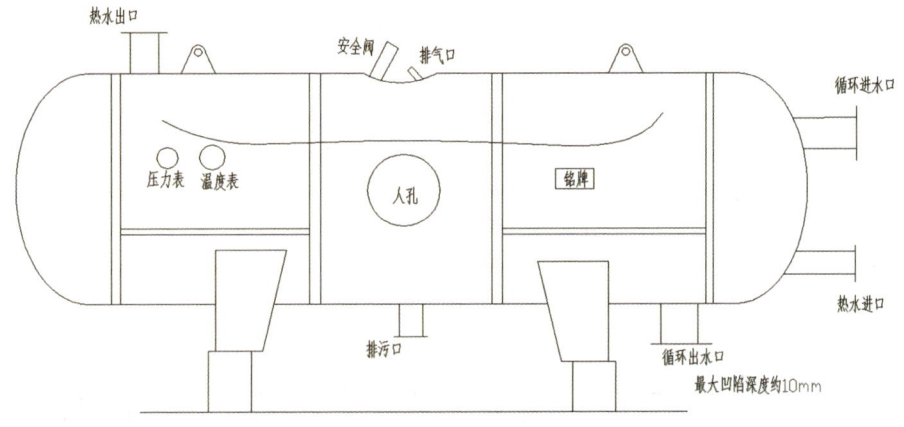

图 7-40 罐体背面损伤轮廓线分布形貌

罐体顶部安全阀和排气口之间有明显的筒体弯折内凹陷变形沟槽，从顶部安全阀到人孔方向沟槽逐渐变浅，变形轮廓线有明显折角，最大凹陷深度约为 75mm，基本沿罐体中间横截面位置，罐体顶部凹陷损伤形貌见图 7-41。

图 7-41 罐体顶部凹陷损伤形貌

分析罐体变形后形成的痕迹，正面变形面积大于背面变形面积，罐身变形轮廓线相对圆滑，顶部变形轮廓线有明显折角，表明罐体正面受力大于背面，整体受重力作用产生变形损伤。核查罐体支座，正面支撑低于背面约 20mm，鞍座变窄，增大了支撑跨度，导致罐体满水运行后失稳。

[例 7-25] 某口罩加工设备发生新旧程度质量纠纷。现场勘验时发现，随设备安装的生产量自动记录计数装置为不能清零、调整类型计数器，记录曾经生产产品数量超过 200 万件，留下的使用痕迹证实该设备为旧设备，见图 7-42。

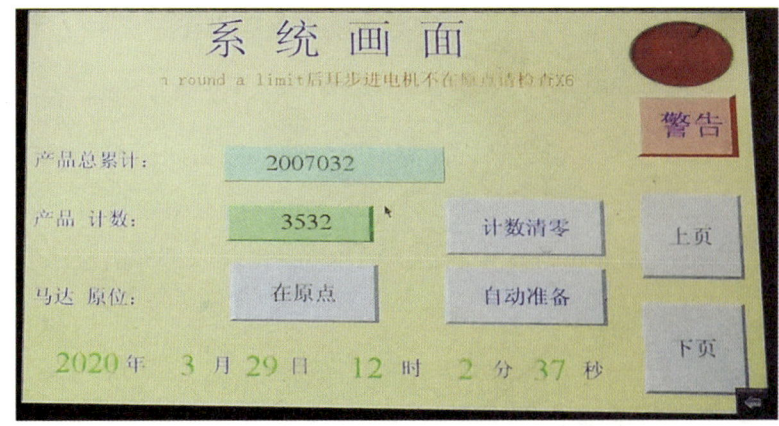

图 7-42 随机安装的电子记录装置记录产品生产数据

[**例7-26**] 某加油站使用隐蔽的计算机，通过网线控制加油机加油量，被顾客发现后举报。案发后加油站藏匿了作案用计算机设备，执法人员现场勘验时通过网线发现了隐蔽计算机办公桌，桌面上有计算机设备放置时留下的痕迹，从斜面和俯视面观察桌面上计算机放置痕迹见图7-43。证据面前加油站人员承认作伪事实。

(a) 斜面观察

(b) 俯视观察

图7-43 从斜面和俯视面观察桌面上计算机放置痕迹

[**例7-27**] 某烟花燃放过程中发生事故，鉴定时需要确定烟花点燃引线、烟花点燃路线。通过对燃放后残存的烟花箱体检查，发现快速引线被人为扯出箱体，燃放时在箱体外表面上留下快速引线火药燃烧的灼烧痕迹，见图7-44；箱体内表面上有烟花引燃留下的火焰传播路线灼烧痕迹，见图7-45，证实燃放人未按照安全规定燃放导致发生事故。

151

图 7-44　箱体外表面灼烧痕迹　　图 7-45　箱体内表面灼烧痕迹

[**例 7-28**] 冬季深夜,某小区集体住宅房内住宿人员连续使用燃气热水器洗澡,导致先睡觉的人员发生中毒死亡事故。鉴定需要判断厨房安装的洗澡用燃气热水器产生的燃烧废气是否能进入卧室。现场勘验发现,整个房间均有吊顶,卧室房间内,死者床头上方吊顶有缺失天花板,形成方形缺口。鉴定人员使用红外热成像发现、记录燃烧热气流的流动痕迹。

做好安全防护后,用红外录像、照相设备,同时记录燃气热水器点燃后,燃烧废气从烟筒处排放时的烟气痕迹红外图像、卧室天花板吊顶方形缺口处痕迹红外图像。

热水器未启动,烟筒处无热气流,红外图像见图 7-46;热水器初始启动,烟筒处热气流量较小,红外图像见图 7-47;热水器启动约 10 s,烟筒处热气流量明显,红外图像见图 7-48。

 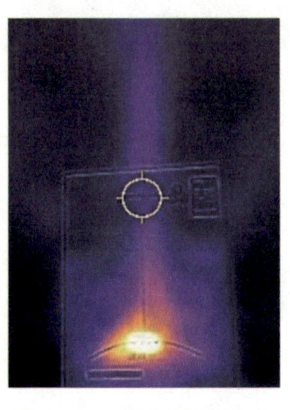 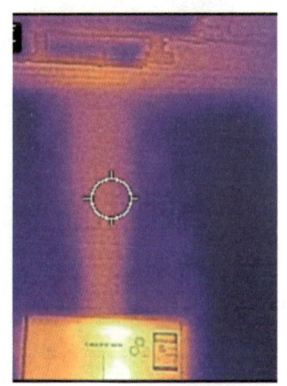

图 7-46　无热气流　　图 7-47　热气流量较小　　图 7-48　热气流量明显

热水器未启动，吊顶方形缺口处无热气流，红外图像见图 7-49；热水器启动，吊顶上气流温度开始上升，热气流量较小，吊顶方形缺口处红外图像见图 7-50；热水器启动约 50 s 后，吊顶方孔区域温度明显高于房间温度，气流扰动变化明显，吊顶方形缺口处红外图像见图 7-51；热水器启动约 10 min 后，吊顶方孔区域温度明显上升，气流量明显增大，吊顶方形缺口处红外图像见图 7-52。

图 7-49　缺口处无热气流

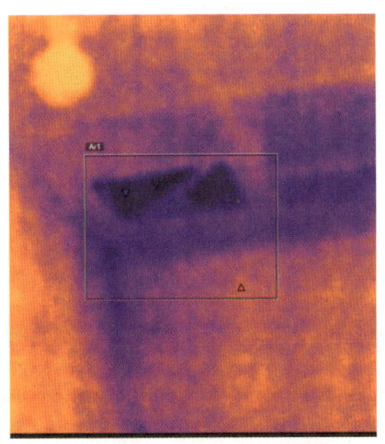

图 7-50　热气流量较小

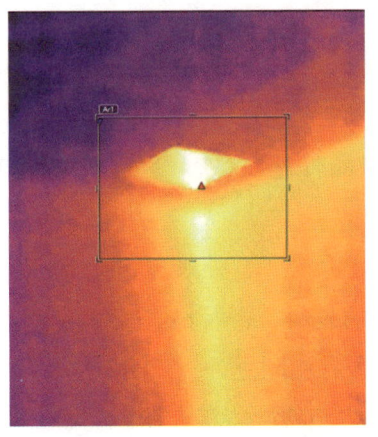

图 7-51　热气流扰动明显

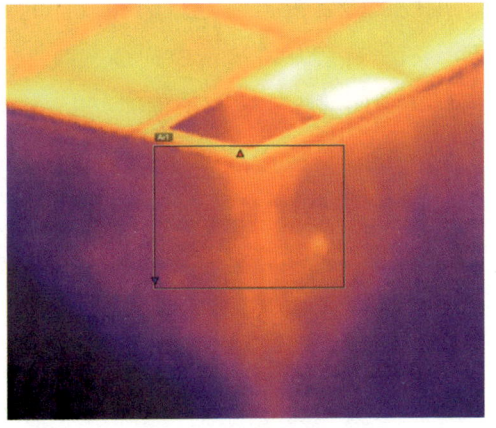

图 7-52　热水器未启动

本案通过红外热成像方法，再现燃烧废气流动路线，证实燃气热水器连续使用后排出的废气通过未完全密封、隔断的吊顶，进入了卧室。

8 特种设备现场试验

8.1 现场试验概念与准备

8.1.1 现场试验概念

现场试验是勘验鉴定过程中,为确定特种设备整体、部件、安全附件或装置当前功能、技术参数的实际状态,在保证物证不灭失、试验安全的前提下,预先规定或选择、设置符合设备规定技术要求的试验条件,对被鉴定设备的技术性能参数测量、功能检查、验证取证的技术活动,包括使用同类设备或零部件进行替代、比对、模拟的试验。

现场试验要根据鉴定目的和取证的要求,分析确定设备是否具备运行条件,不能盲目开机运行;现场试验一定要在现场勘验活动全部结束后进行,防止现场试验导致原始物证灭失。

现场试验是按产品标准规定内容,对产品外观质量、参数和功能、输出产品质量、材料性能进行检验。

产品的外观质量包括产品表面质量、结构特征、外观专利保护点等,如游乐设施外观质量检验时,产品接触人体的表面是否有伤害人体的缺陷;有专利保护外观的产品外形、颜色、结构是否有相同之处。

产品参数和功能包括产品几何尺寸、规格、特性指标、明示特征值等,如场(厂)内车辆外形长宽尺寸,游乐设施乘客座位数量、规定的安全保护装置设置,压力容器规定工作压力、容积,压力管道直径、管道防腐处理、电梯机械限速器在电梯超速情况下安全钳联动动作功能等是否满足规定要求。

输出产品质量包括输出产品技术标准和合同要求，如热水锅炉输出介质的温度、流量等；材料性能包括制造产品材料的物理、化学指标和性能，如制造产品使用的金属材料是否是标准或合同约定的牌号、其力学指标和金属化学成分是否满足金属材料标准要求。

8.1.2 现场试验条件

规定的试验条件是设备正常运行时必备的工作条件和辅助条件。例如，普通住宅楼乘客上下用载客电梯运行，必须保证设备、设施齐全、外部供电正常、外部环境和气象正常、无安全风险、无超出规定使用的情况等。只有在正常工辅条件下，测量产品得到的设备运行参数、试验验证结果才能作为有效评价设备是否正常运行的依据。

选择、设置的试验条件是设备已经存在故障或已经发生了事故，为满足鉴定取证能够顺利进行，在保证安全以及不影响设备试验结果的前提下，给定设备能运行试验的工作条件和辅助条件。例如，乘客电梯已经发生轿门夹人事故，要检查轿厢顶急停装置的功能，可以给定清除事故中外来和损坏物品，在空载条件、慢车条件下，再试验电梯轿顶急停开关功能。

选择、设置试验条件通常与特种设备安装地的气候环境、设备部件损坏程度、设备安装结构、使用条件等相关。选择、设置试验条件进行现场试验前，应分析试验条件对测量结果、功能验证、对鉴定意见的影响及其关联程度；应保证选择、设置试验条件时整个试验活动安全，保证物证不灭失或受损。

环境条件变化的试验，如天气过热，电梯屋顶机房降温用空调损坏，电梯出现死机等故障，现场又不能恢复环境条件，此时对电梯测量、试验得到的是电梯当前仅存运行工作条件和辅助条件下的结果。

结构变化的试验，如电梯某一层门变形卡死，电梯连锁控制保护装置让电梯停止运行，为获得电梯运行其他参数，人工短接变形层门连锁控制保护装置，启动运行电梯，此时对电梯测量、试验得到的是电梯选择、设置试验条件的结果。如夏季对取暖用燃气锅炉燃气泄漏检测，锅炉热水供水系统完全与用户连接，锅炉燃气系统完全正常连接，不能启动燃气锅炉；为达成检漏目的，现场关闭向客户输出热水闸阀，临时安装热水输出管道将热水输送到存储水池，启动燃气锅炉检漏，此时对锅炉检漏试验得到的是锅炉选择、设置试验条件的结果。

现场应记录改变的试验条件方法，如电梯电气线路临时短接、压力管道泄压阀临时关闭、锅炉水质处理状态、锅炉效率测试用非标准燃料热值等；记录水、电、气输入的参数等信息；记录添加的原料、辅料、品牌、性能指标等；地质条件和环境条件与规定条件的差异等。将这些记录提供给鉴定综合分析使用。

8.1.3 现场试验准备

确定现场试验项目。现场试验项目与被鉴定设备技术特点、现场实际条件、鉴定需求相关。通常包括设备规定功能检验验证、设备技术参数测量验证、设备运行异常现象确认、设备效能测试等，现场试验项目应根据具体鉴定需求和实际条件来分析确定。

设备规定功能由设备机械动作和物理现象表征，设备技术参数由设备物理量和化学反应结果表征，设备运行异常现象由设备产生不应有的机械动作、物理现象、化学反应结果、不安全现象等表征，设备效能由设备规定单位时间产品产出量表征。

现场试验项目可以是单一试验项目，也可以是复合试验项目。如电梯现场试验可检验验证电梯开关门功能，也可检测急停功能、限位功能；压力管道现场试验可测量管道介质流速，也可检测管道内压力；锅炉现场试验可测量锅炉燃烧炉膛正压或负压，也可检测锅炉输出介质温度、压力等。

确认被鉴定物状态。现场试验前应确认被鉴定物状态、环境条件、工作条件和辅助条件。被鉴定设备往往因质量纠纷或事故原因而停止使用，有的设备的电源、水源、燃气供应均已截断或关闭，设备废料、杂物、遗留物堆积、部分零部件遗失或损坏、甚至设备发生迁移等；有的设备因区域性、季节性使用有环境、地质、气候影响等；有的设备场所安装条件不良、建筑设施受损、辅助设备受损、长期封闭事故现场缺少营运管理等。这些设备状态、环境条件、运行工作条件和辅助条件发生变化均会影响现场试验结果，应分析对鉴定结果可能带来的影响因素，不能通过有条件改善满足现场试验条件的不能进行现场试验，通过有条件改善能够满足现场试验条件的应与委托方确认并记录确认结果。

现场试验应准备满足试验活动的条件。现场试验前应先识别和处置现场的安全隐患，检查设备的安全附件完好状态、检定周期等，防止发生安全事故和二次损害事故；根据现场勘验和综合分析结果，确定设备故障处理、结构临时改动、失效零部件更换或拆除、设备运行条件变动等；提供按设备规定运行工作条件的供电、供水、供气、送风等，加注规定需要的辅料润滑油、水等；确认按设备规定辅助条件提供的环境设备等。

进行现场试验的设备应充分做好试验前恢复运行的准备工作，保证试验能安全、顺利进行，达到试验真实、准确取证的目的。

现场试验应制订相应的试验技术方案。方案要根据初步勘验结果、设备技术特点、部件损伤特征、设备安装场所条件、环境条件、工作条件和辅助条件来制定。试验技术方案应针对具体的鉴定对象和条件，明确试验时间、地点、环境条件、试验项目、试验次数、试验依据或方法、试验结果接受程度、试验人员、试验辅助人员、试验所必需的材料、工具、测量仪器及其他物品、笔录、拍照、绘图、做模型、试验通信、安全保障等要求。特殊情况需要使用例外的技术方法、邀请专业人员参加均应告知委托人并得到其认可。

8.2 现场试验基本方法

现场试验按照被鉴定特种设备的工作状态可以分为静态检验和动态试验，按照被鉴定特种设备保存完好的状态可以分为本机试验和替换试验；按照被鉴定特种设备产品技术内容可分为外观检验、功能检验、参数测量、输出产品质量检验、材料检验。现场试验出现安全风险要排除后才能继续试验，安全风险未排除不得进行现场试验。

8.2.1 静态检验

　　静态检验是被鉴定设备处于非运行状态，检查设备、零部件外观状态、运动部件的停止位置、操作开关位置和基本功能的活动。

　　静态检验除基本功能检验外，与现场物证勘验内容基本相同。静态检验要注意零部件相互位置是否有变动，结构件是否有变形、损伤，是否有摩擦磨削、腐蚀产物、外来物、遗留物，开关和操作杆灵活性，各种开关、运动部件停机后停留的位置。如发生电梯事故，轿厢不在平层位置停止，静态检验要检查电梯轿厢停止位置、轿厢停留的楼层、轿厢底面距离楼层地面高度；发生事故，电梯维修人员要检查轿厢顶部和机房紧急停止开关位置、状态；桥式起重机冲出轨道要检查轨道端头行程开关的位置、状态、行程开关灵活程度；厂车溜坡滑车事故要检查车辆停车自动器操作杆位置、自动器状态、变速器挡位位置、电源开关位置和状态；压力管道爆裂要检查压力元件安装位置、管道安装线路、结构等。

　　有些设备通电、通气、通水等后不会运行，需要启动后方可运行，可以进行静态检验。通电、通气、通水等必须遵守安全操作规程，有相应的安全监控、保护措施才能进行静态检验。如燃气锅炉送气后的输入气体压力值、进气管道检漏等，通气后在压力作用下涂抹肥皂水能够发现泄漏位置点，在不能使用惰性气体检漏时应保证在安全的情况下使用燃气短时间检漏；电梯通电后，检查轿厢内部和楼层显示面板显示内容、状态、正确性，检查设备存储的故障代码等；起重设备通电后，检查限位开关动作与报警联动等；锅炉管道通水后检查管道系统堵塞关闭、介质泄漏情况等。

8.2.2 动态试验

　　动态试验是被鉴定设备处于运行状态，检查设备运动部件的运动状态、设备运行功能、测量设备运行参数的活动。

　　动态试验要有相应的安全监控、保护措施，要由设备持证人员操作，在保证试验活动安全的前提下进行；消除设备可能发生事故的危险状态和干涉状态，运行不能影响试验结果的正确性；首次运行设备不加载，观察无异常后再逐步加载动行。

如燃气锅炉热效率检验动态试验，当环境和工作条件无变化时，确认燃气热值变化在规定范围内后重新供给燃气，不影响试验结果。如电梯发生事故后某一层门变形损坏，没有其他风险情况下，电梯只有变形层门阻挡了轿厢运动，需检查电梯呼梯、限位、急停等功能，可拆卸掉变形层门，运行电梯进行动态试验，检查电梯运行功能和状态，拆卸掉的变形层门不影响上述功能检查结果；电梯动态试验应先开慢车运行，上下跑完两次通程后确认无异常，才能进入正常动态试验。如满载厂车制动失灵发生事故撞坏充气轮胎，重新更换新充气轮胎，到规定的试验场地做空载制动试验，其装载、轮胎、地点、环境都发生了变化，难以反映事故时厂车制动的真实状态，影响测试结果。

动态检验时要观察被鉴定设备的工作状态，是否存在不应有的干涉、噪声、振动现象，是否有位置变化、功能不正常现象，是否有工作指令不响应，监视测量值不正常，输出产品质量不满足要求等。如电梯动态检验时，应观察曳引钢丝绳振动、导靴与轨道干涉、面板显示内容正确性、轿厢平层状态、执行楼层指令正确性等，同时测量电梯运行速度、电梯振动频率等；压力管道动态检验时，应观察管道外观状态、管道泄漏状态、管道振动等；锅炉动态检验时，应观察安全阀压力达到整定压力时阀杆动作状态、燃料消耗量、锅炉输出的产品蒸汽温度和压力测量显示值等。

[**例 8-1**] 某硫化罐发生爆炸事故，勘验发现硫化罐罐体上的连锁保护装置已更换，连锁保护开关内部线路已经人为连接导通，连锁保护装置功能失效，见图 8-1。

（a）连锁保护装置　　　　　　（b）保护开关人为连接导通状态

图 8-1　连锁保护装置、保护开关人为连接导通状态

为确认连锁保护装置功能，需要现场对其进行模拟试验，确认连锁保护装置原来的功能、改动后功能实现状况、不同连锁保护装置功能状态下人员发出的操作指令与事故的关联性。

现场检查硫化罐电气控制系统各电气部件外观、连接线路未损坏，在保证安全的情况下，接通设备电源。

将连锁保护开关内部连接线路恢复至正常连接状态后手动操作连锁保护开关，模拟罐体内有压力和无压力两种状态，试验硫化开关在"断开""接通"位置时，操作"锁紧""松开""停止"三个盖门机构控制按钮，检查盖门开关机构运动状态和行程限位保护开关状态。模拟试验结果见表 8-1。

表 8-1　模拟试验结果

试验序号	连锁保护开关状态	硫化开关位置	盖门机构控制开关			盖门开关机构	限位开关	
			锁紧	停止	松开		锁紧	松开
1	模拟罐体内有压力（断开）	硫化（接通）	触发	—	—	无动作	—	—
2			先触发	后触发	—	无动作	—	—
3			—	—	触发	无动作	—	—
4			—	后触发	先触发	无动作	—	—

续表

试验序号	连锁保护开关状态	硫化开关位置	盖门机构控制开关			盖门开关机构	限位开关	
			锁紧	停止	松开		锁紧	松开
5	模拟罐体内有压力（断开）	关断（断开）	触发	—	—	无动作	—	—
6			先触发	后触发	—	无动作		
7			—	—	触发	无动作		
8			—	后触发	先触发	无动作		
9	模拟罐体内无压力（接通）	硫化（接通）	触发	—	—	锁紧罐盖	有效	—
10			先触发	后触发	—	先关盖后停止		
11			—	—	触发	开启罐盖	—	无效
12			—	后触发	先触发	先开盖后停止		
13		关断（断开）	触发	—	—	锁紧罐盖	有效	—
14			先触发	后触发	—	先关盖后停止		
15			—	—	触发	开启罐盖	—	无效
16			—	后触发	先触发	先开盖后停止		

通电后，将硫化开关置于"硫化"挡位，硫化计时器显示其硫化工作设定时间为"1h40min"，将硫化时间设定为"1min"后继续进行报警装置功能测试，1 min后报警器自动发出警报声响并带有红色指示灯。

试验表明，硫化罐电气控制系统能通电，各按键、开关、指示灯工作正常，开盖机构工作正常；驱动机构"锁紧"限位开关有效，"松开"

限位开关无效。关断硫化开关后报警装置停止报警，计时器断电，试验结果表明硫化开关能正常控制计时器、报警装置，计时器、报警装置工作正常。将硫化开关由"硫化"挡位置于"关断"挡位，硫化罐在缺少连锁保护功能状态下，触发了控制面板上罐盖"松开"按钮，罐体承压状态下强行打开罐盖，导致事故发生。

[例 8-2] 某柴油发电机组不能正常带负荷工作，怀疑柴油机组中有气缸工作不良，启动水温、机油压力正常后，使用红外设备测量发动机气门室盖部工作温度，发现右侧第二、第三气门室盖温度过高，见图8-2。停机拆检，发动机排气门已损坏。

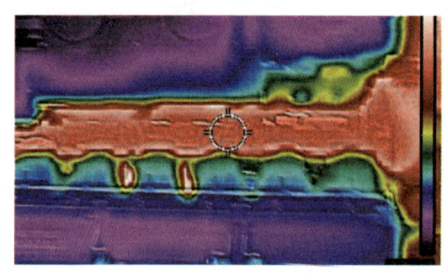

（a）排气管测温　　　　　　　　（b）气门室测温

图 8-2　发动机气门室盖红外测温

8.2.3 替换试验

替换试验是使用与被鉴定物同类的完好设备、零件或材料、在相同环境和工作条件下，利用同类完好设备测量被鉴定物部件参数、检查被鉴定物部件功能的活动。被鉴定物整机不能开机工作、部件损坏等情况下一般采用替换试验。不等效的环境和设备工作条件难以获得真实结果，替换试验应保证试验环境和设备工作条件在可控和接受的范围内。

如电梯已经拆除了曳引电机，要检查电梯控制主板工作状态，可以在同区域、同品牌电梯上试验，将检查的控制主板更换到正常运行的电梯上试验；压力容器或管道损害，检查安全阀功能时可将安全阀更换到正常工作的压力容器或管道上，试验需要鉴定的功能。

[例8-3] 某小区同型号规格的一批电梯，维保更换的配件不能使用。配件自身无质量缺陷，怀疑电梯设置了技术障碍。

现场使用多个手持式通用操作器登录控制柜主控制板，对接后操作器与主板能够进行信息通信，正确识别主板版本信息，显示一级菜单界面，输入制造厂规定的主板登录密码均不正确，操作器不能进入二级调试菜单界面，见图8-3。

 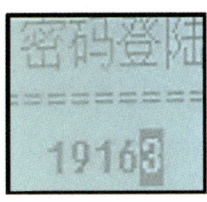  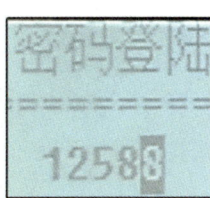

（a）1号操作器显示　（b）2号操作器显示　（c）3号操作器显示　（d）4号操作器显示

图8-3　不能进入二级调试菜单界面

现场对同批次、同规格、同型号的外呼电路板、主控制板对调插接进行替换试验，替换外呼电路板后，外呼显示屏均显示"ER"，操作电梯均不能正常运行；替换主控制板后，操作电梯均不能正常运行，也不能检修运行，见图8-4。

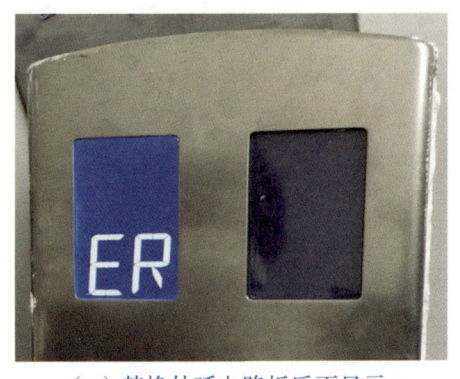 

（a）替换外呼电路板后不显示　　　　（b）未替换外呼电路板显示

图8-4　外呼电路板、主板替换试验显示

（c）替换主控制板后不显示　　　　　　（d）未替换主控制板显示

图8-4　外呼电路板、主板替换试验显示（续）

通过使用确认完好的同规格、同型号部件，替换有怀疑的部件，替换试验后可以判断，该电梯设置了密码类技术障碍。

8.3 现场试验记录与报告

现场试验记录是鉴定证据之一。现场试验记录内容应真实、完整、翔实、能溯源。现场试验记录应有鉴定项目的唯一性编号，多份现场试验记录可以汇总统一给出顺序号，也可以分别给出鉴定项目唯一性编号下的顺序号，保证现场记录能溯源。

现场试验记录由从事试验的鉴定人员现场实时填写，试验前一般要准备相应的记录格式。现场试验记录通常包括试验时间、试验起始时间、试验停机时间、试验地点、试验环境条件、试验用工作条件和辅助条件、试验内容或项目、试验方法依据、试验用仪器设备、试验次数、试验结果、试验人员、试验参与人员等。应详细记录试验中发生的异常情况、超出设备正常调试情况、设备维修情况、终止试验原因等。

记录载体和内容可包括试验文字记载、试验结果数据、图表和试验过程的录音、录像、照相、绘图等，有的还应记录试验的异常产物或输出的产品等。

填写现场试验记录的人应签字确认并注明时间，修改现场试验记录内容时修改者应签字确认,试验记录应审查其完整性是否满足要求,审查人要签字确认。最后将记录汇总归档。

现场试验报告是根据现场试验记录内容,对试验过程分析判断的结果,为鉴定报告分析说明提供依据。现场试验报告可根据试验项目数量、涉及专业、难易程度、鉴定要求确定编写简繁程度。

现场试验报告可以按试验阶段、专业内容、试验项目分别编制,现场试验报告应有鉴定项目的唯一性编号,多份现场试验报告可以分别给出鉴定项目唯一性编号下的顺序号。

试验报告应包括试验的基本信息,重点分析获得的试验数据、试验表征现象与事故原因的因果关系或关联程度,分析判断试验结果与标准或合同的差异,分析试验条件和过程情况对试验结果的影响。试验报告中使用的判定标准要有标准代号和年代号,使用的其他依据要注明来源,逻辑分析和推理要有过程。现场试验报告由参与试验的鉴定人员编制并签字确认,现场试验报告应汇总归档。对试验过程分析判断不同意,又不能证实错误的要如实记录。

邀约专家参加现场试验的可以由专家提供书面意见,现场试验报告可邀请相关专业人员参加评议;试验报告采用专家意见视为鉴定机构、鉴定人已经确认该专家意见就是鉴定机构和鉴定人的意见,鉴定机构和鉴定人应对此意见负责。

9 物证固定和提取

9.1 事故现场固定概念

现场固定是利用照相、录像、绘图和笔录等方式，对现场的状态和物证特征、状态、位置、相互关系等进行记录，并能根据记录重新复现或重建原始现场的技术方法。

事故现场固定能客观地记录特种设备事故发生的具体作业场所状况，记录勘验调查等活动过程和情况，发现、固定、收取、保存现场痕迹和物证特点、位置，复制技术检验资料，记录检验结果，显示客体特征，恢复、显现与事故有关的事实，为研究事故模式，分析事故原因提供资料，能弥补现场勘查不足，为现场复现、现场试验提供材料，为技术检验、鉴定提供条件，为司法审判、事故处置提供证据。

事故现场固定可以通过手工制图、文字注释、调查记录、照相固定等分层次方式来实现。手工制图、文字注释和调查各行业基本类似，不同的行业对照相分类的方式有差异，我国关于产品和特种设备事故现场固定尚未形成相应的专业技术标准，刑事勘验物证固定等相关行业标准可以参考。

特种设备事故现场固定是通过事故元素，采用现场方位、现场概貌、物证重点部位、物证细部特征资料来具体体现的。事故元素是与事故有关的人（尸）体、物体、痕迹、建筑及其设施等；现场方位应能反映事故地点在周围环境中的方向、地理位置，现场附近的地形地物，以及事故现场和周围环境的相互关系；现场概貌应能反映事故地点本身的全面状况、事故现场主要痕迹、物体或受害体之间的相互关系、事故现场发生的概况；物证重点部位应能反映事故现场某一部位或零部件各种痕迹、物品的位置和它们的相互关系；物证细部特征应能反映各种痕迹、物证以及对事故原因等有证明作用的局部状况。

采用何种方式固定事故现场都要求及时迅速、全面系统、主题明确、主体突出、客观准确，真实地反映现场形态和物证特征。

9.2 事故现场固定方法

事故现场固定通常有人工绘制现场图、事故现场照相、事故现场录像等方式，它们之间不能互相替代，但可以互相补充、相互印证，并有效地反映现场的客观状况，勘验实践中几种方法通常会交替使用。

9.2.1 人工绘制现场图

人工绘制现场图是鉴定人员在事故现场手工绘制，反映现场环境、现场概况和现场有关物体的形象、位置及其相互关系的手工记录技术方法。平面图通常使用较多，根据需要可以绘制立体图或剖面图。绘制内容包括现场方位图、现场全貌图和现场局部图。按绘图方法分为比例图和示意图。比例图有明确的位置尺寸关系，示意图仅显示基本位置、状态，勘验实践中也有示意图内标注与事故因素有关联的位置尺寸。

人工绘制现场图对较大场景整体描述较好，特别是在现场受场地和建筑物影响，照相、录像不易完整体现现场形态的情况下有很好的表现力，人工绘制现场图对物证细部特征通常只能用文字方式具体表述，存在一定的局限性。

[例9-1]某建筑施工现场,用汽车起重机安装塔式起重机,施工过程中发生倒塌事故。勘验时受现场条件限制,照相和录像不易完整表现现场起重机、塔式起重机、建筑物间相互关系,采用人工绘制现场平面图的方式表现出现场物体间相互关系,见图9-1。

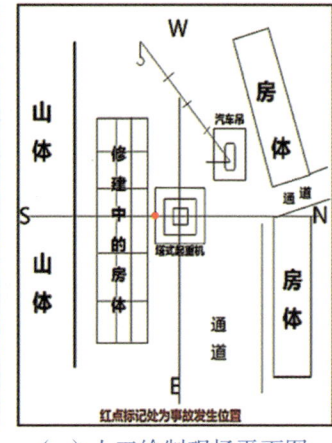

（a）北面方位照相　　　（b）东面方位照相　　　（c）人工绘制现场平面图

图9-1　起重机、塔式起重机、建筑物间相互关系示意

[例9-2]某电梯事故现场,受楼道建筑物影响,照相和录像不易完整表现电梯与建筑物间相互关系,采用人工绘制现场平面图,文字标注单元内安装电梯编号、数量,表现出现场物体间相互关系,见图9-2。

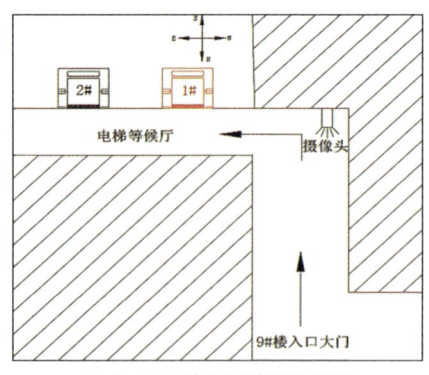

（a）入口大门方位照相　　　　　（b）人工绘制现场平面图

图9-2　电梯安装位置示意

[例 9-3] 某当事人将装修用电缆线、工具等物品套在身体上,携带较多物资,乘坐电梯上楼,中途停靠走出轿厢,用杆状工具挡住轿门,电梯自动关门,夹住工具和电线向上运行,导致事故发生。现场照相和录像不易完整地表现出电梯轿厢、井道、层门、人等与导致事故的外来物之间的关系,采用人工绘制现场剖面图、加文字注释方式,较好地反映了现场各个物体之间的相互关系,见图 9-3。

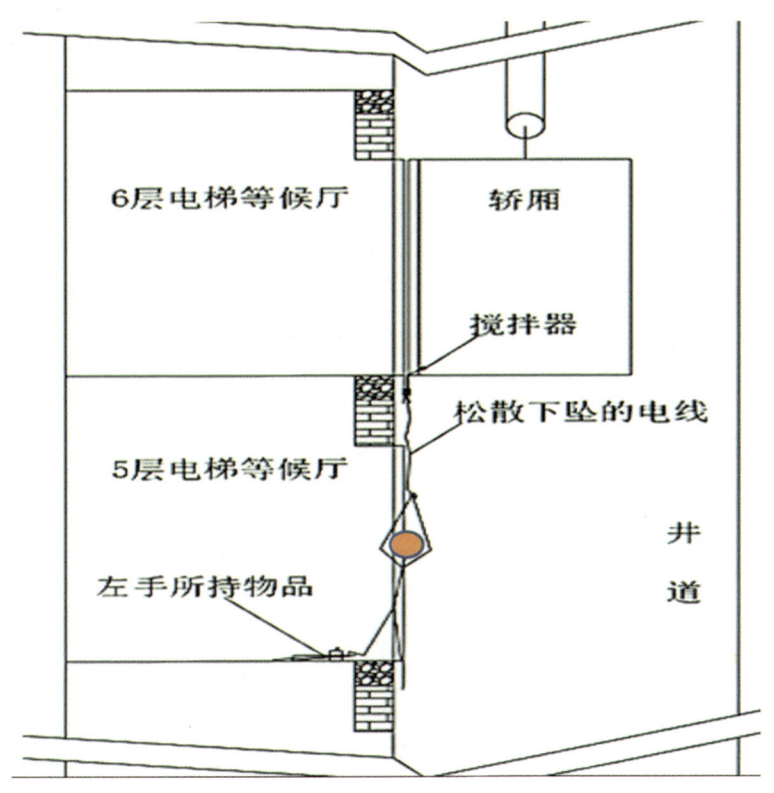

图 9-3 外来物、人、电梯之间相互关系示意

[例 9-4] 某建筑物半地下室内安装的燃气锅炉爆炸事故现场,受建筑结构影响,照相不能反映现场各物体之间相互关系,见图 9-4;采用人工绘制现场图方式,表现出现场物体间相互关系,见图 9-5。

169

（a）南面方位照相　　　　　　　　（b）北面方位照相

图 9-4　照相仅反映现场局部

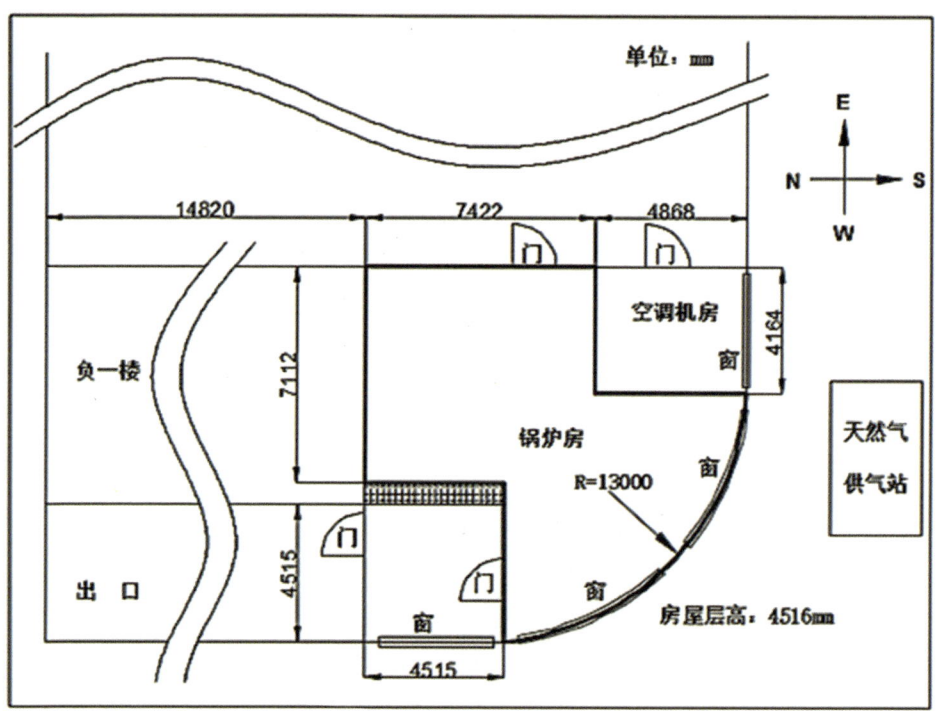

图 9-5　燃气锅炉房现场位置

[例 9-5] 某塔式起重机发生倒塌事故。现场环境条件极差，断裂的矩形吊臂物证已经出现污染迹象，现场提取、保护断口物证较困难。

现场人工绘制矩形吊臂断面图，结合文字表述断口宏观特征，固定断裂矩形吊臂断口的断面特征，见图 9-6。

 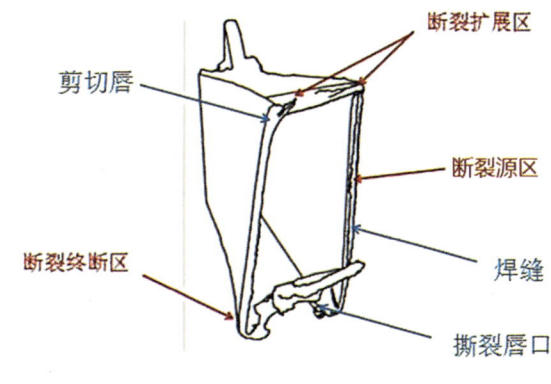

(a) 断面实物照相　　　　　　　　(b) 人工绘制断面

图 9-6　矩形吊臂断面实物照相与人工绘制断面

人工绘制的现场图上应有事故名称、绘图时间、绘图人签名；现场图上应标明南北方向、勘验时温度、湿度等气象信息；平面图上绘制物体位置，应当写明这个物体至两个固定坐标物之间的距离；在按比例绘制的现场平面图上，还应注明图示比例。

9.2.2　事故现场照相

事故现场照相是利用照相机和专用镜头等设备，将事故发生场所和事故有关的痕迹、物品，用照相客观、准确、全面、系统地固定的静态记录技术方法。照相方式相对方便、快捷、视觉冲击力明显，记录的形貌真实，但某些场所受位置、高度、照度等影响，有一定局限性。

现场照相是特种设备事故固定现场广泛使用的方法，使用照相方式应按照了解案情、固定现场、制订计划、设施拍摄、查漏补缺的步骤进行。

拍摄人员应与其他鉴定人员一起了解事故发生、发现的时间、地点和经过，现场原始状况、变动情况及保护措施，出入现场的人员及原因；巡视现场的同时或详细勘查之前，迅速主动地对现场概貌状况进行拍摄固定；根据现场状况，明确现场拍摄内容、重点，构思安排多个画面、镜头的组合结构和整个现场的表述方法；拍摄时通常应先拍概貌，后拍中心、细部特征；先拍原始，后拍移动；先拍地面，后拍上部，即先低后高；先拍急，后拍缓；先拍易，后拍难；现场方位的拍摄，应根据情况灵活安排；整个现场拍摄完毕后，应检查有无漏拍、错拍以及技术失误，需要对现场全部或部分保留时，应及时向委托方提出。

现场照相方法可分为单向拍照法、相向拍照法、多向拍照法、直线连续拍照法、回转连续拍照法和测量拍照法等。

单向拍照法是指从单一方向对被拍物进行拍照的方法。以现场某一被拍对象或现场某一侧面为主要目标，从单一方向进行拍摄。调焦时，除使主体成像清晰外，在不同距离上的景物也要成像清晰，即整个画面中的景物都应是清晰的。多用于现场重点部位照相和现场细部特征照相。单向拍照法见图9-7。

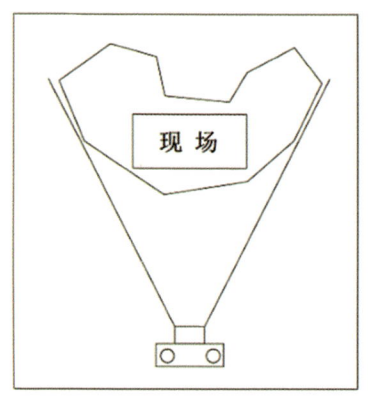

图9-7　单向拍照

相向拍照法是以相对的两个方向、相等的距离对被拍物进行拍照的方法。两个拍照点应尽可能做到距拍照中心部位或目标位置的距离一致，拍照的两个方向尽可能相互对应，分别拍摄两张照片，反映被拍摄中心部位或目标及其前后的物体和痕迹物证的分布状况和它们相互的关系。同一个现场所拍摄的画面控制条件应该基本一致，防止出现反光现象，如果出现，可更换拍照点避开或在相机镜头上加偏光镜、遮光罩等来消除；逆光时应增加曝光以保证所拍摄的画面影调一致。多用于现场方位照相、现场概貌照相和现场重点部位照相。相向拍照法见图9-8。

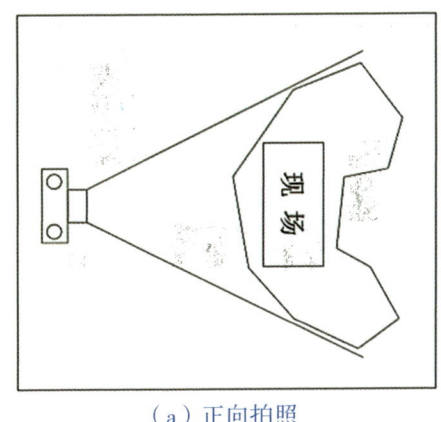 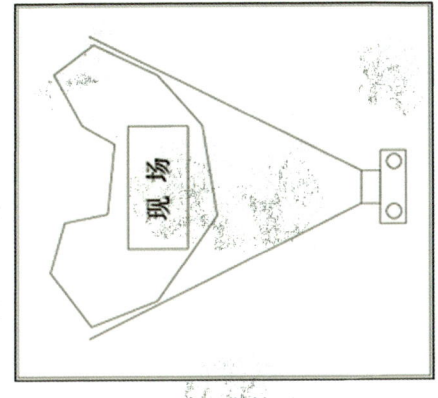

（a）正向拍照　　　　　　　　　（b）反向拍照

图 9-8　相向拍照

多向拍照法是从几个不同的方向，以相等的距离对被拍物进行拍照的方法。根据被拍对象和现场环境的特点，以现场上被拍摄物为主要目标，确定好拍照点的数量和位置，从三个以上不同的方向对其进行拍摄。可做三向交叉、十字交叉等多向拍照。每个拍照点与被拍物中心点距离应基本一致，每个画面的取景构图均应处理好整体和局部、重点和全部的关系。对于同一个现场，所拍摄的画面控制条件应基本一致。多用于现场方位照相、现场概貌照相和现场重点部位照相。多向拍照法见图 9-9。

回转连续拍照法是固定拍照机位，只转动相机改变拍摄角度，将被拍对象分段拍照，然后将分段拍摄的照片拼接在一起成为一幅长条形照片的方法。照相机镜头的视场角不能大于 55°；应当采用具有旋转功能的三脚架固定相机拍照。拍照点应选在能够看到现场全貌并正对现场中心的位置，取景构图应把主要被拍对象安排在画面的结构中心或前景醒目的位置上。确定所拍摄画面的拼接线时，应避开现场重点物品；相邻画面要重叠，重叠区应占每个画面的 1/5~1/4。回转连续拍照法所拍摄的画面应做一次性调焦和收缩光圈；利用调焦技术，以便获得最大的景深。同一个现场，所拍摄的画面控制条件应基本一致。多用于现场方位照相和现场概貌照相。回转拍照法见图 9-10。

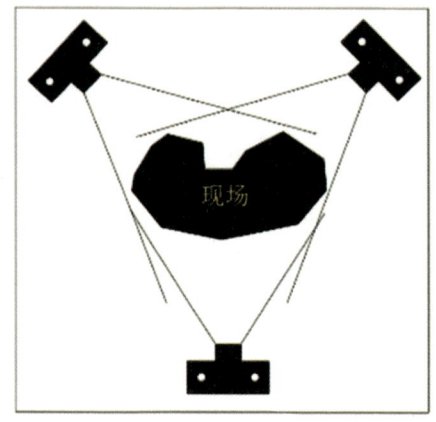 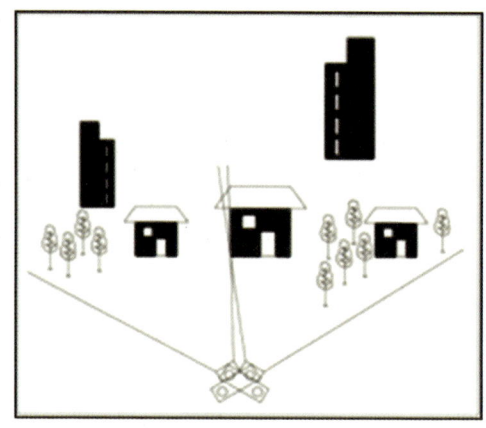

图 9-9　多向拍照　　　　图 9-10　回转连续拍照

直线连续拍照法是将相机焦平面和被拍物平面平行、等距，沿着被拍对象直线移动并将其分段连续拍照成若干画面的拍照方法。照相机镜头的视场角不能大于 55°，拍照时所有镜头物距必须相等，同时要求照相机镜头光轴垂直于被拍物面。确定所拍摄的画面拼接线时，应避开现场重点物品和痕迹物证的主要特征。相邻画面要重叠，重叠区应占每个画面的 1/5~1/4。同一个现场，所拍摄的画面控制条件应基本一致。多用于现场方位照相、现场概貌照相、现场重点部位照相和现场细部特征照相。如成趟足迹、血迹、车轮压痕等的拍摄。直线连续拍照法见图 9-11。

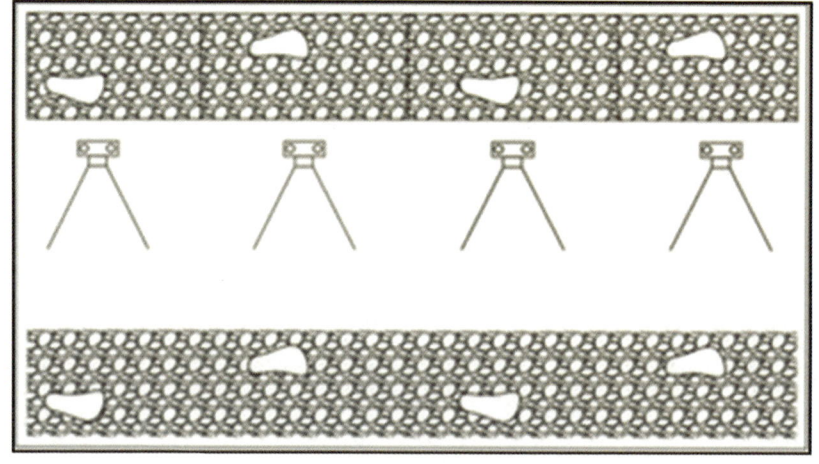

图 9-11　直线连续拍照

测量拍照法是将带有标准刻度的比例尺与被拍物一同拍入画面，根据比例尺可以测量出原物及其特征大小的拍照方法。拍摄时应注意比例尺一般放于画面或特征下方居中的位置；比例尺应与被拍物的主要特征在同一水平面上；比例尺应与相机光轴垂直。比例尺上不得有反光，要根据被拍物体颜色选择比例尺种类，要根据被拍物体长度选择比例尺长度，拍摄具有检验鉴定价值的重要痕迹时应加放直角比例尺。

物证颜色（影调）与比例尺应选择搭配，深色物体选用黑底白刻度的比例尺，浅色物体选用白底黑刻度的比例尺，使用透射光拍摄透明物体应选用透明比例尺。比例尺与物证尺寸推荐值见表 9-1。

表 9-1　比例尺与物证尺寸推荐值

被拍物体长度 /mm	< 50	50 ~ 150	150 ~ 500	> 500
比例尺长度 /mm	≥ 30	≥ 50	≥ 100	≥物体长度的 50%

事故现场照片应依据《法庭科学照相制卷质量要求》，根据现场拍摄具体内容，选择合适的照相方法来复现不同类型事故状态。

现场拍照的照片包括与案件有关的一切场景照片、细目照片、现场上提取的痕迹和物证经过技术处理后再拍摄的照片、电视屏幕上拍摄的照片、利用视频采集技术从现场录像画面上获取的照片。

按照事故类型，特种设备事故通常有倒塌、坠物、燃烧、爆炸、泄漏等形式，而事故照相方法依然采用元素照相、方位照相、概貌照相、重点部位照相、细部特征照相等方法固定现场。

元素照相是反映事故元素外观、状态的专门照相。通常采用单向拍摄方法，在拍摄对象正面或 45° 方向照相，反映出现场事故中产品、设备、部件、设施的主要形态特征。

[例 9-6] 某单晶炉发生爆炸事故，现场拍摄单晶炉事故后外观状态，采用元素照相反映设备主要形态，见图 9-12；某稳压气水分离器发生凹陷损伤，采用元素照相反映稳压气水分离器外观状态见图 9-13。

图 9-12 单晶炉元素照相   图 9-13 稳压气水分离器元素照相

[例 9-7] 某机械行程限位装置,被人为调动过限位块位置的外观状态,见图 9-14;某事故设备配置的计算机硬盘外观(背面)状态,见图 9-15。

图 9-14 机械行程限位装置元素照相   图 9-15 计算机硬盘元素照相

方位照相是以现场和现场周围环境为拍摄对象,反映事故现场的地理位置及现场与周围环境相互关系的专门照相。拍摄现场方位时取景要大,拍摄点要高,视点应尽量选择在较高、较远处,尽量显示出现场与周围的关系,以及一些永久性的特殊标志,如周边建筑、管道、水沟、高压线路、无线电设施装置、作业面地形高度差等可能对事故有影响的因素。拍摄时，应把现场画面安排在画面视觉中心，以中、远景来表现。现场方位照相应尽量用一个镜头（一幅画面）反映被拍景物，受拍摄距离和镜头视场限制时，可采用回转连续拍照法拍照，有条件的也可使用无人机拍摄。拍摄现场方位照相主要使用自然光。

[例9-8] 某建筑工地使用汽车起重机拆卸塔式起重机，作业过程中两台起重机同时发生倒塌事故。汽车起重机和塔式起重机不在同一工作平面，中间间隔有建筑房屋，建筑物前后均有道路；倒塌的起重设备分别压在不同的建筑物上，塔式起重机部分构件已经跌落在道路以外。现场范围宽、坡度大，房屋建筑群多，构建物证分布位置宽，使用无人机拍摄的现场方位图，见图9-16；现场方位图使用无人机拍摄，不能反映坡度主要特征，需要补充人工绘图材料，见图9-17。无人机照相位置高、视角宽，解决了大场景困难，补充人工绘制平面和坡度图，最终固定事故设备的现场方位。

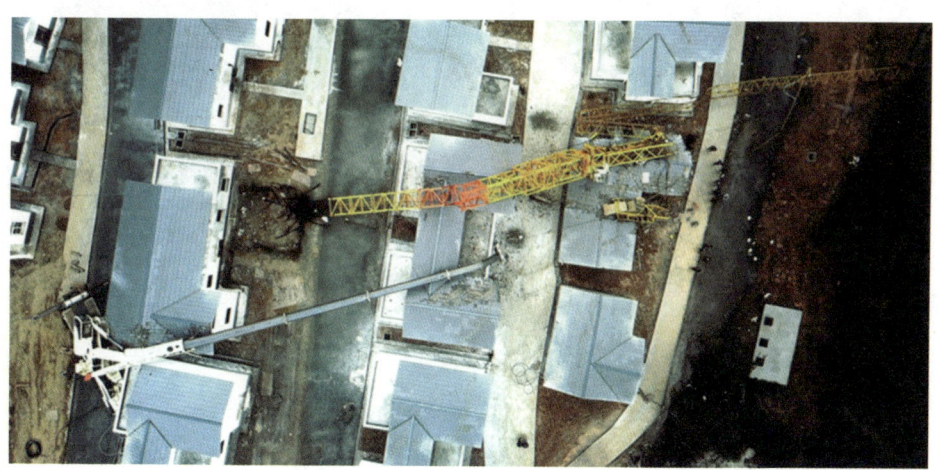

图 9-16　事故现场平面拍摄方位

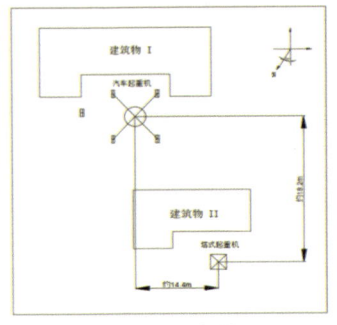
（a）平面方位

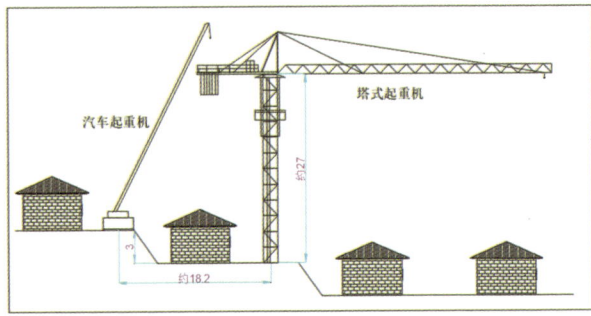
（b）剖面方位

图 9-17　事故现场补充人工绘制方位

[例 9-9] 某风力发电设备安装工地使用大型汽车起重机吊装设备，受场所地理环境限制和大风影响，发生汽车起重机倒塌事故。采用多向拍照方法固定现场，见图 9-18。

（a）正面方位照相

（b）45°方位照相

图 9-18　大型汽车起重机倒塌多向拍照

概貌照相（概览）是以整个现场或现场中心地段为拍摄内容，反映现场全貌以及现场内各部分关系的专门照相。拍摄现场概貌应以反映现场的整体状态及其特征为重点。照相取景构图时，应将现场中心或重点部位置于画面的显要位置。尽量避免重要场景、物证互相遮挡、重叠。

概貌照相一般应采用相向拍照法、多向拍照法进行拍摄，也可以用回转连续拍照方法拼接照片。运用相向拍照法、多向拍照法拍照时，拍照距离、镜头俯仰角度、用光要保持一致。

[**例9-10**] 汽车起重机倒塌后现场事故概貌,镜头与地面垂直,重点反映汽车起重机倒塌后位置、与周边建筑物关系形貌,主臂伸出节数、最终位置、与建筑物之间关系,见图9-19;汽车起重机前方和后方照相重点反映倒塌后所处的现场坡度位置、主臂弯折位置、汽车起重机水平、垂直支撑腿状态、支撑腿用垫木及位置概貌,见图9-20。

图9-19 汽车起重机倒塌拍摄平面概貌照相

(a)前方位照相　　　　　　　　(b)后方位照相

图9-20 汽车起重机倒塌前、后方概貌照相

[**例9-11**] 某锅炉发生爆炸事故。现场勘验照相设备落后、勘验条件差,为反映爆炸后建筑物损坏状态、锅炉位置,采用回转连续拍照方法,将拍摄照片拼接后反映现场概貌,见图9-21、图9-22。

图9-21 建筑物损坏状态、锅炉位置概貌照相（拼接图）

图9-22 建筑物损坏状态概貌照相（拼接图）

重点部位照相（局部）是记录现场某一重要部位或地段的状况、特点、与事故有关零部件各种痕迹、物品所在部位的专门照相。

应根据事故性质和现场具体情况确定现场拍摄的重点位置，按照事故形态和损伤特征确定现场拍摄的重点部分，重点部位拍摄应清楚反映现场重点部位的状态、特点及其与周围痕迹物证的关系，决定拍摄距离和角度，选用合适的镜头。

[**例 9-12**] 某压力容器发生爆炸事故，罐盖飞出致人死亡。勘验时发现，开启罐盖的机电驱动机构安装部位损坏，固定驱动机构的连接螺栓断裂后全部脱落，驱动机构安装座半边抬升约 10mm，不是设备正常运行时的安装状态。驱动机构安装座抬升、螺栓断裂、脱落是事故证据的重点部位，拍摄时放置钢质尺反映损坏的状态和程度，见图 9-23。

图 9-23　支撑座抬升、螺栓脱落重点部位照相

中毒事故现场重点照相部位为尸体所在位置、尸体的姿态、呕吐物、排泄物、可疑药物、食物、盛装食品的餐具、毒物器皿、剩下食品所在位置、状况等。

爆炸事故重点照相部位为爆炸中心位置、爆炸对象及损坏程度、房屋窗门的损坏情况、爆炸抛出物、残留物、尸体被爆炸的情况、位置、姿势等。火灾事故现场重点照相部位为点火物、起火点、起火部位、燃烧残留物、火源蔓延路线、火灾现场损伤物品及状态等。

[**例 9-13**] 某食堂厨房早晨 6 时发生爆炸事故。事发前夜厨房门窗紧闭，当事人早上起床前往厨房，打开防盗门，随即打开吊灯开关，事故发生。厨房位置狭小，不宜用照相机记录概貌，故采用人工绘制平面及物品位置示意图反映，见图 9-24；爆炸现场损坏的重点部位主要是防盗门、吊顶，拍摄重点部位反映损坏程度，防盗门损坏状态见图 9-25，屋面吊顶损坏状态见图 9-26；电源开关和电源开关位置紧密关联爆炸事故中的点火源，拍摄电源开关和电源开关位置反映重点部位物体的状态、与防盗门的位置关系，电源开关状态及位置，见图 9-27。

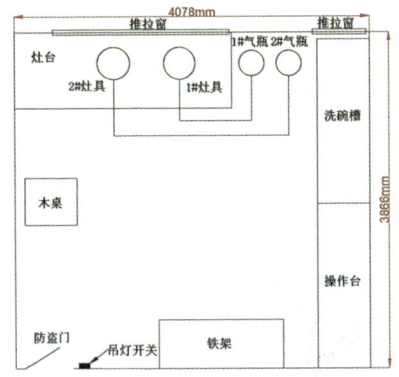

图 9-24　厨房物品位置示意　　　　图 9-25　防盗门损坏外观状态

（a）正面照相　　　　　　　　　（b）侧面照相

图 9-26　屋面吊顶损坏外观状态

（a）方位照相　　　　　　　　　（b）重点部位照相

图 9-27　电源开关位置及外观状态

细部特征照相(细目)是记录反映现场与事故有关的人(尸)体、物体、痕迹、建筑及其设施局部细节、物证及表面痕迹形状、大小以及特征的专门照相。

现场细部特征拍摄应进行垂直、比例照相。在条件不具备的情况下可进行偏角拍摄,但后期图像制作必须矫正。拍摄痕迹、损伤时,要反映出痕迹、损伤的形态、特征与所在位置。取景范围太小时,可扩大拍摄范围,再拍摄补充画面对痕迹、损伤定位。物证较多时,细部特征应当编号,将编号摄入画面作为唯一性标识;反映痕迹、物证形态与特征的照片,必须加入测量标识;反映造痕物和受痕物接触部位和接触方式的应采用比对照相方式;拍摄痕迹影像应完整、清晰、不变形,能反映痕迹与主体、环境的关系、主要细节特征,并附以毫米级比例尺。

[例 9-14] 某容器焊缝断裂,放置比例尺拍摄断口形貌细部特征证据,见图 9-28。

图 9-28 断口形貌细部特征

[例 9-15] 某高频电加热炉发生事故,电极部位有电弧击穿孔。扩大拍摄范围,补拍损伤部位、放置比例尺拍摄穿孔细部特征形貌证据,见图 9-29。

（a）方位照相

（b）细目照相

图 9-29　电弧击穿孔细部特征形貌

[例 9-16] 某相对封闭厨房内发生可燃气体爆炸事故。现场勘验时，用肥皂液检查液化气灶具气路系统密封性，检查时发现灶具开关位置有气泡产生，初步断定液化气灶具气路泄漏。拍摄固定灶具开关位置泄漏证据，采用细部特征照相反映气泡形貌，见图 9-30。

[例 9-17] 某锅炉发生燃气泄漏爆炸事故。现场勘验时，用检漏液检查燃烧系统接头密封性，检查时发现燃烧器接口位置泄漏，有大量气泡产生，拍摄燃烧器接口位置泄漏证据，采用细部特征照相反映气泡形貌，见图 9-31。

图 9-30　灶具开关位置泄漏气泡

图 9-31　燃烧器接口位置泄漏气泡

[例9-18] 某燃气锅炉发生爆炸事故。爆炸区域内配置管道输送热水,可燃性有机材料保温层覆盖于管道表面。爆炸所产生的高温导致覆盖层表面碳化损伤,正对爆炸方向管道覆盖物烧蚀严重,但管道背面烧蚀不明显。拍摄覆盖物表面状态时,将损伤程度有明显差异的表面形貌拍摄到同一画面作比对,细部特征照相反映出覆盖层表面碳化具有明显的方向性,碳化面指向爆炸中心位置,见图9-32。

(a)正面细目照相　　　　　　　　(b)侧面细目照相

图9-32　覆盖物表面损伤细部特征痕迹形貌

[例9-19] 某电梯违规设置密码,阻止正常维修更换部件。现场试验使用同品牌、同型号外呼电路板替换试验,拍摄外呼电路板显示异常的细部特征证据,见图9-33。

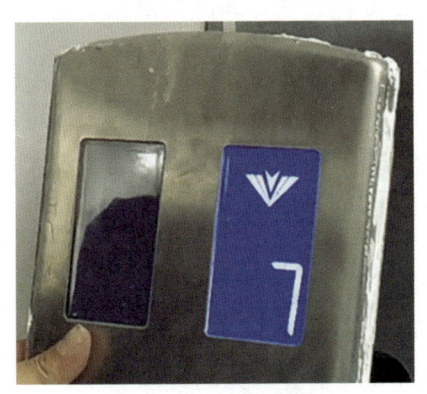 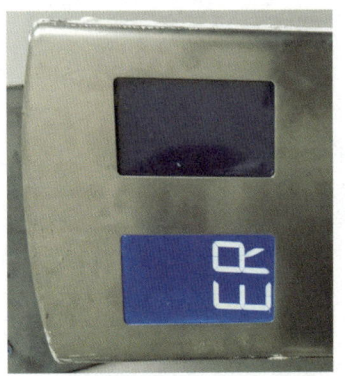

(a)显示正常细目照相　　　　　　(b)显示异常细目照相

图9-33　外呼电路板替换试验显示异常证据

随着科学技术不断发展，三维实景红外线测量设备已经开始应用于现场勘验活动。通过三维实景红外线拍摄测量，可建立现场全貌以及现场内各部分关系模型，可测量物体之间距离，极大地提升了勘验速度，对勘验后已经撤出的事故现场复原、追溯有不可替代的作用。

9.2.3 事故现场录像

现场录像是利用录像器材设备，采用专门的录像技术方法，将事故发生的地点、现场的状况，以及与事故有关的痕迹物证，客观、形象、声形并茂地动态记录的技术方法。

现场录像属于视听资料，可以单独或与其他证据一起来证明事故事实。现场录像能检验、比对、印证其他证据的真实性；现场录像在某些场所受位置、高度、照度等影响，有一定局限。

现场方位录像是以整个事故现场和现场周围环境为摄录对象，用来反映事故现场所处的位置、事故与周围环境关系的一种专门录像。现场方位录像的对象和范围包括现场所处的位置、一些永久性的标志物、现场与周围环境的关系特征。现场方位录像的拍摄点一般应选择在较高、较远的位置，以俯视、摇推的方法从大环境场面直接推向现场所在位置，以能够全面反映现场录像内容为准。

现场概貌录像是以整个事故现场或事故中心部位为摄录对象，反映整个事故现场状况及现场内各部分与事故之间联系的专门录像。它可使鉴定人员了解现场发生事故的模式、特点、过程，以及痕迹物证所在部位、彼此间的联系等。通常，现场概貌录像是整个现场录像的开始，应在现场保持原始状态的情况下摄录。现场概貌录像一般采用摇镜头的方法，反映整个现场各种痕迹物证、物体之间的定位关系；也可以采用推拉镜头的方法，反映痕迹物证与周围环境之间的位置关系。

现场重点部位录像是以与事故有关的重要部位与地段为摄录对象，反映重点部位或地段的状况、特点及痕迹物证之间的位置关系的专门录像。

现场重点部位录像要反映出现场重点部位的总体状况及各部分之间的联系，按照事故形态和损伤特征拍摄录像时，重点部位可能是一处，也可能是多处因为事故发生的模式不同，现场各区域具体的环境不同，各区域影响的因素不同，所以同一个现场的不同重点部位拍摄的内容也不相同。需要注意多处不同重点部位摄录特点。

现场细部特征录像是以事故现场发现的，具有检验鉴定价值和证据作用的各种与事故相关的痕迹、物证为摄录对象，反映物证细部状态、形貌、特征、位置的专门录像。现场细部特征录像的对象多为事故鉴定的被鉴定物，拍摄时应保持一定录像时间，让画面稳定、清晰；拍摄时先有大的场景，再到细部位置，准确反映痕迹物证的所处位置和周边的关系，证明所拍摄的痕迹、物证是在现场上的遗留物，而不是其他地方移动或遗留的物证。

现场细部特征录像通常采用标准镜头和比例尺，准确反映痕迹物证的大小和形态。摄录时必须保持被拍物与镜头垂直，并放置好比例尺，保持被拍细部特征清晰、完整不变形。

摄录应迅速、及时。现场上的某些痕迹物证，随着时间的推移，易受人为或自然条件的影响发生变化和消失。如雪地上的足迹、车痕，受到阳光的照射，会溶化消失；室外土地上的事故痕迹等遇到风吹雨淋会遭到破坏或灭失。

现场相关录像是拍摄与事故现场相关联的现场访问、现场勘验、现场试验、现场讨论和分析等的一种专门录像。

拍摄现场访问录像时，录像内容要反映访问的地点、场所、时间、环境，解说中要交代清楚访问人姓名、被访问人姓名、被访问人职业或基本的工作背景等。

拍摄现场勘验录像时，录像内容要有物证所处的具体位置、物证特征停留几秒的特写画面，要反映出现场鉴定人员整个勘验过程，要反映出事故鉴定委托人、当事人以及相关见证人的画面。

拍摄现场试验录像时，录像内容要清楚反映试验项目、时间、地点、工辅条件、试验方法或试验依据，包括试验的例外和特殊情况。拍摄具有一定危险性的试验项目时，可将录像机安放好后用遥控器拍摄。

拍摄现场讨论、分析录像时，录像内容要有会场全景、到会人员、发言人的发言内容等，后期制作可以根据需要加插进去一些现场分析中所涉及的现场勘查、现场痕迹物证的镜头，特别要注意拍摄好人员签字、画押的画面。

9.3 现场物证保护与提取

9.3.1 保护现场

根据现场情况和环境，有效地保护事故现场。应划定保护区、布置警戒、必要时封锁现场，禁止一切人员进入保护区。禁止触摸或者移动事故现场的任何物品，任何单位和个人不得破坏事故现场、毁灭相关证据。

抢救人员、防止事故扩大、疏通交通等原因，需要移动事故现场的物品应做标志，应尽量少地破坏和移动物品，移动的物品应绘制现场简图、书面记录，同时要妥善保存现场被移动的物品和痕迹。

9.3.2 物证保护

标识、固定物证。确认或疑似事故物证的应给出物证唯一性标识标记，利用合适的技术手段固定物证，记录物证的形状、数量、颜色、所在地点等，确认完成后才能开始提取物证。

[例 9-20] 某使用液化气罐的场所发生爆炸，现场物证涉及液化气罐、液化气管路、灶具、电气开关等。事故现场勘查时，绘制现场平面图，并在图上标注相关尺寸，画出物证位置，给出物证编号，同时配置对应的照片，其编号标识一致，见图 9-34。

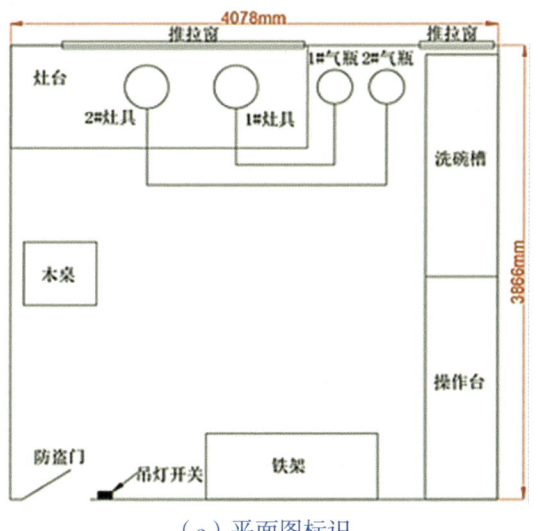

（a）平面图标识　　　　　　　　　（b）物证标识

图9-34　物证编号和标识

[**例9-21**]　某大型游乐设施现场，滑车成组制动摩擦片损伤，现场有多组成组制动摩擦片，物证固定时，对安装的制动摩擦片逐一编号标识、拍照，对应记录损伤状态，见图9-35。

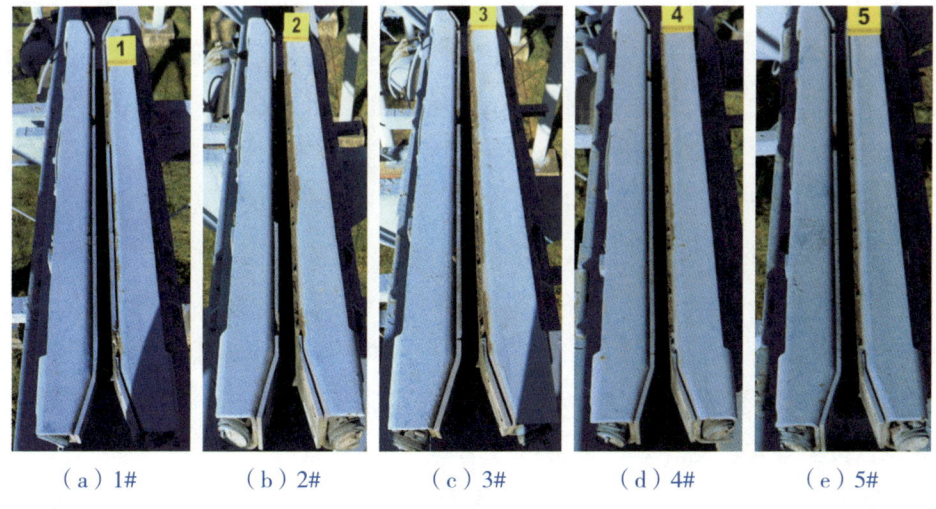

（a）1#　　　（b）2#　　　（c）3#　　　（d）4#　　　（e）5#

图9-35　成组制动摩擦片损伤物证编号和标识

防止物证污染。勘验和提取物证过程中不应在物证部位及附近用粉笔、圆珠笔或蜡笔等勾画，不应使用会腐蚀、污染、损伤物证的标识、标贴或工具等。提取物证所用的各种工具、包装物、容器等必须清洁环保，用同一工具提取不同部位的痕迹时，每提取一次，必须把工具擦拭干净；提取各种物证，特别是提取油脂、血迹、人体组织等，不应重复使用同一工具，不应用手直接接触物证。

妥善包装物证。可直接提取的实物物证应单独包装，包装用于检验的物证时应防止交叉污染或混杂，包装断裂物、脱落物应注意不损坏物证边缘，需要运输的物证要有防止物证运输损伤的措施。

9.3.3 断口保护

保护断口表面，使断口表面保持断裂瞬时的真实状态，防止重要的证据发生损坏、模糊、失真，保护断口对后期的断面微观分析非常重要。

不应触摸、擦拭、对接断口。触摸、擦拭会污染断口断面，遗失断面上可能存在的微小介质物证等，对接断口会导致断口断面摩擦、碰伤，二次损伤断面特征。很多人现场发现断口后，有很多不自觉的错误行为，破坏了断口特征，导致断口信息失真。有人喜欢用手去触摸断面，手上的水汽、油脂、微小介质等让断面上的色泽、微小介质物证特征受到损害，断面发生氧化、污染；有人使用错误方法去保护物证，在断口表面覆盖一层布、毛巾、棉花等容易迁移的微小介质物品，人为地增加了断面上的介质；有人看见断口上有污染物，用轻质油或水去洗掉或擦拭，无意中擦掉一些附着在断面上的松散物质，人为地抹去了断面上松散物质的信息，断面发生污染或锈蚀；还有人喜欢将断裂样品对接，恢复断裂物品原来形状，实际上并没有获取到任何帮助和有用的信息，对接碰撞、摩擦损坏了断面原始特征，即使是需要样品复形，也是由有特殊经验的专业技术人员在实验室内，按照鉴定步骤和顺序来进行。

[例 9-22] 镁合金表面发生二次污染，扫描电镜下观察表面被污染物遮盖，不能观察到真实的金属表面微观状态，见图 9-36；某齿轮断裂，当事人对接断口，表面留下对接碰撞痕迹，见图 9-37。

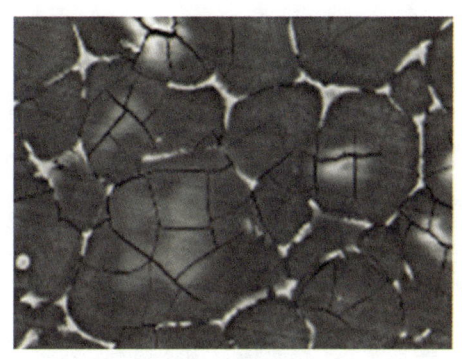
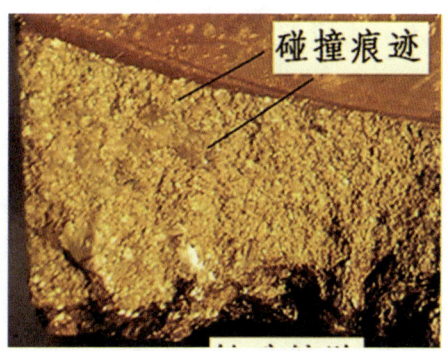

图 9-36　镁合金表面污染　　　　图 9-37　齿轮断口碰撞痕迹

防止断口表面发生二次机械损伤或化学侵蚀。设备服役过程中和失效后，构件等难以避免地会发生机械损伤和化学侵蚀，这些损伤特征记录了服役和失效过程信息，应特别保护。提取、搬运过程中，要坚决避免断口表面与其他物体碰撞，小件物品可以用无污染的样品袋包装，大件物品应制作相应的固定架、箱，做好断面包装防护后才能运输。

被海水或灭火剂等有腐蚀性的液体污染的断口需要及时清洗。污染的断口可以用清水冲洗，然后用丙酮或酒精漂洗，用电吹风或吸潮纸做干燥处理，贮存时可以适当放置干燥剂覆盖断口。

被淤泥、污物等污染的断口需要尽快清洗。清洗断口表面的碎屑、污染物时，应根据污染物在断口表面的黏附程度，选择用干燥空气吹、毛刷轻刷除去较多的污染物，用丙酮、乙醇等有机溶剂时，应在人工监视状态下浸泡、洗涮除去黏附污染物，用弱酸或弱碱性溶液时，应在人工监视状态下浸泡、刷洗除去固化污染物，用超声波清洗机清洗除去微小介质、油质等污染物。应尽量避免用水洗涤断口表面，选择的各种溶液应当只浸蚀掉表面的污染物，对断口本身基本不起反应。上述断口表面处理应十分小心、谨慎，应当由有经验的专业人员操作，否则这些方法常常会使断口处的一些细节受到影响。

干燥断口可用压缩空气轻轻吹干断口表面，操作中应注意保护好断口上的附着物。

9.3.4 物证提取

物证提取按照现场物品性质可分为原物提取、附着物提取、非原物提取、对照样品提取等。

原物提取是全部直接提取能反映事故、与事故形成相关联的现场易分解的设备零部件、小件物品、散落物的建筑物碎片、玻璃碎片、油漆碎片、塑料碎片、服装、工具、物料、辅料等固体物质。

附着物提取是全部直接提取能反映事故、与事故形成相关联的黏附在设备零部件、物品、建筑设施等表面上的物质、介质等。

非原物提取（原物复制法提取）是采用相应的照相或录像法、静电吸附法、石膏灌注法、硅橡胶提取法、硬塑料提取法、复印法等对无法进行原物提取的物证提取的技术手段。

对照样品提取是提取事故现场同类型设备零部件、物品、物料等，用于比对、验证与事故关联物证参数、性能、特征等的技术手段。

物证提取按照现场物品状态可分为固态物质提取、气态物质提取、液态物质提取。

固态物质小件物品可以直接提取，已经和设备分离的装置、零部件可全部直接原物提取；大件物品可拆卸提取，拆卸应使用防止物证二次损伤的合适工具，不能拆卸的零部件可切割提取。提取物品时应戴好防护手套，不应用手直接接触物证重要特征部位；金属碎片、磨屑、固态腐蚀物、老化碎片、电气火灾熔珠、电线断头、燃烧残留物、燃烧产物等较小的固体物可用镊子直接夹取；黏附在小件物品及易分解零部件表面的物质，应将有关物品和零部件全部提取，黏附在较大物体表面的固体物质，可根据物质性质，用刀片刮、镊子夹等方法提取，需要时，可采用剪、挖、锯等方法将物证连同部分载体一并提取；烟熏痕迹可用竹片、刀片轻轻地刮取，用脱脂棉擦取，或将物品全部或部分连烟尘一并提取。

电击斑上的金属沉淀物、漆膜等可用火棉胶、AC 纸、透明胶黏取或采用硬性黏贴提取纸黏取；混杂在木粉、灰尘、沙土中的铁屑、铁件、铁粉等可用磁铁吸引；使用火焰切割工具、手持式砂轮切割机、手工锯、刀具截取物证时，应对物证特征部位采取有效保护措施，根据材料特性、切口横截面积等留出物证特征区域与切口足够的距离，保证截取不会影响材料特性和物证特征。

[例 9-23] 某玻璃幕墙用中空钢化玻璃发生玻璃自爆事故，鉴定时需要对开裂玻璃"蝴蝶斑"核心区域取样，钢化玻璃破碎后碎片很容易脱落，证据灭失。取样时先拍照固定"蝴蝶斑"宏观形貌，用无污染记号笔标注"蝴蝶斑"核心区域，再用透明胶带黏贴取样区域玻璃表面，防止玻璃散落，确认固定有效后，用工具在"蝴蝶斑"周边打孔，完整地获取"蝴蝶斑"核心区域样品，见图 9-38。

（a）整体宏观形貌　　　　　　　　（b）提取样品标识

图 9-38 "蝴蝶斑"宏观形貌和提取样品

气态物质提取应使用专用装置，采用抽气法、真空瓶法，用橡胶袋、塑料袋提取，有毒、可燃气体提取应采取有效的安全保护。

液态物质提取应根据水、油、油脂、血液的量，使用移液管、注射器、吸管、滤纸、纱布或脱脂棉擦取，选用玻璃器皿盛装。

遗留在光滑路面上的加层轮胎花纹痕迹，可采用静电吸附法提取；遗留在路面上的立体痕迹，如泥土路面上的足迹、轮胎花纹痕迹等，可采用石膏制模法提取；对于有一定弹性而且不易断裂和破碎物体表面的痕迹，可用硅橡胶加一定量的过氧化物的方法固化塑形提取；物体表面较大面积的痕迹可用硬塑料塑型提取。

从物体尺寸结构上看，所有的实物物证都有可能出现尺寸很小的微量物质，国家标准对很多微量物证规定了相应的提取方法，提取时可按标准实施。

物证提取后，可根据材料性质，使用防氧化、无腐蚀、无污染的膜或油脂保护断口。运输过程中要防止断口碰撞二次损伤物证；储存物证要防止物证变化和变质，应有合适的温度、湿度控制方法；保密或贵重物证要有相应的保管措施，防止泄密和遗失；凡是涉及特殊要求的材料物证都要询问委托方、当事人材料特点，根据要求采用合适的物证保护方法。

10 物证检验检测技术

10.1 物证检验仪器设备

事故现场受环境和资源条件限制，难以获得某些物证特征，而实验室内固定安装的仪器设备检测环境条件容易控制，测试精度高，测量误差小，能更准确地获取物证微观特征和物理化学特性，解决与物证有关的同一认定、物证种属认定，以及其他专门技术性问题。

特种设备事故物证检验设备配置主要针对金属材料，少量高分子材料、无机材料、润滑油脂、腐蚀性化学介质产物，部分特种设备安全部件。

物证检验的主要项目为事故中零部件几何参数、断口状态、痕迹的宏观和微观形貌、材料及介质形态和组分、材料力学性能、安全零部件性能等。

特种设备事故物证检验，常用设备主要包括常规参数性能测试设备、微观放大观察设备、材料力学性能检测设备、材料化学成分检测设备、特种设备安全部件或装置专用检测设备等。

10.1.1 常规参数测量设备

特种设备物证常规测量的物理参数，主要有特种设备整机和零部件尺寸、几何公差、电气参数、压力、流量、温度、照度、噪声等，常规化学参数有锅炉水质的硬度、氯化物、碱度、pH、燃气的气体成分、有毒有害气体成分等。

尺寸、几何公差测量通常使用钢直尺、游标卡尺、千分尺、百分表、测厚仪、激光长度测量仪等常规测量仪器；精确测试可使用显微镜、量块、专用量规等；有特殊测试需要时应配置有相应级别的金属检验平板和测试辅助工装夹具等。

电气参数测量通常使用对应精度等级的电流、电压、电阻单一测试仪表或综合测试仪器，各种随时间变化而有不同信号幅度的电压、电流、频率、相位差、调幅度的波形曲线示波器，耐压、绝缘、阻燃电气参数测试应配置相应的高压测试装置和防触电安全设施。

噪声测量通常使用频响宽、灵敏度高的精密声级计，配置带通滤波器可以将噪声信号显示或贮存起来，增加输入转换器并接加速度计可用作振动测量。温度测量通常使用接触式热电偶、非接触红外温度计，使用热成像设备可以记录和区分不同位置区域温度。照度测量通常使用光电照度计。

锅炉水质测量通常为常规湿法化学分析法，测量水质硬度、氯化物、碱度；pH 使用 pH 计测量。燃气的气体成分主要使用气相色谱仪器检测，有毒有害气体根据类别配置专用的检测设备。

测量用设备应经计量检定或溯源符合规定，检测范围和最小分度值应满足被检测参数标准规定，检测环境应符合被检测参数标准规定的范围，需要时应有设备仪器使用环境记录。

10.1.2 微观观察测量设备

微观观察测量设备主要是利用设备光学和电子放大、照相录像功能，观察物证表面、断口、痕迹的细微特征、形态，测量、固定和提取微观特征证据。

利用不同的光学原理，可见光显微观察照明技术有明场、暗场、荧光，不可见光显微观察有紫外线、红外线、X 射线，成像有相差、干涉相差、偏光，结构有倒置、实体、比较等，具体应用要根据观察对象特性、需要获取的证据特征，选择不同的显微观察方式。

体视显微镜通常用于观察物证表面形态，包括痕迹形态、断裂源和裂纹走向、材料表面磨损或腐蚀状态、腐蚀产物状态等。体视显微镜放大倍数一般在 20～200 倍可调，具有正像三维立体感、工作距离长、焦深大、视场直径大等特点，可从不同角度观察被检物体；被观察检材通常不用专门加工制作，可直接放在镜头下配合照明观察，便于操作；配置显微镜摄像头和计算机系统可分析、固定、提取物证特征图像。

金相显微镜主要用于观察裂纹扩展方式，材料的相，材料组织组成物，晶粒及亚晶，非金属夹杂物，晶体缺陷的数量、形貌、大小、分布、取向、空间排布状态等。金相显微镜综合倍数一般在 20~1500 倍可调，分辨率低、景深小；被观察样品需要提前制备，需要配置金相试样加工设施，制备样品和观察样品需要专业技术人员操作；金相显微镜配置照相设备和计算机系统可分析、固定、提取物证特征图像。

扫描电子显微镜（SEM）主要用于观察材料表面形貌、损伤细微特征结构。扫描电子显微镜放大倍数一般在 20 万~120 万倍连续可调，分辨率高、景深大、视野大，成像有立体感，金属样品可以直接观察不需要特殊制样，不导电材料需要制样处理。配置高温、低温装置可观察金属与合金的相变过程和氧化过程，配备 X 射线光电子能谱仪等附属设备，可同时进行显微组织形貌观察、微区成分分析，配置的照相设备和计算机系统可分析、固定、提取物证特征图像。扫描电子显微镜不能分辨颜色、不能定结构，需要专业技术人员操作，一次性投入费用较高。

透射电子显微镜（TEM）的分辨率高，能区别扫描电子显微镜不易区分的形貌细节，能确定第二相的结构，配备能谱仪可测定第二相成分，样品制备要求高，多用于材料结构等的研究。

10.1.3 力学性能检测设备

力学性能检测设备用于检测材料或构件承受各种外加载荷时所表现出的拉伸、压缩、弯曲、扭转、冲击、交变应力等力学性能。主要包括材料的屈服强度、抗拉强度、伸长率、截面收缩率、冲击韧性、疲劳极限、断裂韧度等。

材料力学性能测试设备配置应根据测试的范围、种类来选择，材料力学性能试验方法均有对应的技术标准，试验样品均须预先制备。

万能材料试验机用于材料拉伸试验，可测量材料的抗拉强度、伸长率、弹性系数等，增加附具可做压缩、弯曲、环刚度试验，可直接获取材料物理性能参数数据。

冲击试验机用于测定材料在动负荷下抵抗冲击的性能，配置高、低温器件可以测量在不同条件下材料的抗冲击性能，可直接获取材料力学性能数据。测试不同材料设备配置不同，摆锤式冲击试验机通常用于测量金属材料抗冲击性能，管材落锤冲击试验机通常用于测量塑料管材、板材和塑料制品的抗冲击性能。

硬度计用于测量材料抵抗硬物体压入其表面的能力，可直接获取材料物理性能参数数据。金属材料硬度包括布氏硬度、洛氏硬度、维氏硬度，帮助估计热处理工艺偏差、材料抗拉强度近似值、加工硬化或由于过热、脱碳或渗碳、渗氮所引起的软化或硬化等。邵氏硬度计用于塑料、橡胶、合成树脂等硬度测量，巴氏硬度计用于测量玻璃钢制品、增强或非增强硬塑料、铝及铝合金、黄铜、纯铜等较软金属硬度测量。

10.1.4 化学成分检测设备

化学成分检测通常按物证种类配置常规湿法和干法化学分析设施和电化学测试仪器，根据检测对象配置相应的光谱、色谱、波谱、质谱、X射线、热分析类仪器，以及仪器间联合使用。

全谱直读火花光谱仪是固体金属和合金样品元素快速检测常用设备，测试准确度较高，使用方便，可直接获取测试区域材料化学成分百分数，但测试区域固定后不能确定样品总体含量的平均化学成分。

电子探针常用于立方微米体积内材料化学成分、细小的夹杂物、第二相的成分、晶界或晶界附近元素富集或贫化检测，但电子探针不能代替常规的化学分析方法确定总体含量的平均成分，不能做H、He、Li元素的分析，也不能作为材料成分是否合格的判据。

俄歇电子能谱仪（AES）主要用于薄层表面成分分析，测定Li、Be、C、N、O时灵敏度比电子探针高很多，但不能测定H、He。

气相色谱主要用于测定分析低分子量、低沸点有机化合物和永久性气体，配合程序升温分析高沸点有机化合物，配合裂解技术分析高聚物，不能检测挥发性差、热稳定性差和离子型样品，有机物占20%。

液相色谱主要用于测定相对分子质量大（>500）、不易气化、稳定性好的物质。既可分析低相对分子质量、低沸点有机化合物，也可分析中、高相对分子质量和高沸点有机化合物，对于热不稳定、难挥发、有生物活性及离子型化合物均可检测，有机物占80%。样品必须是气体或液体，前处理需要将待测物提取到某种溶剂中。火灾事故物证、化工产品事故物证使用较多。

红外光谱仪主要用于鉴别未知样品中存在哪些有机官能团，通过与红外光谱标准谱图库比对，获得未知化合物的成分，在有机物的同一认定和高分子材料老化检测中应用广泛。红外光谱仪与显微镜联合使用的红外成像技术多用于研究非均相体系的形态结构。

X射线分析仪主要是分析产物的相结构，确定断口上的腐蚀产物、析出相或表面沉积物，它一次可以获得多种结构和成分。

10.1.5 专有性能检测设备

专有性能检测设备是针对特种设备产品特殊的技术指标，必须使用的检测设备和装置。特种设备特殊技术指标包括压力产品无损检测结果、锅炉热能转换及效率、特种设备安全附件和安全装置等。

无损检测是不损害物证样品性能，对物证内部及表面的结构、性质、状态及缺陷的类型、性质、数量、形状、位置、尺寸、分布及其变化进行检查的方法。常用的有射线、超声、磁粉、液体渗透检验检测方法，其他无损检测方法有涡流、声发射、热像/红外、漏磁、交流场、远场、超声波衍射时差等。无损检测通常需要专业技术人员操作。

红外热成像检测是利用红外热像仪或热成像装置，将被测试目标发射的不可见红外辐射转换为可见光图像，对该目标的内部结构完整性或使用性能等进行分析、评估的测试技术。红外热成像检测可针对设备系统或部件总分进行全面分析，非接触方式对被检测对象无损伤，常用于在役锅炉、管道、热源物体查找结构缺陷、泄漏点位、热源区域、热流运动方向等。

特种设备安全附件主要有承压内特种设备的各种安全阀、压力指示、温度指示、流量指示等，机电类特种设备上安全用限位装置、制动器、报警装置等。安全附件的检测需要专业的计量检定和检测装置及专用的试验检测设施和装置，通常按检测需求和业务量配置。

10.2 物证检验技术方法

10.2.1 物证样品处置

提取的物证的数量、尺寸、体积、痕迹特征各有不同，实验室内检测应对样品做前期处置。样品处置通常包括分配试验样品、清洁试验样品、制备试验样品等工作。

分配样品应根据物证材料的性质、特点、现场勘验结果、物证数量，安排合适、合理的检验顺序，保留适当的复核、验证原始物证，标识好物证，避免检材混淆和证据灭失。

均质物证易于分样，它们是物理和化学性能相对各向同性的样品，如液态、气态、粉末状或颗粒状物证，分样时对盛装物证的容器进行唯一性标识编号以固定样品。

非均质物证物理和化学性能因部位不同存在差异，固体样品应选择、确定合适的分样方式，对照物证分样前后照相或描图记录。如断面和裂纹分样前应有整体的宏观照片或描图，标注具体分样图示位置和唯一性标识编号，避免样品分割后混淆；检测需要均值的应按照规定标准方法制作样品，如湿法化学分析萃取处理样品等。

切割断口样品可选择采用火焰切割、锯割、砂轮片切割、线切割等方式，切口与断口应保留一定距离，防止断口形貌及微观结构发生变化，选择冷却剂应注意不能腐蚀断口表面。断口样品应从断裂构件上选取具有充分代表性的断面，缩小检查断口的尺寸范围时不得二次损伤、污染断口。

通常运动部件断裂的后续动作会让断口沾染上其他附着物，部件受化学损伤后表面会有腐蚀产物，自然环境中有的断口会受到氧化或污染作用，检验前需要对断口进行处理。清洗断口时应根据断口材料性质、表面污染物性质、黏附程度等，选择合适的、无二次损伤断口的方式清洗，只有正确地清洗才能清晰地反映断口的真实形貌特征，排除假象和干扰。

常规断口清理是为了去掉断裂后才黏附在断面上的物质，使之保持断裂时的原样。断口有灰尘或其他附着物，可用压缩干燥空气吹或使用毛刷轻轻刷掉附着物。

断口有机械附着物，可用塑料胶带或复型用的醋酸纤维薄膜反复黏揭断口，以获得清洁断口。当断口上有与事故关联的有用附着物时，应注意提取和保存。

断口有油污时，可先用汽油清除油渍，再用丙酮、二氯甲烷、三氯乙烷、石油醚等有机溶剂浸泡；也可放在超声振荡器中进行超声波洗涤，加速清洗过程，有的污染物与断口表面结合较为牢固，可在浸泡后用软毛刷擦洗。通常不能用水来清洗金属断面，但物证被海水或灭火剂液体污染后可以先用蒸馏水洗，再用丙酮或酒精漂洗后干燥。

潮湿空气中暴露时间比较长、锈蚀比较严重的断口，以及高温下使用的有高温氧化的断口，一定要除去氧化膜后才能观察，当用一般有机溶液、超声波洗涤和复型法都不能洁净断口表面时，可采用化学清洗。如碳钢及合金钢断口上的锈蚀，可采用1%氢氧化钠溶液煮，或采用15%（体积比）酪酐、8.5%磷酸、76.5%水的溶液加热到85~95℃，煮约2 min清除。化学法清洗后的样品，应立即放入稀碳酸钠或碳酸氢钠水溶液中清洗，再用蒸馏水、无水酒精清洗吹干，放入干燥罐中保存。为防止生锈或腐蚀，可在断口表面涂一层有机保护材料，如常用的三氯乙烯透明塑料。

清理是排除断口上的假象，要注意断面上原有的腐蚀产物、冶金夹杂和嵌入物，应保持断裂时的原样，防止清理过程损害、丢失物证。清理的方法有很多，应根据断口情况选择，材料性能不同选择的清洗溶液不同，一定要按照专业清洗技术进行，防止二次损伤物证。清洗后的断口应放在干燥器内保存。

固体样品制备应遵从相应的技术标准，通常使用机械加工方式制备固体样品。某些特殊物证不一定满足对应标准对力学性能试样尺寸的规定，超出标准约束范围，应采取适宜的技术处理方法，制作比例样品。制作样品应尽量考虑对比样本、平行样本、保留样本，断裂件取样试验时尽可能只做断裂的一个断面，保留与之对应的断面实物作为后期核查的样本，不因制样失去追溯机会。

通常主断口分析更全面和直观，当主断口受到破坏或腐蚀，以致断裂源大部分信息都很模糊时，就需要打开从主裂纹分叉出来的次裂纹断口并对其进行观察分析。打开裂纹是要分析裂纹的起始和走向、经过的路径、裂纹中有无其他物质、裂纹两侧附近区域有无材料变化。次裂纹可能会比主断口提供更多的信息，次裂纹可能闭合得更紧些，它存在的时间也比主裂纹短，可能不受腐蚀或受腐蚀程度轻一些。

打开裂纹要注意方式，应先标记裂纹起始位置，通常选用机械外力方式或机械加工方式打开裂纹，打开时应根据裂纹的位置、扩展方向选择受力点和加工方法，避免断口和裂纹显微组织和表面受到二次损伤。

10.2.2 宏观特征检验

实验室内宏观特征检验是在较好的检测环境和辅助设施条件下，通过目视和低倍放大设备观察、测量、固定、记录物证的各种形貌特征的活动。通常会采用残件复原、拼合、比对来判断裂源、裂纹扩展方向，初步分析物证特征与事故关联程度，事故过程中物证参与先后关系和时段，确定物证在事故中的证据作用和有效性。

宏观特征检验的主要对象是零部件残骸、断口、裂纹、痕迹、介质物品、腐蚀产物、污染物等。宏观特征主要针对物证外观状态、材料颜色、结构变化、变形尺寸、错位大小、表面损伤、物质增加、物质脱落、裂纹走向、痕迹特征等。

[例10-1] 某塔式起重机发生倒塌事故，现场提取了与事故关联的力矩限制器物证。宏观特征检验发现，力矩限制器外部变形，环铁盖板外圆

周与环铁本体圆周明显错位,最大直径差 25mm;内部安装的微动开关触头与起重参数变化传感触头明显偏移错位;环铁盖板固定螺钉被电焊固定,安装微动开关的两个"弓形"钢板黏接方式不符合生产厂方规定方式,一端固定位置错误,力矩传动杆连接螺栓腐蚀等;物证宏观特征检验发现力矩限制器一直处于失效状态,见图 10-1。

(a)焊接、盖环错位　　　　(b)黏结、固定错误　　　　(c)触头错位

图 10-1　塔式起重机力矩限制器宏观形貌

[**例 10-2**] 某高空滑车游乐设施发生质量纠纷,现场勘验提取设备零部件摆动架、弹簧座。宏观检验检测摆动架轴头表面、弹簧座内圈表面均有明显锈蚀,磨损表面材料有明显黏着缺损,痕迹沿运动方向分布;轴头上半圆周面磨损,磨损最大深度约为 3.46mm,见图 10-2;弹簧座下半圆周面磨损,磨损最大深度约为 2.60mm,见图 10-3。物证检验发现摆动架、弹簧座有偏磨现象。

(a)部件宏观状态　　　　　　(b)磨损面宏观特征

图 10-2　摆动架磨损宏观形貌

（a）部件宏观状态　　　　　　（b）磨损面宏观特征

图 10-3　弹簧座磨损宏观形貌

金属零件中不可避免地存在各种微裂纹，制造过程中产生的裂纹属工艺裂纹，服役过程载荷作用产生的裂纹属使用裂纹。不是所有的裂纹都会引发事故，只有达到或超过临界尺寸的裂纹才会发生断裂，通常使用无损检测方法发现早期裂纹。常见的裂纹宏观形貌有龟裂纹、线裂纹、环形裂纹、周向裂纹、辐射状裂纹、弧形裂纹等。

龟裂纹外观类似于龟壳网络状，表面沿晶裂纹较多，深度不大，因零件表面（或晶界）的成分、组织、性能及应力状态与中心（或晶内）不一致，晶界成为薄弱环节并产生很大的内应力，形成晶界开裂。

线裂纹外观近似直线状，沿材料的纵向发展沿长，裂纹的两侧和金属基体上一般有氧化物夹杂或其他非金属夹杂物，典型的线裂纹是由发纹或其他非金属夹杂物在后续工序中扩展而形成的。

裂纹检验分析主要针对裂纹形成的裂纹源、萌生位置或起始位置、先后顺序、几何尺寸、位置、颜色、缺陷、附近的迁移附着物等。

裂纹通常易起源于零件的应力集中处或材料缺陷处，零件上较深的加工刀痕、刮伤、圆角、台阶是引起的裂纹的应力集中区，材料内部的折叠、拉痕、偏析等缺陷容易成为裂纹的起源。

[例 10-3] 某齿轮的轴断裂，断口低倍宏观检查发现，断裂面材料存在裂纹，裂纹整体呈线状，下段裂纹未联通，有分段，短纹沿长纹呈垂直状分布，短纹方向裂纹密集，疑似材料下段区域内部存在缺陷，见图 10-4。

后续材料检验证实了宏观检验判读意见。

 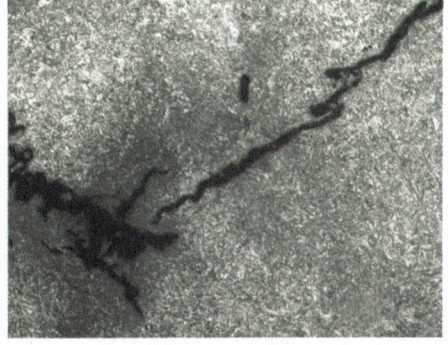

（a）低倍宏观形貌　　　　　　　　　（b）高倍宏观形貌

图10-4　齿轮轴材料断裂面宏观裂纹形貌

[**例10-4**] 某复合材料齿轮传动带产生破裂，使用高倍体视显微镜，采用直线连续拍照方法，分段放大拍摄裂纹宏观形貌，合成得到裂纹整体高倍放大的宏观形貌照片。高倍的物证宏观照片可观察到最先开裂区域橡胶、薄膜、纤维、钢丝绳断裂形貌；裂纹末端薄膜、纤维开裂，钢丝绳锈蚀、直径变化形貌。高倍的宏观形貌照片比低倍的宏观形貌照片更能直观地反映裂纹源区、延伸路线、各层材料表面损伤形貌，见图10-5。

（a）低倍宏观形貌　　　　　　　　　（b）高倍宏观形貌

图10-5　某复合材料裂纹宏观形貌分段合成照片

失效的零件上有时会有多条裂纹，最先开裂的称为主裂纹，主裂纹是引起事故的关键，后面开裂的称为二次裂纹，裂纹宏观特征检验需要判断裂纹主次和先后顺序、主裂纹源位置，根据裂纹的不同形貌，有多种方法判断主裂纹、裂纹源区和裂纹扩展方向。

宏观检验应依据材料的韧脆性,判断裂纹类型。脆性断裂裂纹判断方法有多枝形法、T形法,韧性断裂裂纹判断方法有变形法,环境断裂裂纹判断方法有氧化法等。

多枝形法是通过观察一组裂纹的分布、方向、相互的位置关系来判断主裂纹。通常主裂纹较二次裂纹宽而长,裂纹源区一定在主裂纹上,且在二次裂纹扩展的反方向上,即裂纹会合处为裂纹源,裂纹源后面才是产生的分叉裂纹,见图10-6。

T形法是通过观察两条或两条以上裂纹相互位置关系、扩展方向来判断主裂纹。裂纹产生有先后顺序,后产生的裂纹不可能穿越原有的裂纹,通过此方法可判断相遇裂纹中,横贯裂纹为主裂纹,断头裂纹为二次裂纹,见图10-7。

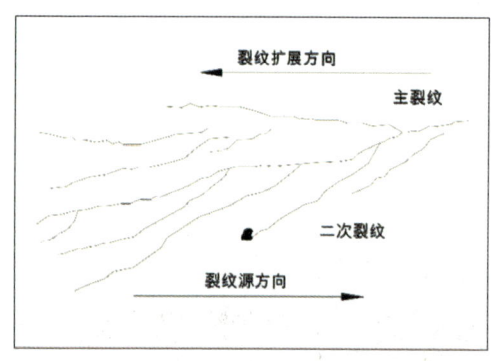

图10-6 多枝形法

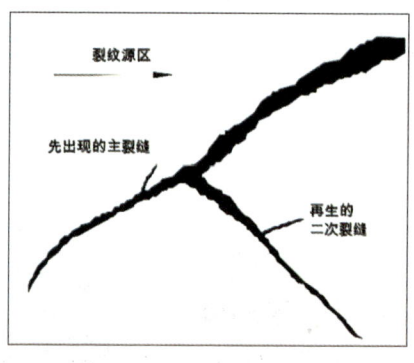

图10-7 T形法

碎块拼凑法是将散的断口,按照零部件原有的结构式样依次拼合,测量拼合后断口区域几何形状变化量,判断主裂纹位置。密合程度差的先断,密合程度好的后断,即变形量最大的断口为主裂纹。图10-8中 A、B、C 三个断口中 A 断口拼合后变形量最大,所以 A 断口是主裂纹,B、C 断口是二次裂纹。

[例10-5] 某铸造涡轮齿圈断裂为8件,收集残骸后使用碎块拼凑法,在平板上拼凑复原零件,见图10-9。拼合后,宏观观察、测量碎块拼合复型后各断面密合程度,图示断面的正、背面均为裂纹密合程度最差、断裂

零件变形最大部位,可以判断该断口为齿圈最先断裂的位置,其余均为二次断口,见图10-10。

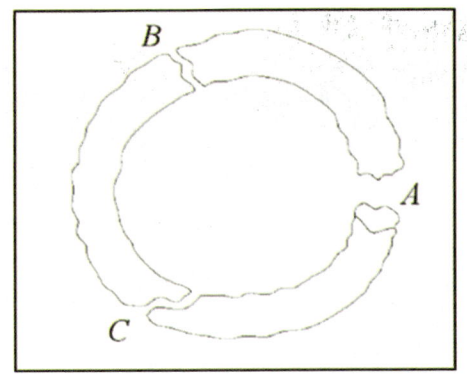

图10-8 碎块拼凑法

图10-9 拼凑涡轮齿圈碎块

(a)正面断裂面最大变形区

(b)反面断裂面最大变形区

图10-10 涡轮齿圈碎块拼凑后断裂面最大变形区

氧化法是通过观察断口表面氧化、腐蚀状态和程度来判断断裂的先后顺序。断口受腐蚀介质、温度、时间作用,氧化最严重区为最先断裂区,断口上氧化或腐蚀严重的部位为裂源。图10-11中O点是裂纹源位置;A区域为主裂纹形成的断口部分,金属先在此断开,氧化程度大变色明显;B区域是二次裂纹形成的断口。

[例10-6] 某法兰连接盘断裂。宏观观察断口下边缘有明显比上边缘严重的氧化、锈蚀形貌。铸造件下边缘存在冶金缺陷，早期开裂的裂纹部分已氧化锈蚀，工作时受力后裂纹继续扩展，最终不能承载发生完全断裂，见图10-12。

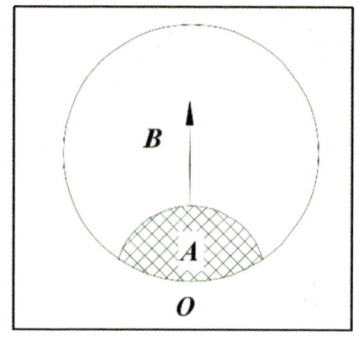

图10-11　氧化法

图10-12　法兰盘氧化裂纹源和断裂扩展方向

放射标记法是通过观察断口上棱线指向、分布规律来判断裂纹源位置。断口表面的放射花、"人"字纹特征表明裂纹在该区扩展快、不稳定，沿着放射方向的逆向、"人"字纹尖顶、放射状条纹的会聚点就是裂纹源位置，见图10-13。

人字形法是当表面无应力集中，裂纹源区在两组"人"字的会合处，即"人"字上部指向裂源。若表面存在缺口有应力集中，则"人"字下部指向裂源，见图10-14。

弧线标记法是观察断口上是否有疲劳弧线，若有则根据疲劳条纹的弧线反射中心来确定疲劳源。弧形迹线特征表明裂纹在扩展过程中，可能受到应力状态交变、断裂方向变化、扩展速率明显变化、环境介质影响，疲劳断口上的疲劳弧线见图10-15。

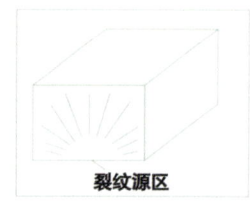
图10-13　放射标记法

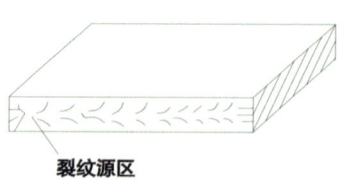
图10-14　人字形法

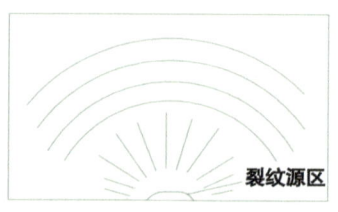
图10-15　弧线标记法

最小应变法是基于韧性材料断裂时，构件形成裂纹并逐渐裂开后，有效截面越来越小，宏观变形先小后大，变形小的方向为裂纹源区。

剪切唇法是通过观察剪切断口，发现剪切唇断口光滑，与主应力方向成45°角，外表面有毛边等特征，可判定剪切唇的对面为裂纹源区。

金属断口宏观检验主要针对断口的颜色、花纹、粗糙程度、边缘情况、位置等，初步确定断裂源的位置、特征，裂纹扩展的走向，不同断面特征区域大小等。断口的颜色包括氧化色、腐蚀产物颜色、夹杂物颜色、光亮情况等，花纹包括棱线、弧线、台阶、区域形态等，粗糙程度包括表面颗粒大小、致密度等，边缘情况包括断裂位置附近的变形程度、方向等，位置包括断裂的具体位置及其结构特征等。

断口宏观检察先用目视观察、分析断口整体的全貌形态，再使用低倍放大设备观察断口局部细微特征、缺陷，判断断裂产生是从一个部位还是从几个部位，断裂产生是从局部还是从很大范围，裂纹源区的起始位置、数量及裂纹扩展方向；观察断口上有无污染物，污染物分布、位置、数量有何特征，断裂与环境影响关系；观察断口表面粗糙度、断口边缘状态、断口上是否存在缺陷，通常缺陷附近都会存在应力集中和缺陷痕迹特征。

受拉伸应力破坏的断口，通常断面由纤维区、放射区、剪切唇三部分构成断面三要素，纤维区是裂纹源生成区域，放射区是裂纹扩展区域，剪切唇是最终断裂区。根据三要素在断口上所占比例，可粗略评价材料的性能，例如纤维区较大，则材料韧性好，放射区增大，则脆性变大；同时要注意，区域大小和位置与断裂部件的形状、尺寸、环境温度、加载速率、受力状态、金属材料的性能均有关系，有的断口三个区域都明显，有的只有两个区域明显，有的甚至三个区域均不明显。

按照断裂性质，将断口分为韧性断裂断口和脆性断裂断口，其断口宏观特征有明显的区别。一般来说，根据断口附近是否存在明显的塑性变形来判断。正常拉伸状态下，材料伸长率大于5%为韧性材料，小于5%为脆性材料。完全脆性断裂和完全韧性断裂是较少见的，通常是出现脆性和韧性的混合型断裂。

韧性断裂切断型断口宏观金属光泽较弱，断面较光滑，一般无放射线，但高强度钢中有时会出现放射线，断面与主应力的夹角约 45°；正断型断口宏观呈灰色，断面粗糙呈锯齿状，无放射线，断面与主应力的夹角约 90°。

脆性断裂有缺口的断面宏观呈白亮色，接近金属光泽，表面极粗糙，放射线明显，与主应力的夹角约 90°；低温脆性断口宏观呈结晶状金属光泽，断面粗糙，放射线不太明显，与主应力的夹角约 90°。

韧性断裂从断裂件塑性变形程度上看，断口有明显宏观塑性变形，断裂过程缓慢，边缘有与零件表面成 45° 角的剪切唇，断口附近有明显的塑性变形，如残余扭角、挠曲、变粗、缩颈、鼓包等；断口表面呈纤维状，纤维区吸收大量塑性变形功而丧失金属光泽，颜色灰暗。从断裂机理上看，微孔聚集型断裂是通过微孔形核、长大聚合而导致材料分离，断面形貌粗糙。从裂纹扩展途径上看，穿晶断裂是裂纹穿过晶内导致的断裂，韧性断裂和脆性断裂均可发生。

脆性断裂从断裂件塑性变形程度上看，断口基本不产生明显塑性变形，断裂发生突然，裂纹扩展区和终断区界线不明显；断口平齐、光亮、与正应力垂直，断口上常有"人"字纹或放射花样；材料内存在宏观裂纹源；中、低强度钢脆断温度常低于 15℃，高强度钢无明显温度效应。

[例 10-7] 某铜质铸造涡轮齿圈断裂为多段，在实验室内对第一断口残骸物证进行宏观特征检验。具体描述残骸件外观及各面宏观形貌特征。

残骸件外观特征：齿圈包括 2 个完整齿，齿圈断裂面均位于轮齿非承载面根部；残骸件沿齿圈圆周方向长度约 55mm、宽度约 70mm，齿圈断裂面厚度最薄处约 12mm、最厚处约 20mm、轮齿高度约 20mm、轮齿厚度已磨损 8mm、磨损台阶高度约 5mm；残骸件断口和轮齿整体原加工面呈铜质明亮金属光泽，齿圈背面保持原铸造冷却后与砂型接触后留下的黑色痕迹，表面大部分区域有明显铸造疤块痕迹。残骸件外观及各面宏观形貌见图 10-16。

（a）残骸件外观

（b）残骸件背面形貌

（c）残骸件顶面形貌（横向）

（d）残骸件顶面形貌（纵向）

（e）残骸件上端面形貌

（f）残骸件下端面形貌

图 10-16　残骸件外观及各面宏观形貌

(g)残骸件左侧面形貌　　　　　　(h)残骸件右侧面形貌

图10-16　残骸件外观及各面宏观形貌(续)

轮齿表面宏观特征：轮齿表面有不规则轻微擦伤痕迹，齿面可见明显规则的原始机械加工痕迹，齿根部位有凸起加工痕迹，凸起高度约0.4mm；轮齿左右两侧边缘有1~5mm不规则小缺口；齿顶右侧有底边长度约20mm的三角形缺损；距离三角形缺损3mm向齿面中部方向有底边长度约5mm的三角形凹坑；齿顶部位有少许磨损挤压飞边，左侧飞边长度约15mm，其余3~5mm不等；距轮齿左侧约30mm处有闭合裂纹，裂纹起于齿顶，向齿根方向延伸，长度约15mm；沿齿顶一侧局部有少许油渍污染。轮齿表面宏观形貌见图10-17。

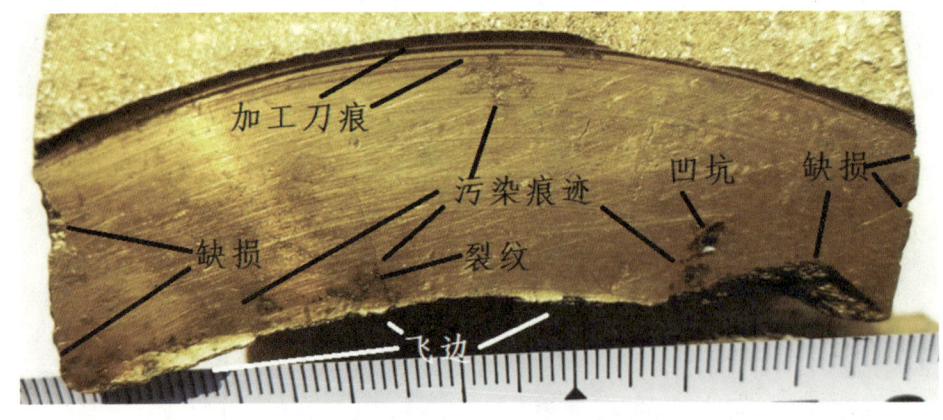

图10-17　轮齿表面宏观特征

齿圈左侧面断口距左侧边缘22mm处有起伏较小的台阶，整体断面相对平整；齿圈底部有明显铸造缺陷，材料缺损呈"山"字形，底边长度约

17mm、深度 4~7mm，缺损至轮齿加工刀痕位置，表面有较浅变色特征，变色特征在起伏面上，铸造缺陷是裂纹源；左侧面有二次碰撞平面痕迹，见图 10-18；反向观察断面，有明显的反光刻面、二次碰撞痕迹，该断口属脆性断口，裂纹扩展速率快，终断区不明显，见图 10-19。

图 10-18　轮齿断面宏观特征

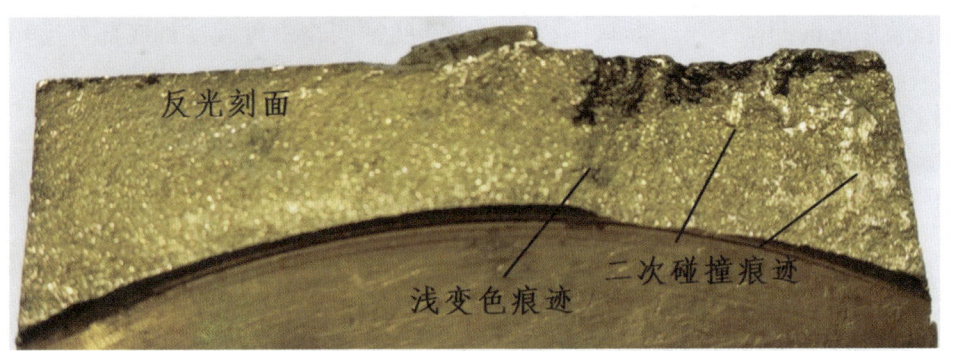

图 10-19　轮齿断面反光特征

从断裂机理上看，解理断裂是裂纹沿解理面形核、扩展而导致的脆性断裂，宏观断口平齐光亮，常呈放射状或结晶状，常见于体心立方和密排六方金属及合金，面心立方金属一般不发生解理断裂；剪切断裂是金属材料在切应力作用下，沿滑移面滑移分离而造成的断裂，纯剪切断裂完全是由滑移流变造成的断裂，某些纯金属，尤其是单晶体金属容易产生。从裂纹扩展途径上看，沿晶断裂是裂纹沿晶界扩展，断口颜色较纤维状断口明亮，多为脆断，尤其是材料过热、过大以及因环境介质导致的断裂更为明显。

断口粗糙程度是由断口表面众多微小断面的大小、曲率半径、相邻小断面高度差形成的，不同材料和不同断裂方式，其粗糙度可有很大的不同。通常，断口越粗糙，即表征断口特征的"花样"越粗大，其剪切断裂所占的比例越大；断口细平，多光泽，或者"花样"越细，晶间断裂、解理断裂所起的作用也就越大。

断面光泽与色彩是不同断裂方式下由构成断面的众多小断面形成的。在阳光下转动准解理、解理断裂的金属断面，可看到闪闪发光的小刻面；断面有摩擦、氧化以及受到腐蚀时，金属断口的色泽将完全不同。

[例10-8] 某锅炉安装完毕后，试车时水冷壁管破裂，取样时断口表面已经有较重锈蚀。样品未做任何处理，体视显微镜低倍观察，可见断面整体呈铁锈红色，管壁外表面边缘一侧颜色明显较深；邻近外表面边缘有1mm×3mm凹陷；整个断口面相对疏松，腐蚀产物中可观察到底部有反光小刻面，见图10-20。

（a）色差、凹陷特征　　　　　　　（b）反光刻面特征

图 10-20　水冷壁管破裂断面形貌

断面与最大正应力的夹角与应力状态、材料、外界环境直接相关。平面应变条件下断裂的断口，与最大正应力垂直；平面应力条件下断裂的断

口，与最大正应力成 45° 角。观察时应测量断口特征区面积大小、分布位置、分界等。

疲劳断口宏观形貌在低周疲劳时断面呈白亮色，较光滑，放射线不明显，板材有近似"人"字纹，一般可见疲劳弧线，但在恒载时无疲劳弧线，断口与主应力的夹角在裂纹扩展速率较小时接近 90°，较大时接近 45°；高周疲劳断面呈灰黑色，光滑，放射线明显且细腻，一般可见疲劳弧线，应力幅变化越大越明显，断口与主应力的夹角约 90°。

疲劳源的起始次序由疲劳条带的密度、疲劳源区的光亮度、台阶情况来确定。最初疲劳源区经历交变负荷作用的时间长，疲劳条纹密度大，同时光泽比较明亮。若材料对缺口不敏感，则疲劳条带绕着裂纹源或成为向外凸起的同心形状；若材料对缺口敏感，则疲劳条带绕着裂纹源开始较为平坦，向外扩展一定距离后即以反弧形向前扩展。

[例 10-9] 某石油平台上使用的减速器齿轮断裂，现场拍摄齿轮断裂面照片传真至实验室进行分析。齿轮外观和断裂位置见图 10-21，齿轮断口宏观形貌见图 10-22。

（a）齿轮外观

（b）断裂位置

图 10-21　齿轮外观和断裂位置

图 10-22　齿轮断口宏观形貌

观察齿轮断面，齿根右边缘平整、颜色稍暗；齿根距齿顶中部的弧形区域相对平整，颜色较为明亮，有弧形反复接触压平白点，有明显弧形疲劳弧线；弧线上方有明显放射棱线。齿根右边缘区域为裂纹源区域，齿根距齿顶中部的弧形区域为疲劳扩展区域，放射棱线区域为终断区。初步分析宏观形貌，可知轮齿根部存在早期缺陷。

根据断口宏观观察结果，初步判断断口的基本特征、变形情况和裂纹的宏观走向、断裂的类型和方式、裂纹源区和零件几何结构间的关系、断口或裂纹与零件形状的关系、裂纹源区与零件最大应力截面位置的关系、断口与变形方向的关系、断口与受力状态（主应力或切应力）的关系等，寻找引起断裂的主要原因。

具体观察断口时，可通过改变观察方向和位置，调整照明灯光亮度，使用紫外线等特殊光源，调整放大倍率等方式，多角度地观察断口特征、附着物特征，具体分析特征时要考虑各种综合因素，不能仅凭单一特征简单地确定失效模式和失效原因。

腐蚀产物是腐蚀过程生成的物质，通常附着在物证表面，腐蚀程度大的宏观上可直接目视观察到；腐蚀程度发生在微区和局部时，借助放大设备观察断面，发现附着物。腐蚀产物的颜色随腐蚀介质和被腐蚀材料不同而变化，通常表面有明显变色，局部呈铁锈色、铜绿色、灰白色等，有些有结块、颗粒、材料表面腐蚀孔洞或凹坑等，宏观检测要确定腐蚀产物位置、尺寸、形状、数量及分布状态等。

[例 10-10] 某橡胶和金属复合材料构件，目视观察表面缺陷不清晰，体视显微镜低倍率观察复合材料表面有微孔，橡胶表面有微孔，尺寸约为 $50\,\mu m \times 75\,\mu m$；表面有腐蚀产物渗出，颜色为铁锈红色，见图 10-23。

 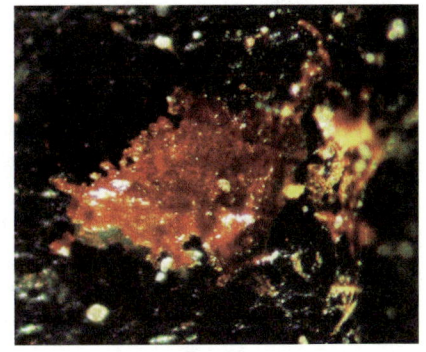

（a）低倍　　　　　　　　　　　　　　（b）高倍

图 10-23　复合材料表面微孔、腐蚀点宏观形貌

[例 10-11] 某使用中的钢丝绳发生断裂。宏观观察断裂区域钢丝绳表面有明显锈蚀，见图 10-24；体视显微镜下低倍观察断裂区域，未断裂的钢丝有明显腐蚀坑和缩颈现象，见图 10-25。

 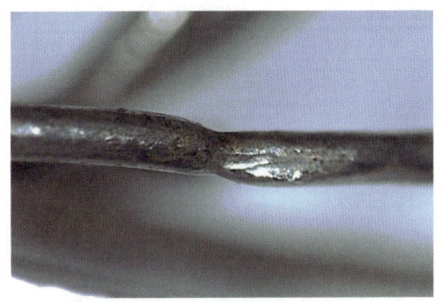

图 10-24　宏观锈蚀形貌　　　　　　　图 10-25　腐蚀坑和缩颈形貌

痕迹宏观检验主要针对痕迹本身的花样形态、塑性变形、变色区、颜色种类、色度、反光性、反应产物、分离物、污染物等的形状、尺寸、数量及分布状态等，以及痕迹区域的污染物、反应产物的化学成分、痕迹区表面耐磨性、耐蚀性、显微硬度、残余应力分布、表面电阻、电荷分布、磁性、涂 / 镀层的结合力等。

痕迹物证检验往往通过比高方法确定运动构件相互关系和位置，特征重叠方法确定造痕物痕迹形状与受痕物痕迹形状同一性，痕迹受力方向确定造痕物与受痕物运动轨迹符合性，比对、拼接方法确定被鉴定设备、物体、人体上的附着物色、质、厚、纹理及其他特征相吻合程度，拼接痕迹部位的线、面，确定痕迹衔接、吻合程度等。

压入性机械痕迹（压印）一般形貌比较规则，与造痕物的接触部位的形状比较吻合，能较好地反映造痕物的几何特征，压印的边界也比较清晰。压入性机械痕迹在与表面垂直的方向上的变形最大，往往形成容积性压印痕迹。

[例10-12] 容器表面质检钢印标记、金属铭牌，痕迹字体和冲模字体较吻合，容积性压印痕迹与冲模时施加的力值相关，见图10-26。

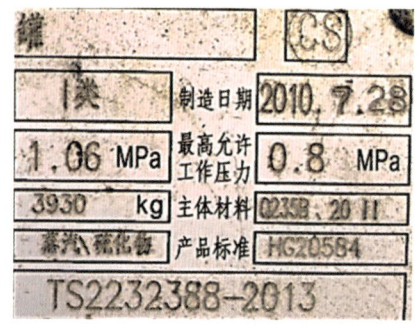

(a) 式样1　　　　　　　　　　(b) 式样2

图 10-26　钢印标记压印痕迹形貌

[例10-13] 某起重机工作时，吊钩楔形接头钢丝绳滑脱发生事故。宏观检验发现，楔套内表面两U形面有明显的直线状钢丝压痕，见图10-27；上、下平板局部有少量钢丝压痕，一边为弧形压痕，另一边为发散钢丝压痕，见图10-28。物证痕迹检验证实钢丝绳在楔套内是发散状态。

(a) 前面　　　　　　　　　　(b) 后面

图 10-27　U形面钢丝直线状痕迹形貌

（a）上面　　　　　　　　　　　（b）下面

图 10-28　上、下平板钢丝弧形、发散痕迹形貌

滑动性机械痕迹最常见的是犁痕（犁沟）。形成犁痕时，先压入、后划痕的始点有压入性机械痕迹特征，直接犁入起点处常有材料堆积，会出现凹陷，划痕深度和宽度有渐变段；法向载荷不变时，划痕中间阶段痕迹特征较稳定，沟宽保持不变，沟底为平行的细微划痕，沟边缘呈脊状；一次性划痕结尾往往带有突然性，末端有明显材料堆积，末端的特征比起始端更为明显，划痕的宽度和深度随载荷变化；一般金属材料向犁沟外侧的两边或一边翻起（取决于两物体表面所成的角度），翻起的金属毛刺的倾斜方向为表面犁沟的形成方向。有时，仔细观察犁沟的内侧边缘，还会发现有许多细小的毛刺，这些毛刺的倾斜方向与犁沟的形成方向一致。

痕迹分析是通过观察痕迹区域的整体形貌，利用放大设备观察痕迹生成轨迹、方向、损伤程度、形成先后过程，分析事故中痕迹与造痕物的运动关系、与造痕物作用力大小的关系、与造痕物接触的先后关系等。

火灾事故电线物证痕迹主要针对火烧熔痕、一次短路熔痕、二次短路熔痕，实验室中利用体视显微镜低倍观察其痕迹特征。

火烧熔痕通常宏观上导线本体有熔化过渡痕迹，熔珠直径为线径的1~3倍，熔痕表面不光滑，有氧化凹坑和麻点特征，铜导线火烧熔痕宏观形貌见图10-29。

短路熔珠为导线发生短路时，飞溅形成的熔珠，一般粒径较小，表面有金属光泽，与短路熔痕特征相似。铜导线短路熔珠宏观形貌见图10-30。

图 10-29　铜导线火烧熔痕宏观形貌　　图 10-30　铜导线短路熔珠宏观形貌

铜导线一次短路熔珠直径通常为线径的 1~2 倍，铝导线一次短路熔珠直径通常为线径的 1~3 倍，短路熔珠位于导线端部或歪在一侧，熔珠表面有光泽，铝导线短路熔珠表面有时有氧化膜、毛刺或麻点。铝导线一次短路熔痕宏观形貌见图 10-31，铜导线一次短路熔痕宏观形貌见图 10-32。

 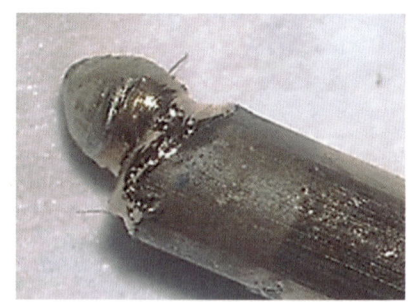

图 10-31　铝导线一次短路熔痕宏观形貌　　图 10-32　铜导线一次短路熔痕宏观形貌

铜、铝导线二次短路的熔珠直径一般大于一次短路的熔珠直径，小于火烧熔珠直径，表面有微小凹痕、裂纹或塌陷现象，金属光泽性较差。铜导线二次短路熔痕宏观形貌见图 10-33，铝导线二次短路熔痕宏观形貌见图 10-34。

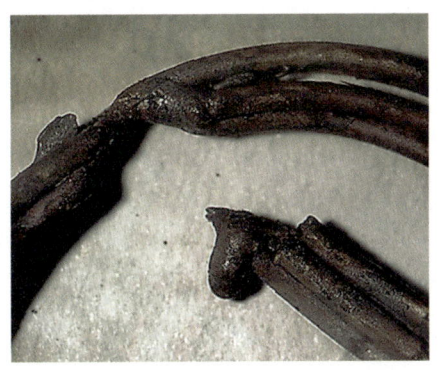
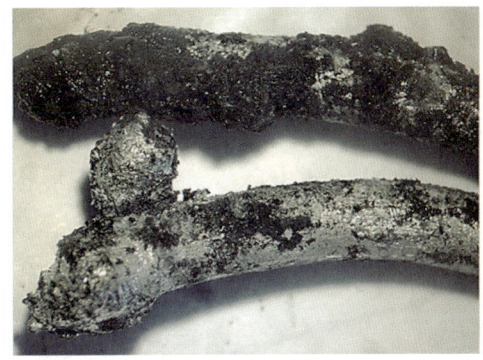

图 10-33　铜导线二次短路熔痕宏观形貌　　图 10-34　铝导线二次短路熔痕宏观形貌

[**例 10-14**] 某钢化玻璃发生自爆，体视显微镜下观察到"蝴蝶斑"玻璃碎片断面，观察发现在两片"蝴蝶斑"玻璃碎片开裂断口上存在"结石"状物质。玻璃因透射率和反光等因素干扰，采用多波段光源观察、固定拍照"结石"证据，"结石"宏观形貌见图 10-35。

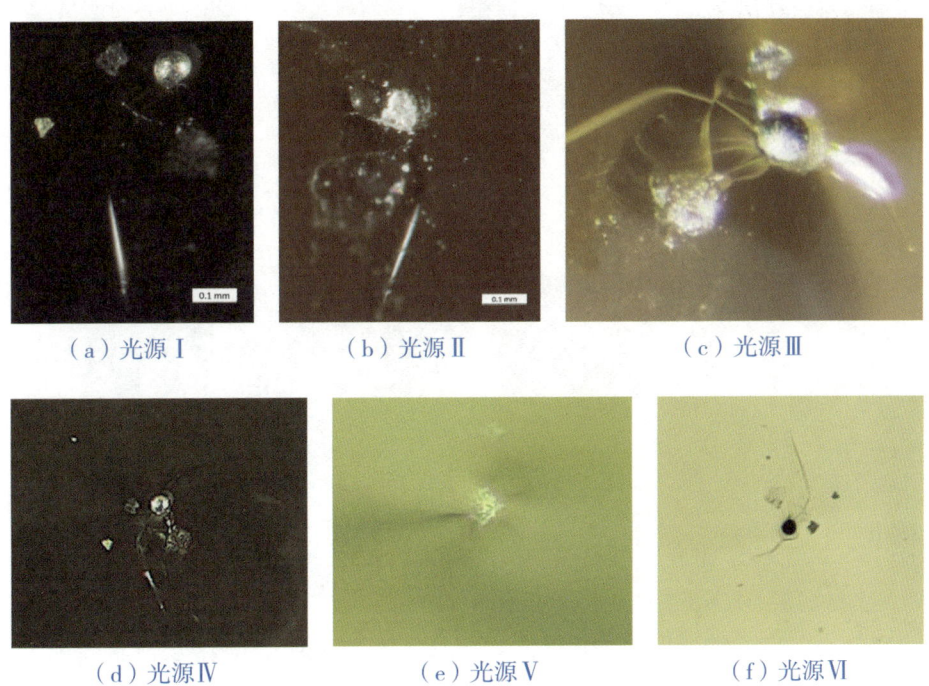

(a) 光源Ⅰ　　(b) 光源Ⅱ　　(c) 光源Ⅲ

(d) 光源Ⅳ　　(e) 光源Ⅴ　　(f) 光源Ⅵ

图 10-35　两片"蝴蝶斑"玻璃碎片开裂断面"结石"形貌

[**例10-15**] 某热熔连接的 PE 管在热熔部位发生漏水,导致财产损失。取样后在实验室宏观检验热熔部位,体视显微镜下观察发现,热熔区有沿内管外壁的周向裂纹,裂纹长度约 16mm,见图 10-36;对应裂缝位置内管端部有已熔化后的冷凝 PE 材料,形状呈山峰状,颜色与基体材料相同,表面有沙粒状沉积物,见图 10-37;解剖后观察内管熔黏部位有熔化后冷凝的相对光滑面,尺寸约 7mm×12mm,前段有热熔后材料推动痕迹,与后段形成台阶,表面有锈色附着物,见图 10-38;外管熔黏部位有熔化后冷凝的相对光滑面,尺寸约 10mm×11mm,表面有丝状附着物,见图 10-39。

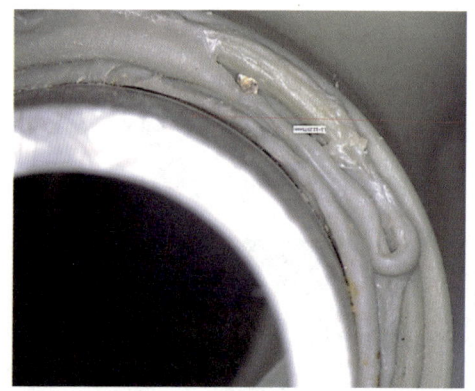

图 10-36　裂纹宏观形貌

图 10-37　沙粒状沉积物形貌

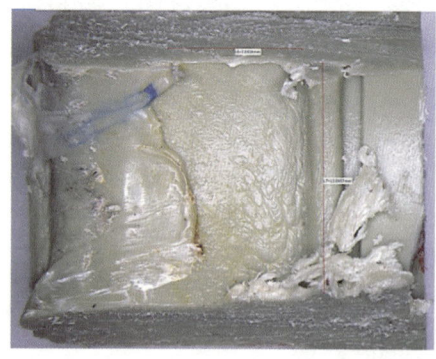

图 10-38　内管黏结面宏观形貌

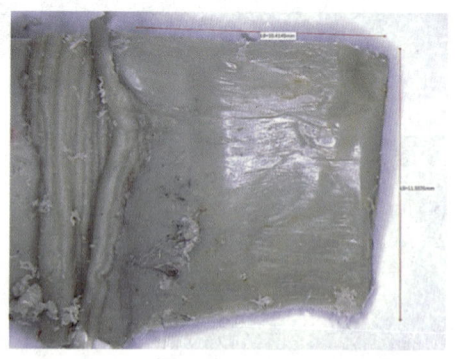

图 10-39　外管黏结面宏观形貌

10.2.3 微观特征检验

物证微观特征检验是利用较高倍率的放大设备，观察、测量物证不同微区上的"指纹"特征。这些特征包括颜色、位置、尺寸、花样、形态、附着物、污染物、组织、成分等，形貌特征通常用高倍体视显微镜、金相显微镜、扫描电子显微镜等设备观察检验，成分、分子团通常用光谱、色谱、能谱、红外设备测量。

物证微观特征必须建立在宏观检验分析的基础上，有目标地对需要观察、鉴别的微区做进一步微观检验。

金属材料的金相组织形态直接与事故过程和类型相关，微观鉴别过程中，利用金相技术检验方法，对材料金相组织、晶体结构、物理性能、外来物、腐蚀产物进行检查，判断缺陷发生的阶段、位置、损坏类型和方式。

裂纹表面形态金相磨片检验。利用金相技术观察分析裂纹的微观形态特征，如扩展路径是穿晶还是沿晶，主裂纹附近有无微裂纹；裂纹及其附近的晶粒度有无显著粗化、细化、大小极不均匀现象；晶粒是否变形；裂纹与晶粒变形方向是否一致；裂纹两侧是否存在氧化和脱碳现象；裂纹附近是否存在碳化物或非金属夹杂物，其形态、大小、数量及分布如何；裂纹源是否产生于碳化物或非金属夹杂物周围，扩展方向如何；裂纹处是否存在反常组织，如粗大过热组织、魏氏组织、带状组织等；裂纹源区是否存在加工缺陷、材质缺陷、腐蚀损伤等；表面是否存在白色加工硬化层或回火层等。

裂纹形态与加工工艺相关，通常疲劳裂纹末端尖锐；拉痕、发状裂纹的末端圆秃；折叠裂纹的末端粗钝；淬火裂纹细直、线状、棱角较多、末端尖细，两侧金相组织与其他部分无异常、无氧化、脱碳现象；铸造热裂纹呈龟裂纹状，沿原始晶界延伸，裂纹内侧一般有氧化和脱碳现象，末端圆秃；磨削裂纹一般细、浅，呈龟裂状或规则直线状排列，有时在磨削裂纹的零件表面呈带状的回火色区域，裂纹一般呈喇叭形状，末端呈任意形状，裂纹附近的组织一般与其他组织无明显区别，有时也可能有微量的氧化和脱碳现象；过热、过烧引起的锻造或热处理裂纹，往往晶粒粗大，并常在晶界处伴有析出物；局部应力超过材料的强度极限所引起的裂纹，裂纹处往往具有明显的塑性变形痕迹；裂纹表面的附着物，如出现红锈可能是水淬时产生的裂纹。一般裂纹两侧的耦合性很好，但发裂、拉痕、磨削裂纹、折叠裂纹及经过变形后的裂纹两侧的耦合性均较差。

通过裂纹及其周围颜色，可以判断裂纹经历的温度范围和零件的工艺、工序。裂纹两侧具有明显的氧化和脱碳现象，裂纹的形成肯定与制造热工艺过程有关；淬火工件裂纹断口颜色发黑，氧化物层厚，说明淬火加热前即已存在裂纹，淬火前就已存在的裂纹，其两侧常有脱碳现象。

裂纹源区一般均是材料的薄弱环节，如零件的表面或次表面、应力集中处和材料缺陷处，有时可见到明显的缺陷特征。对于一条主裂纹，由粗到细的形态就是裂纹的扩展过程。当存在放射状微裂纹时，其"收敛"点位置即为裂纹源。通常张开较大的区域为裂纹的起始区，裂纹中夹有氧化物、腐蚀产物等，说明裂纹形成后或形成过程中经历过复杂的环境，如高温、腐蚀环境等。

裂纹扩展途径有沿晶、穿晶、沿晶与穿晶混合三种，扩展途径与加工工艺相关。沿晶界扩展常见于制造过程中产生的铸造热裂纹、过烧引起的锻造裂纹、回火脆性裂纹、磨削裂纹、焊接裂纹，使用中出现的冷热疲劳裂纹、蠕变裂纹、热脆裂纹，环境因素引起的应力腐蚀裂纹、氢脆裂纹等；穿晶裂纹常见于疲劳裂纹、解理裂纹、延性断裂裂纹等，使用中形成的裂纹和因冷却速率过大、零件几何尺寸突变等引起的淬火裂纹、焊接裂纹等。通常裂纹遇到晶界、亚晶界、硬质点或其他组织和性能的不均匀区，往往将改变扩展方向。淬火裂纹由于形成的原因不同，既可以是沿晶的，也可以是穿晶或混合的。

裂纹走向及两侧材料变化与裂纹性质相关，通常碳钢裂纹两侧脱碳，说明裂纹为热裂纹或裂纹产生后经过了热过程；氢脆裂纹扩展过程中一般无分叉现象，应力腐蚀裂纹往往有分叉现象；沿晶扩展的裂纹均与腐蚀介质作用有关。

[例10-16] 某不锈钢管焊接后产生热裂纹，制样后，在金相显微镜下观察裂纹沿晶界扩展，裂纹微观形貌见图10-40。某锻造件制样后，在金

相显微镜下观察到的裂纹微观形貌见图 10-41。

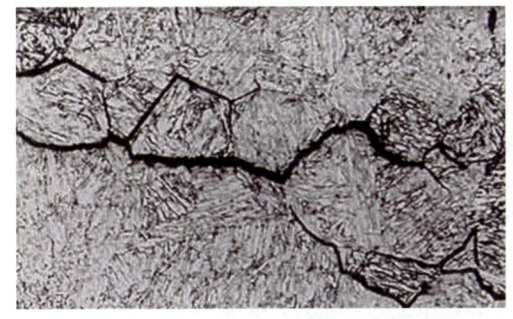
图 10-40　焊接热裂纹形貌

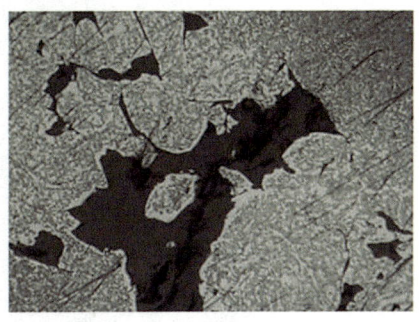
图 10-41　锻造裂纹形貌

[**例 10-17**] 某锅炉的金属管道发生氧腐蚀，使用时爆裂。从腐蚀坑底部纵向制作金相试样，观察材料金相组织。腐蚀面较为平整，未发现沿晶腐蚀现象，显微组织为铁素体＋珠光体，呈带状分布，按设计规定和标准要求，材料金相组织未见缺陷，见图 10-42。

（a）低倍

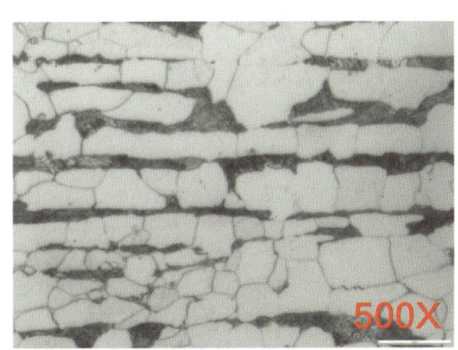
（b）高倍

图 10-42　爆裂管道断面金相组织

[**例 10-18**] 某设备用轴类零件，要求轴做调质处理，热处理状态为淬火＋高温回火。使用过程中发现轴耐磨性很差，取样做金相检验，组织为网状铁素体＋球状珠光体，见图 10-43。轴调质处理时冷却速度过慢，金相组织未发生改变，形成了网状铁素体组织。

物证痕迹微观检验主要针对痕迹表面形貌、成分变化、颜色变化、物质迁移、表面组织变化、表面性能变化、表面残余应力变化、表面污染状态等。

图 10-43　网状铁素体 + 球状珠光体

[例 10-19] 某铜质材料受到陶瓷颗粒刮削,表面形成痕迹,观察微观犁沟起始位置清楚、犁削方向明确、犁沟深度和刮削状态清晰,微观痕迹形貌见图 10-44。

[例 10-20] 某金属运动部件表面发生摩擦损伤,微观观察摩擦面有微小材料附着物,摩擦面上留有物质迁移特征,摩擦痕迹形貌见图 10-45。

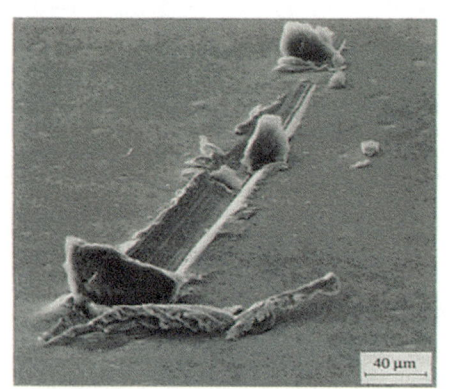 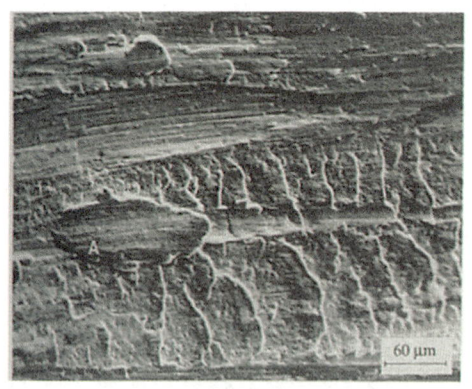

图 10-44　犁沟痕迹微观形貌　　　图 10-45　摩擦表面微小物质迁移微观形貌

[例 10-21] 某可锻铸铁空罐内壁涂膜表面宏观可见有异常线状痕迹,颜色呈灰色,线条痕迹相对规则,见图 10-46;微观观察灰色线条呈现树枝状不规则形状分布,见图 10-47。树枝状物质颜色与周围涂膜有明显差异,是材料成分结构不同造成的。

图 10-46　线状痕迹宏观形貌　　　　图 10-47　树枝状痕迹微观形貌

[例 10-22] 某火灾事故中，收集的铜导线熔痕物证，制样后对物证做金相组织检查，判断物证种属类别。铜导线火烧熔痕金相组织呈现粗大等轴晶或者较多氧化共晶组织，无孔洞或少量缩孔。通常凝固条件下，金属结晶时在各个方向均匀生长大小不同的等轴晶，铜导线形成的等轴晶结构一般为多边形结构。共晶形成一般为在结晶过程中两种不同成分的混合组织形成的晶体，铜导线氧化共晶组织为铜和氧化亚铜的混合组织形成的共晶组织，见图 10-48。

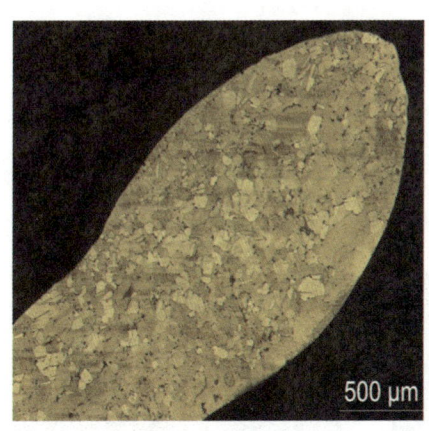 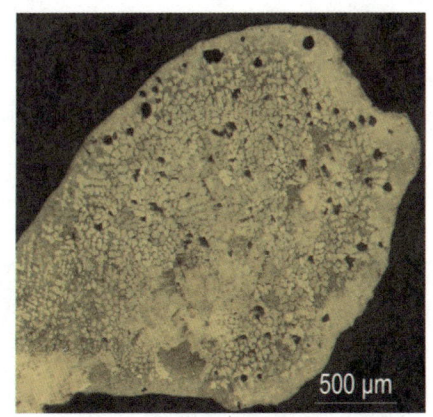

(a) 形貌 I　　　　　　　　　　(b) 形貌 II

图 10-48　铜导线火烧熔痕金相组织

铜导线一次短路熔痕金相组织呈现细小胞状晶或柱状晶，磨面内气孔较少、较小且较整齐，熔痕部位与基部的金相组织有较明显的界限。胞状晶结晶时，晶体在界面上形成不规则形状、条状或规则的六角形组织；柱状晶结晶时，晶体沿某一特殊界面延伸，生长成长条形晶粒组织。铜导线一次短路熔痕金相组织见图 10-49。

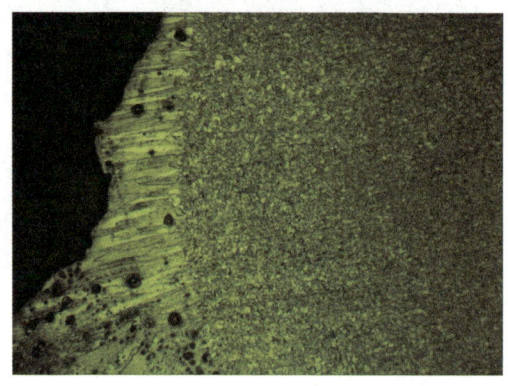 

（a）形貌Ⅰ　　　　　　　　　　　（b）形貌Ⅱ

图 10-49　铜导线一次短路熔痕金相组织

铜导线二次短路熔痕金相组织多数有较多粗大柱状晶或等轴晶，柱状晶结晶时，晶体沿某一特殊界面延伸，生长成长条形晶粒组织，晶界粗大，气孔较多、较大且不规整，熔痕部位金相组织与基部金相组织无明显界限，见图 10-50。

[例 10-23] 某锅炉金属水冷壁管，在弯管曲面顶部中心位置发生纵向直线形脆性裂缝，为确定裂缝产生的工序位置，使用体视显微镜观察断口，断口外管壁边缘有附着物，受放大倍率和色差影响不能明确判断，见图 10-51，后期使用电子显微镜进一步观察。

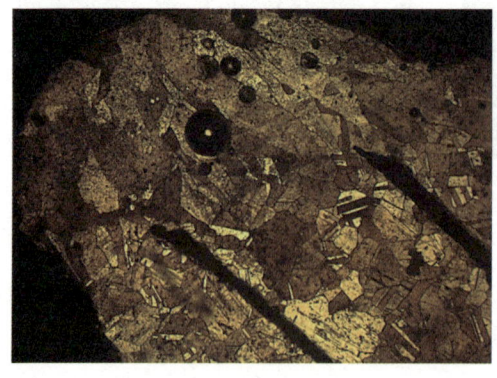 

图 10-50　铜导线二次短路熔痕金相组织　　图 10-51　裂缝边缘油漆污染痕迹

电子显微镜主要用于观察固体表面特殊区域的微观特征形貌、分析细微物质结构，与能谱设备结合分析物质成分。如金属材料断裂，断面的纤维区往往是裂纹源形成区域，通常存在大量韧窝、撕裂棱，裂纹源形核常以夹杂物、二相粒子、硬质点为主；放射区是裂纹扩展区域，会存在剪切韧窝。

金属塑性断裂的主要微观特征是韧窝。韧窝是微孔聚集型断裂断口上表现出的大量显微微坑，是材料在微区范围内塑性变形产生的显微孔洞，经形核、长大、聚集，最后相互连接而导致断裂，在断口表面上所留下的痕迹。韧窝的形状取决于应力状态，通常有正交韧窝、剪切韧窝、撕裂韧窝；韧窝的平均直径、深度用韧窝宽度和深度来度量。影响韧窝大小的因素从材料方面看是第二相的大小、密度、基体的塑性变形能力、形变硬化指数等，从外界条件看与应力大小和加载速率有关。一般在断裂条件相同时，韧性好的材料韧窝大且深，塑性变形充分，韧性差的材料韧窝小且浅，甚至没有，塑性变形不充分。

[例10-24] 某金属构件受拉伸应力作用断裂，在扫描电子显微镜下观察断裂面，断裂面表现出韧窝形貌特征，见图10-52。

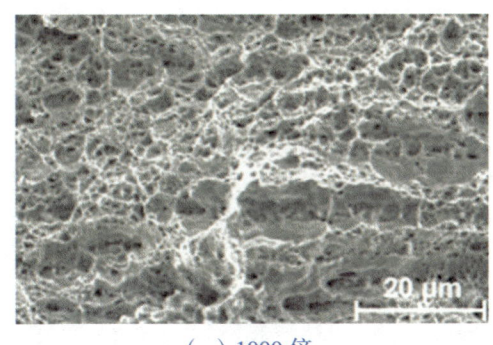
(a) 1000倍

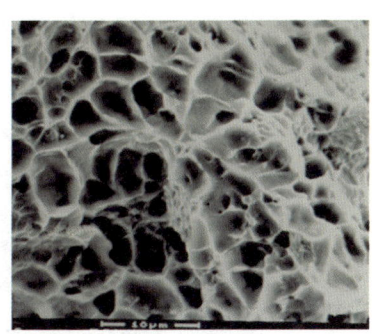
(b) 5000倍

图10-52 韧窝微观形貌

金属解理断裂微观特征主要有解理台阶、河流花样、舌状花样。微观断口由许多大致相当于晶粒大小的解理面集合而成，解理面一般是低指数或表面能最低的晶面，解理断裂微观形貌见图10-53、图10-54。

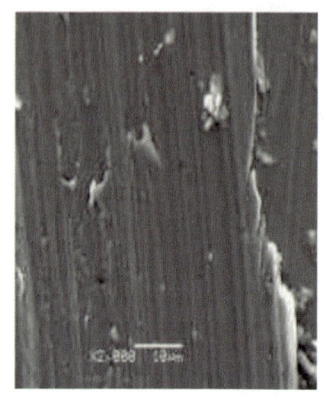 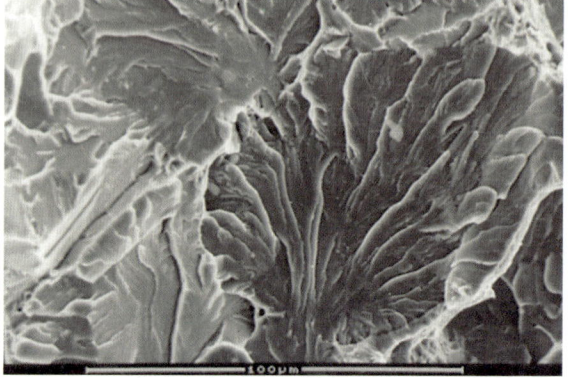

图 10-53　河流花样微观形貌　　　　图 10-54　解理断裂微观形貌

沿晶断裂是指多晶体沿晶粒界面彼此分离，晶粒是多面体，断裂面上显示出晶界刻面冰糖状花样微观特征。氢脆、应力腐蚀、蠕变、高温回火脆性以及焊接热裂纹等常发生晶间断裂。通常沿晶断裂脆性居多，但某些材料的晶间断裂却显示很大的延性，断口上除呈现晶间断裂特征外，还有微坑，称为晶间韧性断裂。

[例 10-25]　某金属构件受冲击载荷作用断裂。在扫描电子显微镜下观察断裂面，断裂面表现出沿晶断裂微观形貌，沿晶断裂微观特征呈冰糖状花样，见图 10-55。

 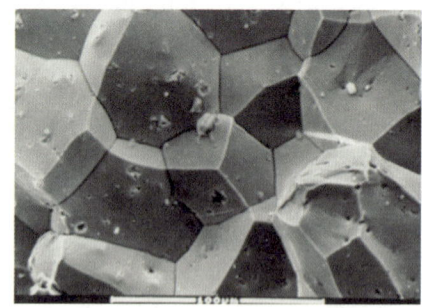

（a）5000 倍　　　　　　　　　　（b）10000 倍

图 10-55　沿晶断裂微观形貌

疲劳裂纹扩展区是疲劳断口的最重要特征区域，疲劳裂纹扩展一般分为两个阶段。第一阶段裂纹只有几个晶粒尺寸，且与主应力成 45° 角；第二阶段裂纹垂直于主应力，它是疲劳裂纹扩展的主要阶段。扩展区断口的主要特征是存在疲劳条带，即一系列基本上相互平行的、略带弯曲的、呈波浪形的条纹。一般每一条带为一次载荷循环所产生，但一个载荷循环不一定都能产生一个条带；疲劳条带间距的宽度随应力强度因子幅的大小而变。通常断口由许多大小、高低不同的小断面所组成，每块小断面上疲劳条带是连续、平行的，但相邻断面的疲劳条带是不连续、不平行的。

[例 10-26] 某金属构件断裂。在扫描电子显微镜下观察断裂面，断裂面表现出不连续、相对平行的疲劳条带，见图 10-56。

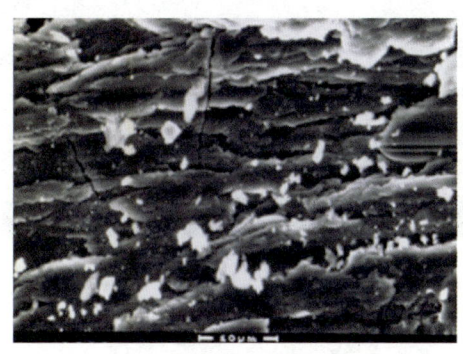
（a）5000 倍

（b）10000 倍

图 10-56　疲劳条带形貌

[例 10-27] 某螺栓断裂，断口宏观形貌特征反映的断裂模式不明显，见图 10-57；在扫描电子显微镜下观察断裂面，断裂面表现出典型的疲劳条带特征，不同晶粒上疲劳条带方向不同，见图 10-58。疲劳条带证据能判断疲劳载荷导致螺栓表面起裂，螺栓断裂模式属于疲劳断裂。

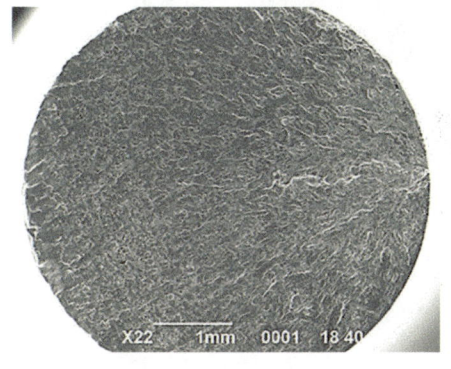
图 10-57　螺栓断口宏观形貌

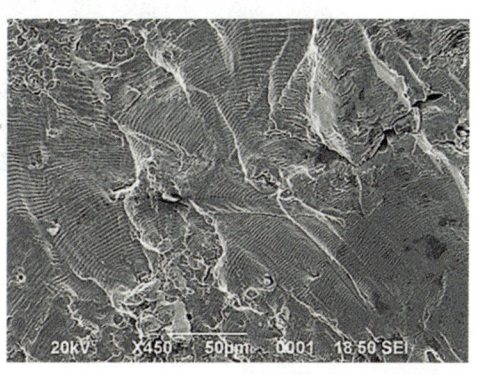
图 10-58　疲劳条带微观形貌

[**例10-28**] 某电厂高压缸中分面螺栓运行15万h后从螺纹根部断裂,断口宏观形貌特征反映的断裂模式不明显,见图10-59;扫描电子显微镜下观察断口存在大量蠕变孔洞,见图10-60,蠕变孔洞形貌见图10-61。蠕变孔洞证据能判断螺纹根部的应力集中效应导致螺栓蠕变断裂。

图10-59 螺栓断口宏观形貌

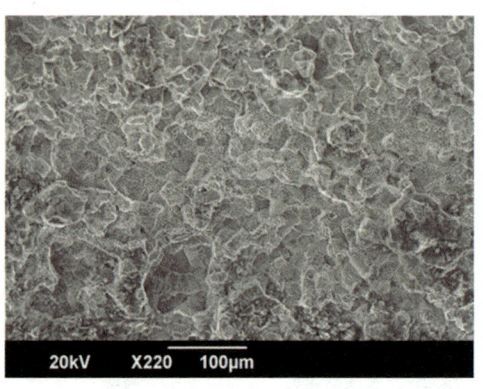

图10-60 蠕变孔洞

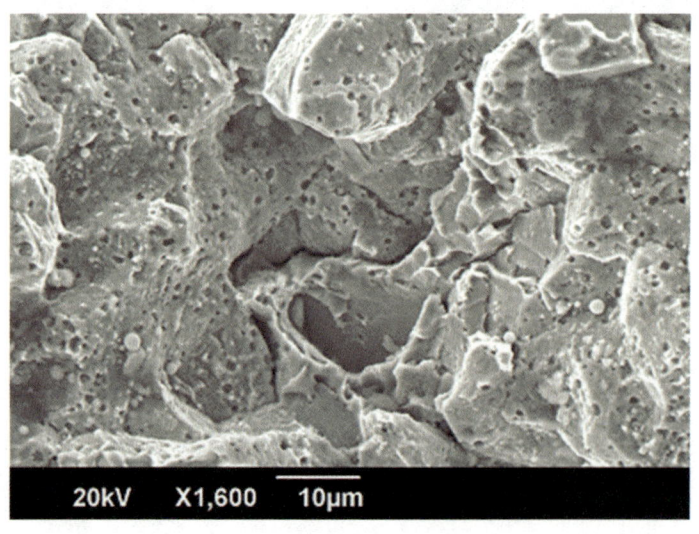

图10-61 蠕变孔洞微观形貌

[**例10-29**] 某工业汽轮机低压转子汽机侧第5级动叶片叶身发生断裂,裂纹源位置在出汽边,叶片材料牌号1Cr12Ni2W1Mo1V,断口宏观形貌见图10-62。

（a）部件宏观形貌　　　　　　　　（b）断口宏观形貌

图 10-62　叶片断口宏观形貌

微观观察断口裂纹源区形貌见图 10-63，裂纹源区沿晶开裂形貌见图 10-64，表明叶片出汽边存在异常高硬度区，残余应力较大，在腐蚀介质存在和作用下，发生了应力腐蚀现象，当裂纹扩展到材料的截面积不足以承受离心应力时，叶片断裂。

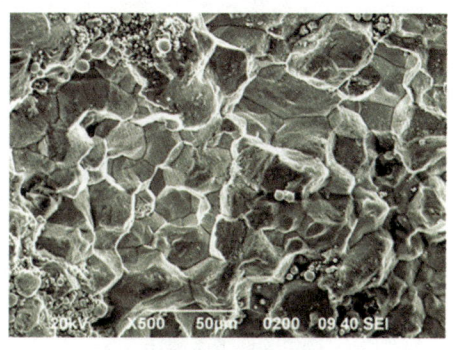

图 10-63　断口裂纹源区形貌　　　　图 10-64　裂纹源区沿晶开裂形貌

[例 10-30]　某复合材料中主要承载件钢丝断裂，超声清洗后在扫描电子显微镜下观察，断头钢丝表面有明显锈蚀层，见图 10-65；表面有腐蚀产物，见图 10-66；钢丝断口表面腐蚀产物明显，断面主要呈缩颈特征，断口存在明显的纤维区以及剪切唇特征，见图 10-67；钢丝表面有单源、多源疲劳特征，见图 10-68。钢丝被腐蚀后直径变小，在重复拉应力作用下发生疲劳断裂。

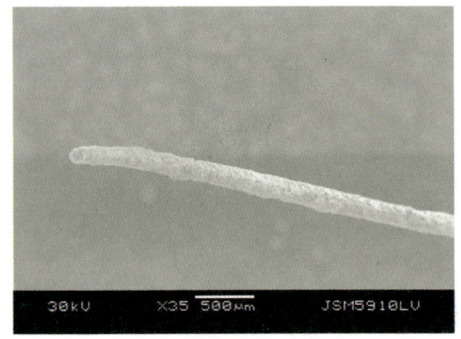
（a）整体表面锈蚀

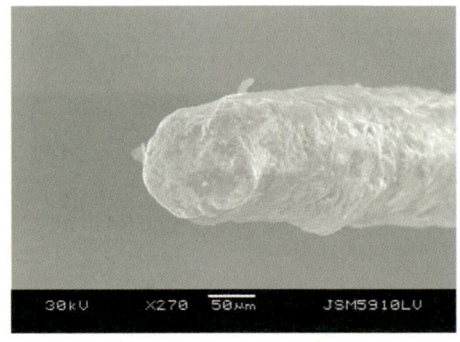
（b）断头表面锈蚀

图 10-65　钢丝表面锈蚀层微观形貌

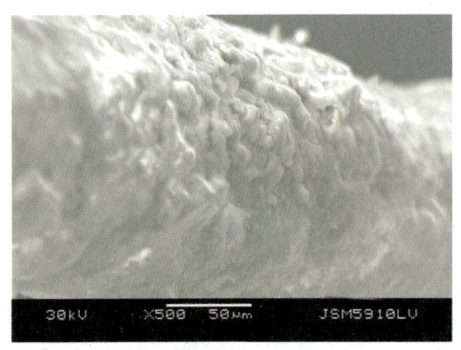
（a）整体腐蚀产物

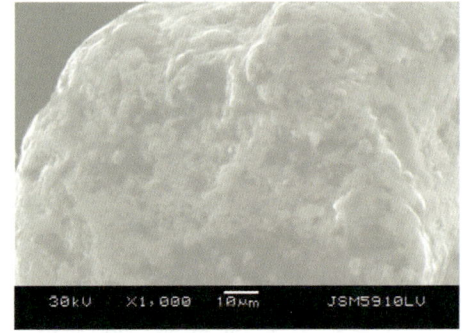
（b）断头腐蚀产物

图 10-66　钢丝表面腐蚀产物微观形貌

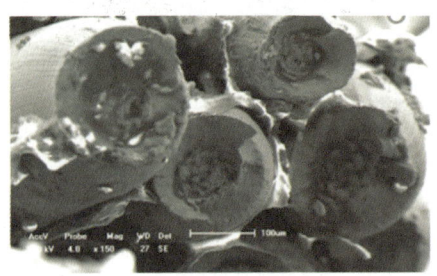
（a）多根钢丝缩颈

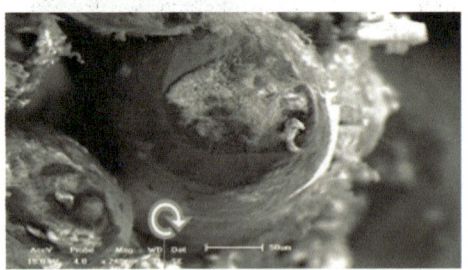
（b）单根钢丝缩颈

图 10-67　钢丝缩颈断口微观形貌

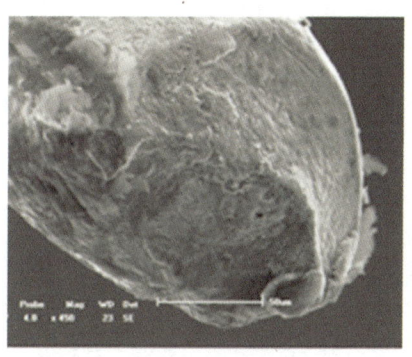

(a) 断头区域　　　　　　　　　(b) 外表面区域

图 10-68　钢丝表面疲劳微观形貌

[例 10-31] 某金属水冷壁管断口断面,宏观观察不能确认异常痕迹,使用扫描电子显微镜观察,外管壁裂缝边缘存在白色污染,白色外来物侵入深度为 0.2~1mm,见图 10-69。使用能谱仪检测为壁管防锈油漆,确认涂装防锈油漆工序之前水冷壁管已经存在裂纹。

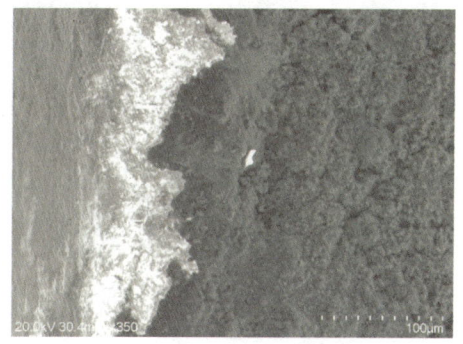

(a) 整体状态　　　　　　　　　(b) 边缘状态

图 10-69　外管壁裂缝边缘白色污染痕迹形貌

[例 10-32] 某压力容器汽包封头金属材料壁厚严重腐蚀减薄,取样观察金属基体金相组织为铁素体+珠光体,存在一定的带状组织,见图 10-70；非金属夹杂物为 A 类硫化物(细系)2 级,D 类球状氧化物 1 级,见图 10-71。

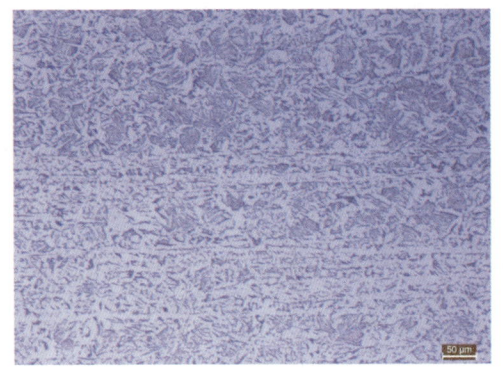
图 10-70　金属基体金相组织

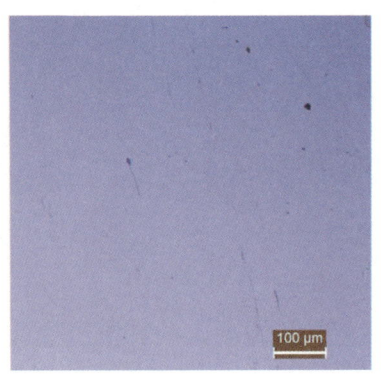
图 10-71　非金属夹杂物形貌

扫描电子显微镜观察抛光态试样，靠近腐蚀表面的深色区域为腐蚀层，内侧浅色区域为基体金属，见图 10-72，腐蚀层与基体交界处可见明显的腐蚀孔洞，见图 10-73；腐蚀层区域可见分布少量条状白色物质，见图 10-74。

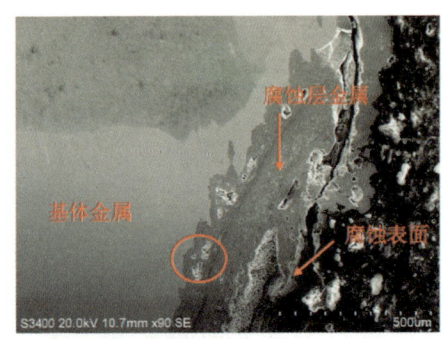
图 10-72　抛光试样微观形貌

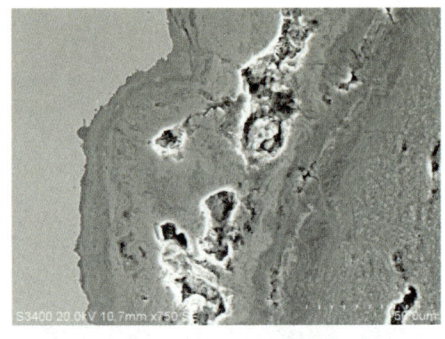
图 10-73　腐蚀孔洞微观形貌

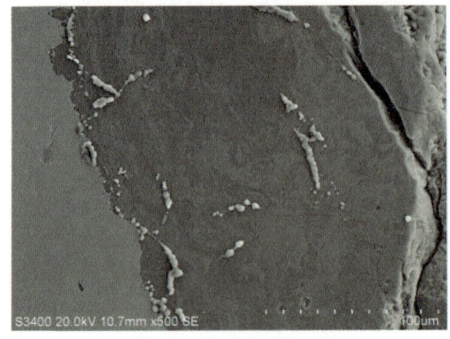
（a）整体状态

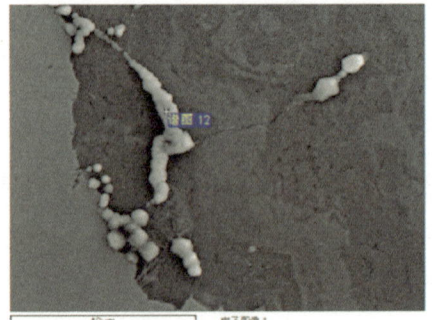
（b）局部状态

图 10-74　腐蚀层微观形貌

[**例 10-33**] 某钢丝在扫描电子显微镜下观察发现表面有明显腐蚀产物，利用能谱仪测量钢丝外表面、断口典型位置腐蚀产物成分，测量位置见图 10-75、图 10-76，测量结果见表 10-1。

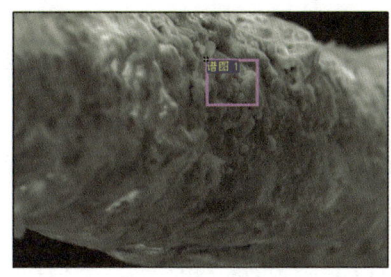 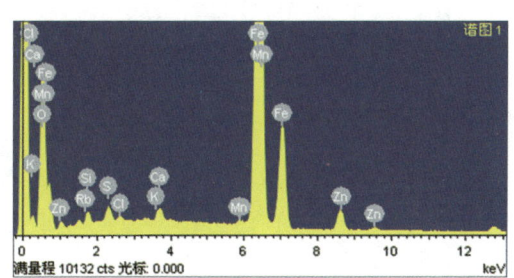

（a）测点位置　　　　　　　　　　（b）测量结果

图 10-75　钢丝外表面位置测量

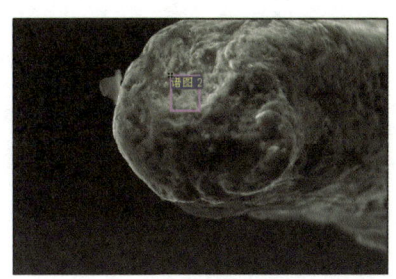 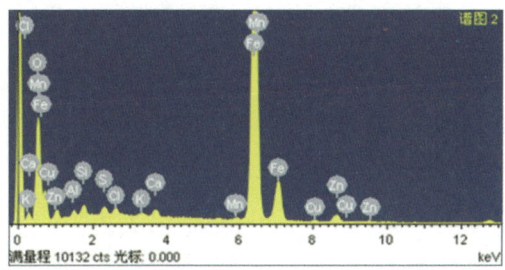

（a）测点位置　　　　　　　　　　（b）测量结果

图 10-76　钢丝断口断面位置测量

表 10-1　钢丝能谱分析结果

元素	O	Al	Si	S	Cl	K	Ca	Mn	Fe	Cu	Zn	总量
外表面/wt%	30.67	—	1.39	1.62	0.21	0.11	0.54	0.32	61.79	—	3.36	100
断口面/wt%	39.54	1.29	1.63	0.85	0.64	0.26	0.69	0.39	51.74	0.27	2.70	100

10.2.4 物证性能检验

特种设备物证性能检验的主要对象是事故中损伤或断裂材料的物理性能、零部件物理性能等。

材料的物理性能主要表现为材料的机械强度，如抗弯强度、抗拉强度、抗压强度、抗冲击性、硬度、伸长率等，常规的物理参数均依照规定的标准使用常规力学性能设备检测。

零部件表面裂纹常用磁力、荧光、着色等方法来检查，表面和内部裂纹常用 X 射线、超声波、声发射、工业 CT 等方法检测，正在扩展中的裂纹常用声发射方法检测裂纹。裂纹检测要注意检测的方向，超声波、磁力必须垂直于裂纹平面检测，X 射线检测须平行于裂纹所在的平面检测。

特种设备零部件性能主要集中在事故中的安全部件，其规定物理参数值的准确程度，如压力容器指示装置的指示值、安全阀的整定压力值、电梯安全钳上下限速值等，这些物理参数值均在特种设备专用的固定检验装置上依据产品标准检验。特种设备主用介质导热油、润滑油、燃气的物理参数，如黏度指数、闪点、燃点、流点等均按照产品标准使用专用设备检验。某些特殊机电液一体设备的电子信息需要使用特殊电子信息检验设备检验。

[**例 10-34**] 某单晶炉发生爆炸事故，现场提取了爆炸单晶炉控制计算机硬盘物证，事故导致硬盘损伤，常规的方法不能读取数据。使用专用软件和计算机系统恢复硬盘数据系统，读出了单晶炉爆炸前对设备的全部操作记录。恢复后读出的数据记录的典型照片见图 10-77。

(a) 数据目录

图 10-77　恢复后读出硬盘数据记录

```
2015-01-02 12:20:22, MANUAL, Login Username change Before Value:OPERATOR.
2015-01-02 12:20:29, MANUAL, SoftKeyBoatd Ok Click   InputData:developer.
2015-01-02 12:20:30, MANUAL, Login OK Click.
2015-01-02 12:20:33, MANUAL, Show Process Parameter dialog.
2015-01-02 12:20:33, MANUAL, ProcessParameter Switch of the displayed data:共通.
2015-01-02 12:20:37, MANUAL, ProcessParameter Change Data:籽晶提升软上限 0:禁能 1:
使能 Value before it changes:1.
2015-01-02 12:20:39, MANUAL, ParameterSetDialog Close Data Change O.
2015-01-02 12:20:44, MANUAL, ProcessParameter SettingData Write.
2015-01-02 12:20:49, MANUAL, ProcessParameter Data Refresh.
2015-01-02 12:20:50, MANUAL, ProcessParameter Window Close.
```

（b）关键指令

图 10-77　恢复后读出硬盘数据记录（续）

根据读出数据分析知道，某年某月某日某时间段明确记录，有违规使用最高级权限修改安全提升高度上限的操作，导致本次事故的发生。

10.2.5　物证成分检验

特种设备物证成分检验的主要对象是损伤或断裂材料组分或元素构成，特种设备运行用油、水、气介质成分，环境介质附着物和污染物成分等。

已知物证检验成分含量均有明确的技术标准，按标准规定使用常规化学湿法或仪器设备法检验。未知物证检验成分和含量通常会使用光谱、能谱、红外等技术，确定物证种类和成分。光谱、能谱、红外对微区快速检测已得到了广泛应用，技术标准逐渐完善，其检测速度快，测试精度高，样品测试过程中基本无损坏，配合相应软件可快速进行分析，成本相对较低，但设备投入较大。

[例10-35] 某高压锅炉用无缝钢管开裂，需要判断钢管金属材料牌号，分别在选定位置取两件样品，使用金属光谱定量分析设备测量化学成分，测量结果见表10-2，判断样品材质为20G。

表 10-2　钢管样品化学成分测量结果

化学元素	C	Si	Mn	P	S
GB/T 5310—2008	0.17~0.23	0.17~0.37	0.35~0.65	≤ 0.025	≤ 0.015
样品一测量结果	0.22	0.20	0.50	0.016	0.006
样品二测量结果	0.22	0.21	0.51	0.017	0.006

续表

化学元素	Ni	Cr	Cu	Mo	V
GB/T 5310—2008	≤ 0.25	≤ 0.25	≤ 0.20	≤ 0.15	≤ 0.08
样品一测量结果	0.019	0.041	0.016	0.001	0.003
样品二测量结果	0.019	0.042	0.017	0.001	0.0

[例10-36] 某锅炉使用过程中热效率达不到设计规定，需要对使用的燃气天然气组分进行测量，取样后使用气相色谱法测量，依据GB/T 11062—2020标准计算物理性能参数结果，见表10-3。

表10-3 燃气天然气组分测量、计算结果

天然气组分含量测量结果（摩尔质量%）			
氮气	0.654	正丁烷	0.161
甲烷	92.3395	异丁烷	0.201
二氧化碳	1.22	正戊烷	0.0785
乙烷	4.29	异戊烷	0.046
丙烷	0.959	己烷	0.051
物性参数计算结果			
高位发热量（MJ/m³）	38.67	低位发热量（MJ/m³）	34.9
沃泊指数（MJ/m³）	49.57	摩尔质量（g/mol）	17.59
真实密度（kg/m³）	0.7329	相对密度	0.6085

[例10-37] 某使用中的压力容器发生腐蚀损坏。取样在扫描电子显微镜下观察，腐蚀部位有白色物质，能谱分析白色覆盖物成分是$CaSO_4$，为水垢的主要成分；白色物质含有大量的O元素与S元素，确认为硫酸盐类物质，见图10-78。

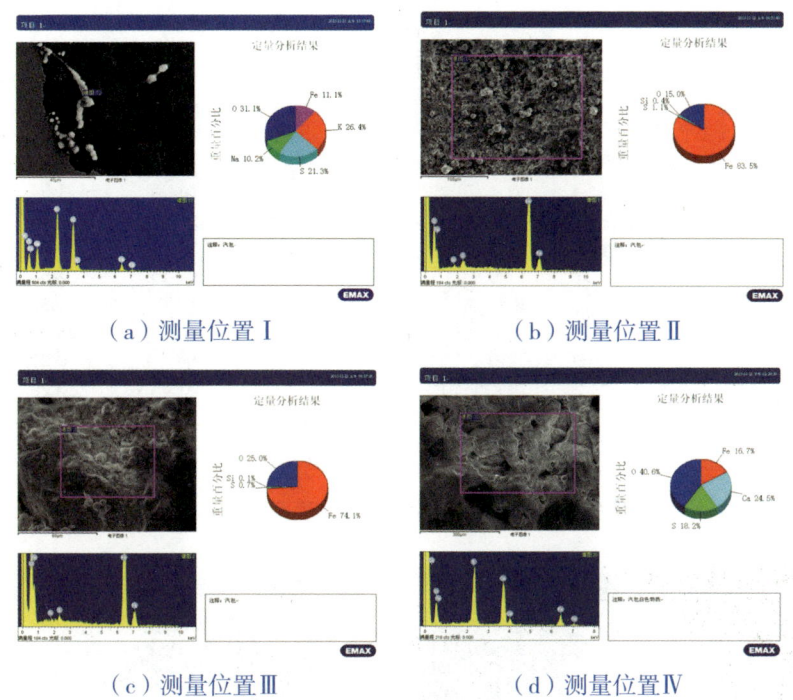

（a）测量位置Ⅰ　　　　　　　（b）测量位置Ⅱ

（c）测量位置Ⅲ　　　　　　　（d）测量位置Ⅳ

图 10-78　腐蚀产物能谱分析

[**例 10-38**] 某钢化玻璃发生自爆，扫描电子显微镜下观察"蝴蝶斑"中间分界断面上"结石"形貌，能谱分析"结石"颗粒表面成分。钢化玻璃自爆源硫化镍微粒形貌及表面成分见图 10-79。钢化玻璃自爆源异质相颗粒单质硅、偏硅铝酸钠等形貌及表面成分见图 10-80。无论是哪种杂质颗粒引起的自爆，都是由于局部挤压导致玻璃的应力集中引起玻璃爆裂破坏。

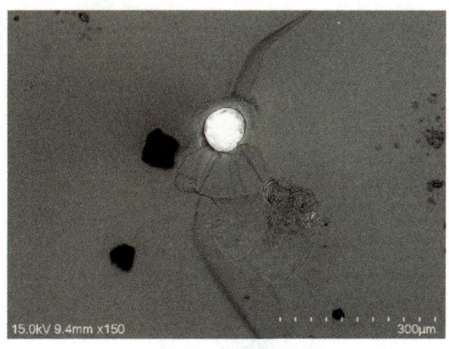

（a）分界面结石形貌

图 10-79　硫化镍微粒形貌及表面成分

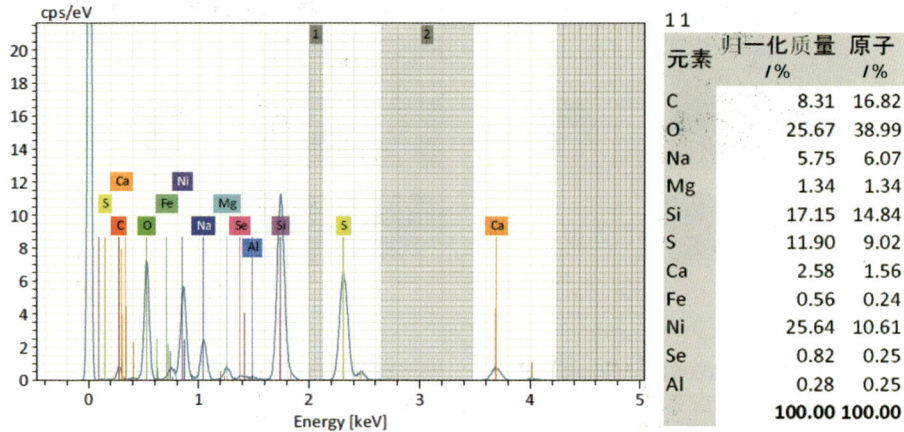

（b）结石表面成分测量结果

图 10-79　硫化镍微粒形貌及表面成分（续）

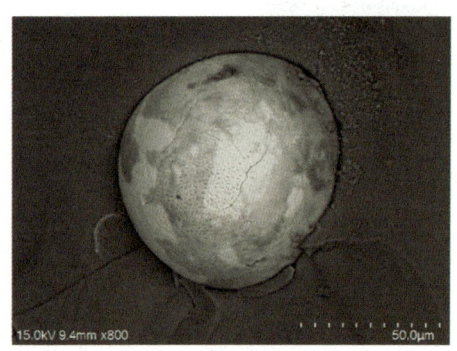

（a）结石微观形貌

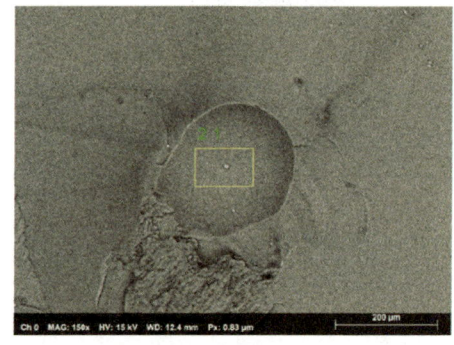

（b）表面成分测量位置

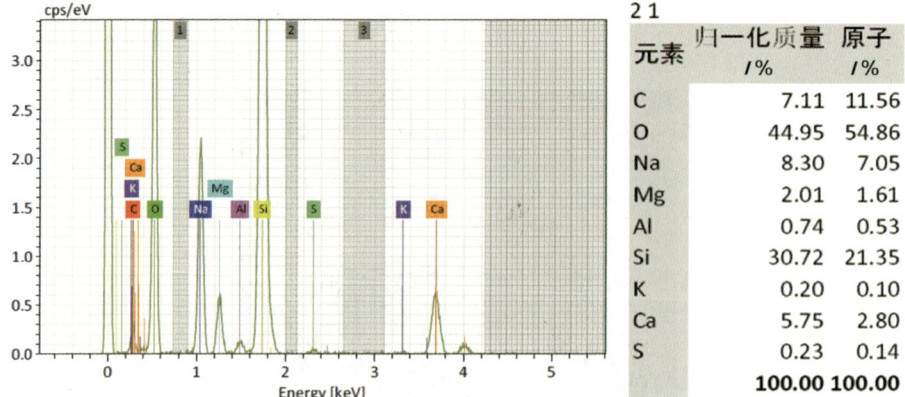

（c）表面成分测量结果

图 10-80　单质硅、偏硅铝酸钠等形貌及表面成分

11 事故原因分析

11.1 事故原因分析相关概念及要素

11.1.1 事故原因分析相关概念

事故原因分析是根据事故发生的客观规律,依据所有与事故关联的证据,使用逻辑分析方法,推导事故产生过程和证据的因果关系,判断导致事故主要因素的活动。

事故原因分析思路是我们面对事故时,思考事故产生原因的条理和脉络,在思想中以事故发生宏观表象特征和微观过程机理的规律为理论依据,把调查、观察和实验获得的事故信息分别加以考证,然后有机结合起来作为一个统一整体综合考察,以获取的客观事实为证据,全面应用技术、逻辑推理的方法,来判断事故模式、推断事故原因。简单地说,分析思路就是我们破解事故原因的心理想法。

事物都是可以被认识的,没有不可以认识的事物,只存在尚未能够认识的事物,事故原因也不例外。事故的演变过程始终存在发生事故的条件和客观规律,事故原因分析的理论基础就是寻找事故产生的客观规律性。

事故是意外的损失或灾祸,是小概率事件,而小概率事件必然会发生,分析事故的原因就是不断科学地总结事故发生的客观规律,不断地运用事故发生的客观规律来预防事故再次发生。分析思路是指导事故分析全过程的思维路线,事故往往是多种原因耦合造成的,非常需要正确的分析思路来指导，抓住主要因素，以最小代价来获取较科学合理的分析结论。

分析事故原因的目的是保证社会公共安全，保证人员、物资、环境没有受到威胁、危险、危害、损失，预防同类事故再次发生。

11.1.2 事故原因分析要素

事故原因分析就是要找到引发事故的要素。综合分析所有事故产生的规律，引发事故的要素通常涉及人的不安全行为、物的不安全状态、环境的不安全条件、材料和制造工艺缺陷、管理缺陷等方面。

人的不安全行为是工作或作业过程中影响安全或导致事故发生而产生的失误，是与人的心理特征相违背的非正常行为。人的不安全行为包括不可预测、不重复出现的随机失误，与工作条件有关、类似条件可能引发失误再出现或重复发生的系统失误。人失误出现的结果很难预测，生产活动中所有的操作人员都可能发生失误，人的身体状态、精神状态、设备操作熟练程度、环境刺激、过负荷、意外情况处置能力等都有可能使人发生操作失误。

物的不安全状态是由于物的能量可能释放曾引起或可能引起事故的物的状态。物的不安全状态运动轨迹与人的不安全行为运动轨迹交叉、物的不安全状态运动轨迹侵入人的安全活动范围，都可能形成发生事故的时间与空间，导致事故发生。物的不安全状态包括设备和设施的设计结构、安装结构、施工工艺、负荷与寿命、安全警示装置缺陷、个人防护用品或保护操作者的基本防护措施缺陷等。

环境的不安全条件是设备设施安装场所、操作人员进行作业的场所、使用人员使用的场所存在潜在危险性的外界条件。环境的不安全条件包括不适宜的作业地点、海拔、气压、风力、风向、雨量、温度、湿度、有害气体、粉尘、电磁干扰、辐射量、声干扰、光照、通风、作业场所面积、作业面状态、土壤重金属、时间、文化氛围等。

材料和制造工艺缺陷是设备选材、制造工艺不当形成的原生的设备缺陷。材料种类、物理化学性能、结构设计校核等不适应、不满足服役条件，包括材料的抗拉强度、抗压强度、硬度、抗冲击性、抗老化程度等都可能让材料产生缺陷；制造工艺中部件的几何形状不符合设计或工艺，包括部件缺口、内外圆角、截面突变、表面凹槽、倒角等存在应力集中；部件表面处理不当，包括喷丸、滚压、渗碳、渗氮等工艺参数不当使表面形成微裂纹；制造产生的残余应力等都可能产生制造工艺缺陷。

管理缺陷是生产活动中安全管理制度和规范、安全培训教育、安全实施检查和监督有缺陷。安全管理制度不适用于生产活动、安全管理机构不履职、安全教育考核走形式、项目分包推卸安全责任、不识别控制危险源、缺少应急救援演练、安全资料不真实、设备设施存在安全风险等都属于安全管理缺陷。

人的不安全行为和管理缺陷原因分析主要涉及社会科学，物的不安全状态、环境的不安全条件、材料和制造工艺缺陷主要涉及自然科学，只有通过社会科学和自然科学的综合分析，才能真正地找出事故原因，发现和总结事故发生的规律。

11.2 分析思路基本原则与方法

事故分析是从结果求原因的逆向认识事故本质的过程，结果和原因具有双重性。因此，事故分析可以从原因入手，也可以从结果入手，还可以从事故的某个过程入手。如"顺藤摸瓜"，即以事故过程中间状态的现象为原因，推断过程进一步发展的结果，直至过程的终点结果；"顺藤找根"，即以事故过程中间状态的现象为结果，推断该过程退一步的原因，直至过程起始状态的直接原因；"顺瓜摸藤"，即从过程中的终点结果出发，不断由过程的结果推断其原因；"顺根摸藤"，即从过程起始状态的原因出发，不断由过程的原因推断其结果。具体分析时往往不会是单一方法，可能是"顺瓜摸藤+顺藤找根""顺根摸藤+顺藤摸瓜""顺藤摸瓜+顺藤找根"等。

具体的事故原因分析思路较多，行业不同、设备不同，分析思路的方式各有特点，事故原因分析着手的方式多种多样，但始终会通过法规规定、管理模式、管理实施等来完成社会科学分析；始终会通过事故损害特征、材料物理化学性能、设备运行的原理等来完成自然科学分析。行政处理事故的基础是建立在技术鉴定结果之上，侧重于社会责任；技术鉴定的基础是事故损害特征、环境特征、材料性能、设备运行和操作，侧重于自然规律的发现和总结。所有事故原因分析思路和方法都是为更好地寻找与事故自身特性相适应的客观规律，真正遏制和预防事故。

11.2.1 分析思路基本原则

分析过程中通常运用两类方法。一类是"硬件"方法，另一类是"软件"方法。"硬件"方法指实验检测的技术方法，"软件"方法指思想方法，它不像"硬件"那样具备成文的规范，只有如下基本原则。

整体观念原则。一套设备在运行中由于某个部件损坏而导致事故时，应将发生事故的设备—环境—人当作一个系统来考虑。考虑损坏件与邻近的非损坏件的关系、损坏件与周围环境的关系、损坏件与操作人员的关系。分析该设备的损坏件可能发生哪些问题，环境条件能诱发损坏件发生哪些问题，人为因素又能使损坏件发生哪些问题，逐个列出失效因素，以及由其所导致的不同失效现象。对照勘验、试验、检测、分析结果，逐个核对、审查、排除问题，找出关键、重要因素。

立体性原则。应用多方位地综合思考问题的方法，如同系统工程，要求人们应用"三维结构式"考虑问题的方法，就是立体性原则的运用。它要求人们从逻辑维即解决问题的逻辑过程、时间维即设备总过程、知识维即专业科学知识三个方位，由它来指导关于失效系统薄弱环节的检查。逻辑维是事故分析思路，时间维是设备设计、制造、安装、使用、维护的全过程状态，知识维是管理、技术、心理学的综合应用。

从现象到本质原则。许多事故特征只表示有特定含义的失效现象。如承受交变载荷的断裂零件从断口上能观察到清晰的疲劳条带花样，通常可以得出零件疲劳断裂的结论，疲劳弧线失效特征推断为疲劳断裂模式，但还没有找出导致疲劳的原因，更无法提出防止同一现象再发生的有效措施。导致疲劳断裂的原因很多，在分析中不应该只满足于已确定了的失效模式，而应进一步找出导致失效的原因，这样才能为防止同一失效再发生提出有效措施。

动态性原则。一套设备或一个零部件对周围环境的条件、状态或位置来说，都处在相对的变化之中。如一个零部件的受力条件、环境温度、湿度、介质的种类或浓度，这些外部条件在服役中都会变化。即使把它放在仓库里，也有温度、湿度的变化。此外，还应看到，管理人员的变动，操作人员的变动，甚至操作人员近期的情绪波动，也都应包括在动态性原则之中。

两分法原则。事故分析要从认识上充分考虑矛盾的对立和统一，不能单方面、盲目轻信物或人的声誉，不要盲目轻信名牌设备、进口设备就一定没有质量问题，不要认为有经验的操作人员就一定可靠，始终要清醒地观察、分析事物的正反两个方面。

11.2.2 分析思路基本方法

相关性方法，是把事故中反映出来的变形、脆性断裂、塑性断裂、磨损或腐蚀等失效模式，断口形貌特征，服役条件，材质情况，制造工艺水平和制造过程，使用和维护情况等，都放进一个分析系统中，从总体上加以考虑的一种思路方法。以此来判断事故原因与设计、选材、制造、使用、维护、环境六方面的关系。由此进一步深入地测试分析，找出真正的失效原因。该方法要求尽可能地搜集与全局性有关的资料和测试信息，从而合理地确定测试分析范围。

抓关键问题的方法，是首先找准引起事故的起始失效部件，在主失效件上找出断裂源，然后再从断裂源上找出主要的失效原因。

对比的方法是在相同工况下运行，比较同类别、同型号的装置或零部件与发生事故的装置或零部件的差异，进而寻找引起事故的原因。

历史的方法是不同装置或零部件的失效表现和引起失效的原因，都有它特定的因果关系。根据这种关系借助于同种设备在相同服役条件下所表现出的失效情况和变化规律，来推断已发生失效的可能原因。这种方法会提高分析效率和准确性。使用这一方法的条件，取决于人们过去积累资料的多少。

逻辑方法是根据事故事件的规划要求、设计图纸及说明、用料情况、制造工艺以及安装调试情况等背景资料，事故装置的现象调查材料，以及失效件的实验室分析、测试获得的数据等，进行分析比较、综合归纳和概括，最后做出判断和推论，找出最终可能导致事故的原因。

原则和方法一般都不是单独应用，而是根据实际情况灵活地交叉运用。分析的速度和准确程度，除经验外主要取决于对这些原则和方法的熟练掌握程度和运用水平。

11.3 常用失效分析法

机械失效分析是以宏观表象特征和微观过程机理为理论依据，将勘验、试验获得的全部证据作为系统考虑，运用逻辑推理的方法来分析失效原因。失效分析思路已在实践中形成有效的思考体系，并据此生成失效分析法，并广泛地运用到质量鉴定、事故鉴定领域。常用的失效分析法有全因素排除法、残骸分析法等。

11.3.1 全因素排除法

全因素排除法就是对事故涉及的操作人员、机械设备系统、材料、制造工艺、环境、测量监控、管理等所有因素逐个分析排除的方法。

全因素排除法可以根据对失效现场的勘验调查和对背景资料的了解，初步确定失效原因与其中一两个方面有密切的关系，甚至只与一个方面的原因有关。这就是人、机、料、法、环、测、管理的失效分析思路。

当失效已确定纯属机械问题时，可以设备制造全过程为一个系统进行分析，对机械的规划、设计、选材、机械加工、热处理、二次精加工、装配、调试等制作工序逐个进行分析，将无关因素逐个排除。当失效已确定纯属人员问题时，可以人员工作全过程为一个系统进行分析，对人员学历、从业经历、再教育程度、技术培训程度、考核结果、作业资质、操作技能、作业指令执行、纪律性、身体状态、心理状态、异常干扰等逐个进行分析，将无关因素逐个排除。

全因素排除法采用的就是撒大网，面面俱到，怀疑一切，不放过任何一个可疑点，逐个因素排除的思路。当找不到任何确切线索时，采用这种方法较适宜，但全因素排除法的经济性较差，时间周期较长。

11.3.2 残骸分析法

残骸分析法是从物理、化学的角度对失效零件进行分析的方法。

如果认为零件的失效是由于零件广义的"失效抗力"小于广义的"应力"的缘故，那么"应力"则与零件的服役条件有关。据此，残骸分析法总是以服役条件、断口特征和失效的抗力指标为线索。

零件的服役条件大致可以划分为静载荷、动载荷和环境载荷。以服役条件为线索就是要找到零件的服役条件与失效模式和失效原因之间的内在联系。但实践表明，同一服役条件下，可能产生不同的失效模式；同样，同一种失效模式，也可能在不同的服役条件下产生，因此，以服役条件为线索进行残骸的失效分析，只是一种初步的"入门"方法，它只能起到缩小分析范围的作用。

断口是断裂失效分析的重要证据，它是残骸分析中断裂信息的重要来源之一。但是在一般情况下，断口分析必须辅以残骸失效抗力的分析，才能对断裂的原因下确切的结论。

以失效抗力指标为线索的失效分析思路，是在搞清楚零件服役条件的基础上，通过残骸的断口分析和其他理化分析，找到造成失效的主要失效抗力指标，并进一步研究这一主要失效抗力指标与材料成分、组织和状态的关系。通过材料工艺变革，提高这一主要的失效抗力指标，最后进行机械的台架模拟试验或直接使用，达到预防失效的目的。在不同的服役条件下，要求零件（或材料）具有不同的失效抗力指标的实质是要求其强度与塑性、韧性之间应有合理的配合。因此，研究零件（或材料）的强度、塑性（或韧性）等基本性能及它们之间的合理配合与具体服役条件之间的关系就是这一思路的核心。而进一步研究失效抗力指标与材料（或零件）的成分、组织、状态之间的关系是提高其失效抗力的有效途径。

以失效抗力指标为线索的失效分析方法是常用的、较综合的有效方法之一。

11.3.3 其他分析法

以制造过程为主线的失效分析法。任何零件都要经历设计、选材、热加工（铸、锻、焊）、冷加工、热处理、精加工、装配等工序，如果已确认零件失效属于制造过程的问题，则可对涉及的工序展开分析，找出失效的原因，提出克服失效的措施。

以零件或设备为类比的失效分析法。机械产品按类别可分为基础零件和成套设备。对于同类零件或设备，尽管其功能各不相同，服役条件也有很大差别，但其在工作性质上仍有诸多相同或相通之处，因此其失效形式以及造成失效的因素也有相同或相通之处。通过对易产生失效的因素进行分析，找出失效的原因，提出克服失效的措施。

故障树分析法是一种从结果到原因描述事故的有向逻辑树图。首先确定事故结果，将要分析的事故作为顶上事件，然后层层追溯，上层事件是下层事件的必然结果，下层事件是直接原因，上下层之间用逻辑门连接，直至找出发生事故的最基本原因。这样就形成了一棵以事故结果为根，以原因事件为枝干的倒立逻辑树。利用该逻辑树图，既可以找到引发事故的直接原因，又能揭示引发事故的潜在因素，还能概括导致事故的各种情况，从而为预测预防事故提供有效途径。

因果分析法是依据设备的质量特性和故障，通过鱼骨图表现设备纵向的因果关系，按出现机会多寡，逐层排查可能发生事故的原因，观察各原因之间相互影响程度，确定发生事故的主要原因的方法。

关联图法是依据设备所表征的现象和问题，通过图形将现象和与问题有关系的因素串联起来，根据事物之间横向因果逻辑关系找出产品质量事故的主要问题的方法。

11.4 损害形态分析思路

特种设备产品种类独立、相互之间功能和技术性能重叠小，发生事故时损害的现象多种多样，特种设备行业内习惯按照事故发生损害表现出的宏观形态来分析事故原因。通过对变形、倾覆、坠落、泄漏、碰撞、剪切、挤压、失控、燃烧、爆炸、断裂、腐蚀、磨损、老化等损害形态的产生规律进行归纳总结，为事故分析提供思路。

11.4.1 变形分析思路

变形是特种设备承载主体或者构件因受到外力作用，导致形状和尺寸变化引起失效的损害现象。所有受力的承载设备都有潜在变形的可能性，通过承载主体或者构件变形特征，为分析载荷大小、载荷来源、载荷方向、材料性能提供依据。

分析特种设备或构件产生变形，应首先分析导致变形能量的类型。应根据设备的技术特点、设备使用的环境状态，分析能量是来自设备外部，还是在设备正常工作过程中产生的；分析能量是机械力、热作用力、环境作用或其他特殊作用力。

应根据设备或构件变形状态、尺寸变化大小、构件变化形状、构件表面颜色变化等特征和差异，分析能量的来源、方向、大小、作用时间。弹性变形只有在构件工作状态下、构件变形表面有损伤时，才容易观察到宏观变化，如变形导致的表面膜层破裂或变形，变形时发生的摩擦或接触损伤等；塑性变形有明显的宏观特征，如构件外观发生变化或尺寸发生变化等，通过变形特征，区分能量强度和材料理化指标状态。

应根据变形体在整机中的结构和位置、变形体表面留下外力作用痕迹或热损伤痕迹的位置和尺寸，分析外力传递路线、作用损伤程度，分析验证变形体或材料抵抗外力和热作用的能力。

变形证据容易观察、获取，分析时应结合其他使用、管理、维护等证据，综合判断导致变形的原因。

11.4.2 倾覆分析思路

倾覆是特种设备在安装、改造、修理、使用和试验中，因特种设备主体或者构件的强度、刚度难以承受实际的载荷，发生局部、整体或者基础的失稳、坍塌或者倾覆的损害现象。所有具备一定高度的设备和起重设备都存在倾覆的可能性。

分析特种设备产生倾覆，应首先分析导致倾覆的能量来源，是设备自身失稳发生倾覆，还是设备在外部能量作用下发生倾覆。

设备自身失稳发生倾覆，应根据设备安装基础的状态、整体设备和相关构件与紧固连接件结构的状态，分析安装基础的失稳条件，分析连接用紧固件的连接强度，分析验证引发倾覆事故中关键损伤构件的材料力学性能和承受能力，分析环境可能对倾覆产生的影响。

外部能量作用下发生倾覆，应根据设备倾覆方向、倾覆后最终位置和形态、引发倾覆事故的构件及构件位置，按照设备技术特征，从逻辑上分析设备倾覆发生的可能性和先后顺序，分析导致倾覆事故的载荷或外力对特种设备整体的影响，分析导致倾覆的载荷作用力路线、大小、时间，分析验证引发倾覆事故中关键损伤构件的材料力学性能和承受能力，分析验证防止倾覆的安全装置的有效性，分析使用过程中操作人员指令，分析验证防止过载的安全装置的有效性。

倾覆事故发生后引发倾覆的证据相对难以获取，应综合其他环境、使用、管理、维护等证据，综合判断导致倾覆的原因。

11.4.3 坠落分析思路

坠落是特种设备由高势能位置非正常落下的损害现象。坠物可能是特种设备的部件、相关工件物品、人员等，可能是单独坠落，也可能是同时坠落，所有具备一定高度的设备、起重设备都存在坠落的可能性。

分析特种设备发生人员坠落，应分析坠落人员的初始、终止坐标位置以及坠落的基本路线，分析人员的安全保护装置或设施，分析坠落人员的失误、失控、操作等不安全行为，分析环境干扰对人员的影响，分析安全操作作业规范缺陷等因素。

分析特种设备发生物品坠落，应分析坠落物品的初始、终止坐标位置以及坠落的基本路线；分析坠落物品与基体设备的连接方式，连接的可靠程度，连接物的损伤状态，放置、运行等不安全状态；分析坠落物品在坠落前的运动状态，与坠落轨迹的物理特性重合程度；分析坠落物品与人员的失误、失控、操作等不安全行为之间的关系，分析坠落物品安全固定装置工艺缺陷等。

坠落事故发生后通常现场比较完整，坠落证据相对容易获取，应综合其他环境、使用、管理、维护等证据，综合判断导致坠落的原因。

11.4.4 泄漏分析思路

泄漏是被密封介质从密封系统中非正常外泄的损害现象。泄漏导致密封系统压力降低、介质流失，因介质类型和泄漏量具有引发事故可能性，当内部介质压力高于外界大气压力时，内部介质就会因设备密闭性损坏而外泄；当介质具有易燃、易爆、有毒等特性时，泄漏事故容易引发火灾、爆炸、爆燃、中毒或环境污染等事故。

导致承压类特种设备发生泄漏，通常包括设备自身损坏、外部损伤、环境损伤等因素。分析特种设备泄漏，应首先确定第一泄漏点位置，因泄漏导致燃烧或爆炸的第一泄漏位置确定难度大，应根据设备原理、介质流动路线、设备外部损伤特征、环境痕迹、证言和电子证据等综合分析第一泄漏点位置；应分析验证特种设备上安装的安全附件、安全保护装置的功能有效性；应分析介质的物理参数与事故的关联程度；应分析施工连接件连接的可靠程度，包括用于密封的构件老化特性；应分析人员操作使用特种设备的安全性等。

承压类特种设备主体或部件自身损坏，应分析泄漏点零件、部件损伤形态特征，泄漏位置材料有可能存在裂纹、裂口、砂眼、孔洞、材料减薄、加工工艺缺陷等；应分析材料的物理参数与承压能力的关系。承压类特种设备主体或部件外部损伤，应分析泄漏点零件、部件损伤形态特征，泄漏位置材料表面有外物冲击坑、洞、裂口痕迹，设备安装固定不牢导致滑移磨损，移动物品接触磨损，设备使用中超出使用压力等。承压类特种设备主体或部件环境损伤，应分析设备安装时的早期损伤；应分析泄漏点零件、部件损伤形态特征；野外设备环境腐蚀应分析设备存放地的电位差，泄漏点、泄漏位置或附近有无腐蚀产物，有无腐蚀环境，环境条件对介质的影响；沙漠管道单面沙砾磨损的风向、风力等环境条件。

泄漏事故发生后无火灾或爆炸时，现场比较完整，泄漏证据相对容易获取，泄漏分析应综合其他使用、管理、维护等证据，综合判断导致泄漏的原因。

11.4.5 碰撞分析思路

碰撞是相对运动的人、物体或固定物相互之间短暂接触产生力的作用的损害现象。特种设备的碰撞损害仅发生于非弹性碰撞、完全非弹性碰撞两种情况，表现为设备与固定或运动物体相撞、人与固定物体相撞、运动物体与人相撞、人与人相撞。特种设备发生碰撞伤害主要集中在场（厂）内机动车辆将人撞倒，起重机械作业时吊卸或移动物品作业的吊索或物品碰撞到人或物体等。

分析移动的特种设备产生碰撞，应分析设备操作人员的技术能力，分析操作时可观察的有效范围、指挥和操作人员遵守安全规定的程度；应根据移动特种设备运行路线，发生碰撞物体的初始位置、碰撞接触位置、终末停止位置，分析设备安全运行状态；轮式特种设备应根据地面制动痕迹、制动摩擦面状态、装载大小、路面坡度、制动装置状态等分析制动可靠程度；轨道特种设备应根据设备安全保护装置、制动装置状态等分析制动可靠程度；应根据移动特种设备和被碰撞物体之间的运动关系和状态、碰撞方向、作用力大小、作业载荷大小等分析设备安全运行状态；应根据作业环境条件，分析大风、雨雪等对特种设备安全作业干扰和影响；应分析特种设备安全操作运行规定与事件的对应性，综合其他证据判断导致碰撞的原因。

11.4.6 剪切分析思路

剪切是人或物体因承受一对相距很近、方向相反的外力作用，横截面沿外力方向发生错动变形的损害现象。特种设备发生剪切伤害主要集中在电梯发生故障时，当人身体处于电梯层门、轿门位置电梯突然升降，电梯和建筑物相互作用导致人体剪切伤害。

分析特种设备剪切事故，应根据被剪切运动物体位置、运动状态，分析使用特种设备遵守安全规定的程度；应根据特种设备安全保护装置的结构、保护范围、保护盲区等分析安全保护装置功能的实现程度；应根据动作控制构件触发运行条件、因素、被剪切人或物的运动状态、运动指令、管理控制等分析剪切发生的可能性，应综合其他证据判断导致剪切的原因。

11.4.7 挤压分析思路

挤压是人或物体因承受外来压力被推挤压迫在运动物体或者固定物体之间的损害现象。发生故障的电梯层门突然自动关闭夹住未完全进入轿厢内的人或物、电梯轿厢运行与井道相对运动挤压意外进入的人或物、运动中的特种设备将人员推挤压迫在运动物体或者固定物体之间等均属挤压伤害。

分析电梯层门突然自动关闭导致挤压，应从关门机构功能状态、自锁和互锁安全状态、安全保护装置状态、触发条件和因素、触发指令发出等因素分析电梯层门突然自动关闭的可能性；人员进入挤压区作业，电梯轿厢运行与井道相对运动产生挤压，应分析安全作业监控人员监控保护状态、安全规定遵守状态、检修保护装置功能和状态、检修短接正确性，以及触发电梯运行指令发出等；人员从轿门跌入挤压区应分析电梯轿门开启因素、电梯轿门结构和锁定功能、安全规定遵守状态等。分析运动特种设备挤压伤害应分析挤压物和被挤压物的位置、运动方向、运动指令、发生挤压、防挤压安全装置状态、管理控制等，综合其他证据判断导致挤压的原因。

11.4.8 失控分析思路

失控是特种设备控制系统失灵、安全保护系统功能缺失或者失效，导致设备不能被正常操作，失去了对特种设备的控制能力而产生损害的现象。

电梯不受控制按钮的控制，升降时或未到达预定的楼层时突然停下来，电梯上升过程中越过端站冲向井道顶部的"冲顶"现象，电梯下降过程中越过端站撞向井道底坑的"蹲底"现象，都是失控行为。起重设备超过额定起重量仍能够作业，转盘类游乐设施在运行中突然加速的现象都是失控行为。

分析失控应适当区分故障和事故，故障是特种设备本体、部件或者安全装置发生问题，导致设备不能顺利运转，无法实现正常功能的现象，一般还没有发生损害后果；当带着故障继续运行，设备运行不正常、技术性能降低、安全设施和装置失效时，极易发生事故，产生损害后果。根据设备丧失规定功能、不能运行、超出功能范围、发生事故等失控表现形式，分析与之关联的控制装置、安全设施功能的有效性。根据事故产生后果，分析安全装置、控制部件结构、损伤对功能的影响，分析环境条件、温度、湿度、无线电干扰、人为损坏等对电子控制元件功能的影响。

11.4.9 燃烧分析思路

燃烧是可燃物与氧化剂发生剧烈的氧化反应，产生大量的热量并伴随着强烈的发光的现象。特种设备中的锅炉，盛装或运送可燃物的容器、管道，机电设备中电源短路、过载均可能发生燃烧事故。

特种设备燃烧事故原因分析的主要对象是发生燃烧的可燃物的种类和数量、发生可燃烧的环境条件或氧化剂类型、导致着火的点火能源种类和点火能量的大小、首先发生燃烧的起火部位以及火焰蔓延传播的路线。

锅炉、容器、管道类特种设备发生燃烧事故多与使用的天然气和燃油、运输或储存的可燃气体和燃油相关；电梯、起重设备、游乐设施、索道类特种设备发生燃烧事故，多与照明或工作设备电气短路、使用的润滑油料泄漏相关；内燃机结构场（厂）内车辆发生燃烧事故，多与发动机过热、油料泄漏、电气线路短路相关；电动结构场（厂）内车辆发生燃烧事故，多与供电电瓶高温、电瓶炸裂燃烧相关。承压类特种设备发生闪燃、着火、自燃、爆炸事故的概率较高，机电类特种设备发生着火、自燃的概率较高，所有的特种设备都可能因为高温环境、快速移动设备、碰撞、机械摩擦导致高温而发生燃烧事故。

分析可燃物类型，应根据特种设备已知使用或运装的可燃物类型，现场勘验收集到的反映燃烧火球状态、烟雾状态、发出声响的相关录像和证言，勘验现场感受到的气味、燃烧产生的影响和波及范围等分析确认可燃物类型。应结合现场勘验证据，按照气体混合燃烧、扩散燃烧、液体蒸发燃烧、固体分解燃烧或表面燃烧的特征分析并印证可燃物类型。

分析燃烧环境条件应根据可燃物类型、燃烧方式，分析环境是否具备可燃物闪燃达到闪点、着火点的条件，分析环境是否能够提供氧化剂，是否有氧化物质和助燃物等存在；根据发生事故的环境温度和空气等条件，可燃物的闪点、燃点与着火温度、氧化剂之间的因果关系分析环境是否为导致可燃物燃烧的原因。

分析点火物和点火能源，应根据现场设备的结构、建筑物的结构、电气线路布置走向、设备移动的状态、外来物移动的状态、事故发生时的事态，分析点火能源是来自外部还是内部、电气引燃还是静电引燃；分析点火能源能量大小与可燃物闪点、燃点、着火温度之间的关系；通过现场勘验物证形态，分析第一起火点可能的位置；固定设施内电气导致的火灾应分析电气结构、线路结构，寻找一次电气短路熔珠、电弧痕迹等来分析并确认第一起火位置。应根据现场勘验燃烧状态，如烟熏、过火痕迹，现场建筑结构，发生事故时的风向，可燃物流动、喷射或放置的位置，现场易燃物放置的位置等综合情况，分析火源传播路线，印证确认的第一起火位置。应注意有些燃烧事故的起火点可能不止一个。

特种设备发生燃烧事故还应该分析是否与使用环节有关。应分析锅炉、管道、容器使用时是否有可燃物泄漏，分析锅炉点火前扫气是否彻底，炉膛内是否有剩余可燃气体，配置的气体报警器是否有效，移动运输可燃物的车辆是否有防静电装置和车辆排气管防火帽，是否有违规加装的其他设施等。有些事故现场燃烧的设备较多，起火中心位置不清晰，需注意区别是普通的可燃物点燃后燃烧，还是爆炸导致的燃烧。

特种设备发生燃烧事故还应该分析是否与管理环节有关。应分析核对是否有符合要求的特种设备管理措施，应分析安全设施和安全装置是否完备有效，应分析操作人员是否取得相应资质、能力是否真正满足安全技术要求，应分析特种设备应用范围、场所是否符合场所系统设计能力和安全要求。

燃烧事故现场物证很容易灭失，通常会受到灭火、救援等因素干扰，故分析时应结合特种设备勘验物证中发现的证据、可燃物泄漏点、可燃物类型、氧化剂类型、燃烧烟熏痕迹、火源延伸路线、点火源、环境条件、第一起火点位置、特种设备自身的技术特征等，综合分析判断导致火灾的原因。

特种设备使用场所存放的可燃物质发生燃烧、纵火等引燃特种设备，应按照火灾事故调查规定调查分析。

11.4.10 爆炸分析思路

爆炸是承压类特种设备部件因物理变化或化学变化而发生破裂，设备中的介质蓄积的能量迅速释放，内压瞬间降至低于外界大气压力的现象。特种设备爆炸事故原因分析的主要对象是爆炸物的类型、形成爆炸的环境和条件、引爆的方式、爆炸点的位置。

爆炸是承压类特种设备的典型事故。爆炸通常在较短时间内完成，爆炸点附近压力瞬间急剧上升，是一种极为迅速的物理或化学的能量释放过程。爆炸基本上都会发出声响，周围建筑物或装置发生震动或遭到破坏，有些爆炸还会引起火灾。承压类特种设备爆炸包括承压设备容器内部易燃易爆介质爆炸、易燃易爆介质外泄后发生爆炸。内部爆炸可能导致容器金属壳体同时爆炸，现场可能显示固体物爆炸特征，勘验时可观察到容器金属壳体爆裂后的飞溅物撞击墙体或其他固定物留下的痕迹，飞溅物飞出方向指向容器位置。易燃易爆介质泄漏的爆炸现场可能主要显示气体爆炸特征，通常在相对封闭的环境中，易燃易爆介质蒸发后，爆炸中心相对上移，爆炸最先的损坏位置容易出现在建筑结构薄弱的位置，分析时应结合介质种类特征、其他证据，综合分析爆炸的类型。

分析爆炸物类型。特种设备的爆炸物通常比较固定，对于锅炉使用燃烧介质煤粉、燃油、可燃气体，锅炉产生的高温高压水蒸气，容器和罐车盛装的易燃易爆气体和液体，管道输送的高温高压蒸汽、水、易燃易爆气体和液体等，分析时应核实使用、发货等记录，查明爆炸物类型，通过现场勘验取证证实爆炸物类型；分析时要注意特种设备使用的化工生产车间内是否有其他易燃易爆物品，是否是其他易燃易爆物品爆炸导致特种设备发生殉爆；分析时要判断是否有其他易燃易爆物品发生违反安全规定的混装、错装；分析时要注意分辨现场微量爆炸物取证位置，微量检验结果与现场爆炸事故吻合程度；通过多种证据证实爆炸物的类型。

分析形成爆炸的环境和条件。应分析爆炸现场是否能够形成相对密闭的空间，是否有足够的氧环境，易燃易爆介质与空气混合后积存空间的容积；应分析易燃易爆介质的燃点、闪点、爆炸极限、蒸发量、温度影响等物理、化学性能，所在空间与空气或氧化剂混合的程度，可燃物在空间中达到爆炸下限的程度；是否有高温环境导致液态爆炸物快速蒸发提升容器内压；分析高温环境与可燃物起火点的关系；分析环境内是否有沙砾等颗粒介质快速流动产生静电；分析是否有导电介质或液体与设备接触；分析是否有外来物碰撞产生火花等因素。

分析引爆的方式。可燃物质达到爆炸极限时，遇火会发生爆炸。通常应分析爆炸区域内是否安装电气线路、是否存在用电设备和空气开关动作导致的短路、是否存在电气和机械设备动作可能产生的火花、是否存在环境可能产生足够静电能量点燃易燃易爆介质；分析爆炸区域内是否有明火、动火作业、环境内外部火源（飞火）等。结合现场勘验的痕迹物证，多方证据相互印证，确定引爆方式。

分析爆炸点的位置。分析现场介质和物体上爆炸痕迹最明显、最具特征，破坏变形最严重、最显著的地点，这一般会是爆炸点；分析爆炸现场建筑结构状态、空间尺寸与爆炸飞溅物关系，绘图标注爆炸残留物、遗留物、抛出物最终停止位置，而爆炸飞溅物都是以爆炸点为中心呈辐射状分布，分布状态与爆炸源的原始位置和结构有关，这些关系在现场都是以爆炸点为中心反映出来的。分析要注意爆炸可能是多次，应结合现场勘验结果区分第一爆点位置和再次引发爆炸的爆点位置。现场观察分析断口形态，设备上未形成较新的断面或损伤，一般爆点位置多在设备外部，可以注意勘查管道连接部位是否有泄漏介质；设备上形成了较新的断面或损伤，断口有向外变形特征，断面相对整齐，一般介质多在设备内部爆炸。通常泄漏口较小，泄漏介质流动后，泄漏口受损较小，泄漏点与爆点中心区域重合小；泄漏口较大，泄漏介质沉积在泄漏口附近，泄漏口受损较大，泄漏点与爆点中心区域重合大；相对密闭的环境中，易燃易爆介质泄漏点不一定与爆点中心区域重合，点火源的位置也不一定与爆点中心区域重合，泄漏介质可能会流动到容易聚集的位置或空间，初期被点燃的少量泄漏介质会串火到积存量大的介质区域。

分析设备因素引发事故。锅炉、管道使用、输送易燃易爆介质发生爆炸应分析设备是否存在泄漏、泄漏点的位置、泄漏量大小；锅炉运行点火或者燃烧不正常时，炉膛或介质通道内积存的燃烧介质与空气形成混合物达到一定浓度，遇到明火时就容易发生燃烧爆炸；锅炉、管道内高温高压水蒸气爆炸应分析爆炸设备是否安装了有效的指示、警示、减压、泄压等安全装置以及这些装置在爆炸时的动作状态；容器、罐车运输易燃易爆气体、液体发生爆炸应分析设备是否存在泄漏，设备是否有良好的接地防静电装置，运输用罐体是否按照规定安装了有效的呼吸阀；分析锅炉、压力容器（含气瓶）、压力管道等主要承压部件及安全附件、安全保护装置、元器件是否有损坏、工作不良或计量不准确等问题。

爆炸现场损坏通常较大，获取证据相对较难，应充分收集证言、可能的现场监视资料、介质性能、环境条件、爆炸损坏特征等证据，综合分析判断导致爆炸的原因。

11.4.11 断裂分析思路

断裂是特种设备承载主体及部件因材质劣化或者受力超过强度极限而发生的失效现象。分析断裂构件应确定断裂模式、载荷状态、构件性能、材料性能和构件服役条件。

分析断裂模式。通常根据断裂件断口的变形状态、颜色、表面缺陷、表面附着物等分析断裂部件的断裂模式。分析要观察断口上较为明显的宏观特征，韧塑性断裂有明显塑性变形，脆性断裂无明显塑性变形，疲劳断裂一般会有贝壳状花纹，磨损断裂有明显的损伤摩擦面，腐蚀断裂多半会产生腐蚀产物，通过微观分析进一步印证断裂模式。

分析载荷状态。韧塑性断裂通常对载荷冲击程度较低；脆性断裂一般是在低于允许应力条件下的低能断裂，也可能有较大的冲击载荷；疲劳断裂是循环应力或循环应变作用下，在一处或多处逐渐产生局部永久性累积损伤，经一定循环次数后产生裂纹或突然发生断裂，表现为交变载荷重复作用下材料和结构的破坏；蠕变断裂是在高温下持续施加载荷时，材料产生累进式塑性变形而发生断裂。

分析构件性能、材料性能和构件服役条件。分析构件本身是否存在明显缺陷、加工缺陷、早期损伤、尺寸减小；分析构件材料性能是否满足承载能力要求，包括材质、热处理、尺寸精度；分析构件装配、调整是否符合相关技术规定，包括装配方式、位置尺寸、间隙；分析构件运行中受力状态、载荷来源、作业有无超出设备规定的运行条件；分析有无意外情况导致构件断裂。

11.4.12 腐蚀分析思路

腐蚀是承压设备金属材料受腐蚀介质影响发生化学和电化学作用导致金属受损的现象。特种设备金属表面与水、蒸汽、空气、土壤、化工产品等介质接触，常常会发生腐蚀。腐蚀损害分析的主要对象是腐蚀类型，腐蚀产物类型、腐蚀物进入特种设备的方式。

特种设备主要由金属材料构成，自然环境下，时间足够长同样会发生腐蚀。分析时应根据勘验结果，判断设备是全面腐蚀（均匀腐蚀）还是个别构件腐蚀。特种设备严重超期服役，发生全面腐蚀的可能性大，大部分金属材料的厚度逐渐变薄，甚至腐蚀穿透，起重类设备常有这种情况，应核实设备使用周期、设备制造时间、设备在该环境下的安装时间、该区域环境的湿度、酸碱度等。

锅炉省煤器和过热器因水中含有溶解氧而容易发生氧腐蚀，凝汽器、除氧器、凝结水系统和疏水系统因氢离子去极化会产生酸性腐蚀，省煤器、过热器及减温器因游离氢氧化钠在垢下被浓缩会引起碱性腐蚀，水冷壁管的向火侧会产生氢损坏或氢脆腐蚀，锅炉汽包铆接孔及炉管胀管处会产生碱脆或苛性脆化腐蚀等。

压力容器受拉应力和特定的腐蚀介质的共同作用时，容易产生碱脆、硝脆、氨脆、氯离子等应力腐蚀；压力容器金属腐蚀过程中在表面上某些特定部位会出现选择性腐蚀；氢渗入压力容器金属内部会导致氢腐蚀、白点、氢脆，压力容器连接件或焊接接头缺陷处可能出现狭窄的缝隙，其缝宽一般为 0.025~0.1mm，足以使电解质溶液进入，使缝内金属与缝外金属构成短路原电池，并且在缝内发生缝隙腐蚀；压力容器金属受腐蚀介质和交变应力同时作用会产生破裂等。

压力管道内表面因输送物料，在压力和介质作用下容易产生腐蚀，管道外壁裸露的表面遭受大气锈蚀、风沙冲击磨削后的腐蚀，在较大面积上产生程度基本相同的全面腐蚀；管道受异种金属接触引起的电偶腐蚀、点蚀、缝隙腐蚀、晶间腐蚀是局部腐蚀；应力作用下容易产生选择性腐蚀、磨损腐蚀、应力腐蚀断裂、氢脆和腐蚀疲劳等。

分析承压类特种设备腐蚀应根据腐蚀零部件服役位置、服役条件、接触的主要介质类型、宏观腐蚀形貌、微观腐蚀形貌、金相组织等，综合分析发生腐蚀的类型和腐蚀原因。

11.4.13 磨损分析思路

特种设备磨损主要集中发生在受运动摩擦的机械设备构件上，也有一部分高温、高压流体介质冲蚀金属构件产生的磨损。

特种设备使用的导轨、钢丝绳、滑轮、各种摩擦制动装置、机械运动摩擦副等都会正常磨损，分析时要区分是否存在非正常磨损。例如，缺少规定的润滑措施，润滑油脂中混入磨料和腐蚀性物质，装配时间隙不合适，摩擦面有早期损伤或加工缺陷，野外安装设备受到环境带来的风沙和微粒等侵袭，设备超过规定载荷运行，环境过冷或过热导致润滑失效等。

磨损表面形貌分析。磨损的表面形貌变化最直观，可以分析磨损失效金属零件的状态和磨损的发生发展过程。通过构件磨损表面宏观状态分析磨料状态，为寻找磨料来源指明方向；通过磨屑状态分析磨损面的力学状态和工作状态，为分析设备运行状态指明方向，还可结合磨损面尺寸、磨损量等分析磨损模式和磨损程度。

磨损亚表层分析。磨损表面下有相当厚的一层金属，但是在磨损过程中也会发生重要变化，如冷加工产生的硬化。由于摩擦热、变形热等影响，亚表层可观察到金属组织的一系列变化过程。通过制样观察磨损面的剖面状态，根据亚表层的硬化层特征、金相材料组织、磨损相、裂纹形成状态、元素转移等分析磨损发生过程的摩擦热、变形热和磨屑形成过程；根据磨屑、切削屑、变形屑、脆断屑形貌类别、磨屑组织及结构分析磨损过程。

磨损分析同时应考虑服役系统各参量对零件使用过程的影响因素，零件的设计、加工、装配、工艺和材质、摩擦副材料配对等原始资料，综合分析磨损发生过程，判断早期失效的原因或耐磨性差的原因。

11.4.14 老化分析思路

老化是特种设备使用的高分子材料制品在加工、贮存、使用过程中，受各种环境因素的作用性能逐渐变差，以致性能部分或全部丧失的现象。

特种设备中使用的高分子材料制品主要是各种密封、减振、抗冲击、电气绝缘、安全隔离等零部件；对服役状态的高分子材料制品老化进行分析，能够为液压系统泄漏导致的压力下降、密封系统介质泄漏、设备或系统非正常振动、零部件冲击损伤、电气系统漏电、安全装置隔离失效等提供依据。

高分子材料老化是不可逆的变质现象，特种设备中使用的塑料、橡胶、复合材料、胶黏剂等都是高分子材料制品。高分子材料老化应分析环境中热、光、高能辐照和机械应力等物理因素，氧、臭氧、水、酸、碱、油等化学因素，微生物和昆虫等生物因素；根据有机玻璃发黄、发雾、出现银纹甚至龟裂，轮胎和橡胶软管出现龟裂、变硬、变脆，油漆涂层失去光泽甚至粉化、龟裂、起泡和剥落等宏观特征分析环境因素对高分子材料性能下降的影响。

分析应结合高分子材料分子量检测结果、材料性能检测结果，因为高分子材料在老化过程中性能下降的主要原因是分子链发生降解和交联反应。降解反应导致分子链断裂，即分子量下降，从而使材料变软、发黏并丧失机械强度；交联反应则往往使高分子材料变脆或失去弹性。通常抗拉强度随分子量的增加而提高，但是当分子量超过某一临界值后，强度对分子量的依赖性就不明显了。因此，材料中分子量低于临界分子量的低分子量级对材料的强度影响最大。橡胶材料的强度除了与分子量有关，还强烈地依赖于交联程度。当交联程度较低时，强度随交联程度的增加而迅速提高并达到极大值；当交联程度过高时，橡胶强度又下降，这时材料变得较硬、较脆而且失去弹性。所以每种橡胶都有一个正硫化点，在这一点，材料的强度和弹性最好，而欠硫化或过硫化或贮存中早期自然硫化都会影响橡胶的强度和弹性。相对而言，交联对塑料强度的影响较小。

材料变色则往往是由于材料中的高分子或配合剂发生化学反应，形成或消除了某种生色团而引起的，也可能是由于其他物质的渗透污染造成的。

各种高分子材料老化的难易程度与高分子链的结构有关。一般地说，杂链高分子容易受化学因素的侵蚀，而碳链高分子往往对化学试剂比较稳定，但容易在物理因素和氧的作用下老化。

高分子材料制品零件均有寿命，分析老化的同时要考虑制品零件的存放时间、存放环境、放置的方式、使用时间等因素。

11.5 电子数据分析思路

随着科学技术的发展，特种设备上自动记录作业过程的电子数据记录装置越来越多，这些记录是特种设备作业时的实时记录证据，对事故发生过程参数变化有极强的证明作用。

特种设备电子数据记录的证据主要有现场录像、设备运行参数实时记录两种形式。现场录像包括作业现场固定安装的录像装置、特种设备本体携带的随作业动作移动的录像装置获取的图像数据，特殊的还有偶然拍摄到的事故录像；设备运行参数是安装在锅炉、压力管道、电梯、起重设备上的各种数据传感器，自动采集设备实时运行参数，传输到数据终端记录装置上储存的电子数据；有些特种设备本身还携带有身份及原始资料的电子标签等。

图像类电子数据的质量通常与拍摄设备的参数相关，分析时可使用图像处理软件，采用分帧、图像增强、清晰画面等技术手段观察图像；直接复制储存器上的参数应尽可能使用对应的软件读取，所有的电子数据都应核实其真实性。

分析图像电子数据，可以观察事故发生过程时现场气候环境变化状态、人员出入和动作状态、设备运行状态、介质状态、外来物质侵入等信息。通过观察视频分帧图像细微变化过程，可以确定事故发生顺序、最先发生事故的起点位置等。观察分析锅炉、容器火灾或爆炸事故视频分帧图像，可以确定火灾或爆炸发生的具体区域、具体位置、与之相关的零部件、火灾或爆炸持续损坏物品的顺序、扩展路线等；观察分析起重设备作业倒塌事故视频分帧图像，可以确定部件之间相互位置关系、受力零部件变形先后状态、断裂先后顺序、人的不安全行为等；观察分析电梯发生事故视频分帧图像，可以确定载荷类别、人员动作、设备最初状态等。

分析运行参数，可以观察事故发生过程中设备是否处于正常运行状态，在发生事故前特种设备运行的压力、温度、速度、使用介质、载荷等变化的信息，可以分析、排列、区分哪些物理参数与事故存在关联及关联程度。

利用事故图像、设备运行参数分析信息，可以指导现场勘验工作，确定勘验重点区域、位置及零部件，需要关注和提取与事故有关联的证据，排除与事故无关的机械动作、人员行为、设备运行参数等。事故中生成的电子数据有益于确定事故发生先后顺序、发展路线，是分析确定导致事故原因的重要证据。

11.6 分析人员基本素养

特种设备事故分析人员应具有实事求是的工作态度，公正中立，不受上级领导和他人意图左右，不受商业和经济的干扰；熟悉鉴定相关的法律法规，为人作风正派、品德高尚，易受到委托人的信任；待人热情谦逊，能听取他人意见修正自己的错误，敢于承担责任；能严守国家机密，遵守行业道德；知识面广，有丰富的工作经验；有坚持到底的毅力，勇于克服各种困难，知难而进，有一追到底的责任心和强烈的探索兴趣；有组织工作能力和基本的分析技能；具备检索信息的能力，会借助文献、案例、网络分析问题；看问题全面，能够冷静地分析问题，得出正确的判断；有较好的文字和语言表达能力。

特种设备事故分析人员应该具备相应的专业技术技能和素养，充分掌握特种设备产品设计、制造、安装、使用的技术特性，精通一两个理工科专业，熟悉与事故分析关联的材料学、断口学、金相学、腐蚀学、焊接工艺学、摩擦磨损学、无损检测、冶金机电及热加工缺陷等专业知识，了解机械设计、理化检验、测试技术、断裂力学、断裂物理、断裂化学、修理学、系统工程学、可靠性分析、概率统计、模糊数学、质量管理等专业知识。

12 事故鉴定文书

12.1 鉴定文书概念

鉴定文书是鉴定人依照相关法规、标准规定的条件和程序，运用科学技术或者专门知识，对鉴定的专门性问题进行鉴别和判断后，为表达鉴定意见而制作的文书。

特种设备事故鉴定文书是主要针对特种设备事故专门性问题，由专业鉴定人员根据鉴定结果作出的书面材料。特种设备事故鉴定文书包括鉴定意见书和鉴定检验报告书。

鉴定意见书通常是鉴定机构和鉴定人对委托人提供的鉴定对象进行检验、鉴别后出具的鉴定人专业判断意见的文书。专业判断包括鉴定人技术经验、逻辑推导等，其量化的技术指标少，不能简单、直接地对被鉴定对象状态进行数据比较，通常会根据证据、法规、标准等规定对结果进行阐述。鉴定意见书既要庄重、严肃，体现专业技术特点，又要通俗易懂，让委托方真正理解鉴定意见。鉴定意见书的书写充分考量了编制人的专业技术表达能力和文字表现力。

鉴定检验报告书是鉴定机构和鉴定人对委托人提供的鉴定对象进行检验后出具的客观反映鉴定人的检验过程和检验结果的文书。鉴定检验报告书出具的是委托鉴定对象的检验过程和检验结果，结果相对容易与合同要求、规定标准比较，非专业人员也能判断被鉴定对象状态与合同约定和标准规定之间的差异。

鉴定文书的属性与委托方的身份和鉴定文书的用途直接相关。公民、企业委托鉴定，用于自身了解产品质量情况的鉴定文书属于普通鉴定文书；行政机关委托鉴定，用于处理产品质量事故的鉴定文书属于行政鉴定文书；司法机关和所有委托方委托鉴定，用于诉讼活动的鉴定文书属于司法鉴定文书。鉴定文书的属性随其用途变化而变化，人民法院会对用于诉讼活动的鉴定文书的法律特性、形式要件进行审查。

司法鉴定文书应符合法规和司法行政管理部门统一制定的司法鉴定文书规范。所有的鉴定文书都应使用国家标准计量单位、符号和文字，特殊的语言文字要求应符合相关法律规定。

12.2 鉴定文书特点

12.2.1 语体风格特点

人们在日常生活、工作中，运用语言进行交际时，由于语言环境、思想内容、谈话对象不同，常常形成一些特有的习惯用语和专门语汇，采用一些常用句式和固定格式，这种因语体不同而形成相对稳定的语言特点，就是语体风格。语体分为口头语体和书面语体两类。

口头语体包括谈话语体和演讲语体。口头语体一般是日常生活中的谈话和对话，其特点是用词通俗活泼，语句较简短，较少使用虚词，说话的语调在表情达意上起着重要的作用，上下文的承接不十分严密，常用省略，对于交际环境的依赖性较强。

书面语体分为文艺语体、政论语体、公文语体、法律语体、科技语体等。书面语体是以书面形式为基本形态，用于正式的场合，其特点是用词文雅庄重，常用结构复杂的长句和层次复杂的多重复句，上下文承接严密。

文艺语体通过艺术形象反映客观世界，运用形象思维表达主体的思想情感。文艺语体在准确性的基础上追求语言的形象性、鲜明性、生动性，以提高语言的感染力。文艺语体运用的词汇异常广泛，古语、方言、专门术语等都可采用。它着重艺术修辞，修辞格式变化多样，在语言文学的形、音、义等各方面，都讲求美化和艺术化，主要用于小说、散文、诗歌等。

政论语体用于对社会生活、工作中某种问题或倾向的评论，以宣传鼓动的形式直接推动工作和斗争。政论语体似乎介于科技语体和文艺语体两者之间，既用逻辑思维，又用形象思维；既有分析、论证，又有形象描绘和感情的抒发；既有说服力，又能感动人。它对语言的运用比较广泛，既可用专门术语，也可用古语、方言、谚语、歇后语，修辞方式较为多样，语句也可长可短。

公文语体因交际的需要和社会功能的作用产生。公文语体以叙述、说明、实用为目的，语言文字简明、准确，程式固定、庄重、规范。主要用于政策、法令、文件、条约、章程、合同、协议书、广告、启事、总结、保证书、感谢信等。

法律语体是在法律领域进行交际时，根据法律工作的性质和任务而形成的言语体式。法律语体包括立法语体和司法语体。立法语体包括法律、法令、法规等；司法语体包括报告文书、起诉文书、裁判文书等各类法律文书。

科技语体用于叙述、论证、说明、总结描述事物规律及其应用方法。科技语体要求概念准确、判断严密、推理周密，语言要求准确、简洁，不追求辞藻的华丽。科技语体的特点是大量运用术语、符号、公式和图表；句式平整、变化少；一般不用修辞格式；语言平实，多采用客观性描述方式。主要用于科技著作、科技论文、科技评论、科研报告等。

12.2.2 鉴定文书特点

鉴定文书使用的是司法语体，不同的鉴定文书因行业、专业内容不同各有特点，其司法语体风格也存在差异。文物、字画类鉴定文书兼备文艺语体特征，特种设备是机电工业产品，鉴定文书具备科技语体的特征。因此，特种设备鉴定文书的语体风格是司法语体和科技语体的结合，特种设备鉴定文书的特点是语言简约、用词庄重、概念准确、推理周密、可读性强。

语言简约就是准确、恰当、客观地叙述事件，不刻意地夸张、渲染，老老实实、原原本本地叙述事实，不遗漏案情涉及的关键问题的某些重要细节，注重证据的关联，说明事理。一般运用概括性叙述和分类说明的方法，句型上多使用主谓句，非主谓句只限于动词非主谓句；多用长句，句式严整，变化小；大量使用限定性定语，极少使用修饰性定语；大量使用明确、凝练的词语、程式化的用语、概括性很强的"的"字短语、多层定语或状语。整个鉴定文书简明扼要，避免不必要的重复和反复强调。

用词庄重就是使用书面语体、特殊行业的专用语词、谨慎使用口语词；很少用形容词，几乎不用比喻、夸张的语词；一般不用感叹语、象声语等独立成分；必须使用褒贬词的要准确，尽量选择不具备描绘性和形象性的词语；要恰当使用科技术语，正确运用缩略语，精确地使用数字；法规、规章、标准、文献要来源明确、时间清晰；语词不使用污秽的词语，不使用侮辱性语词，保证用词确切、严谨、周密，不留漏词。

概念准确就是给出事物基本含义所界定的范围明确，不用概念模糊词语、猜测性词语以及称代提示成分；使用的专门术语、符号、公式、图表要清晰明确，避免过度使用无关联的计算过程冲淡、混淆主题；表述内容目的性强，相关问题完整、严谨、无遗漏，避免泛泛而谈，缺少主体，不知所云。

推理周密就是根据获取的客观证据、求证有效的证实性材料，按照特种设备的作业原理、作业规律、作业条件等因素，运用逻辑思维方法推导事故过程，引发事故的因素，推理过程和事实判断要符合科学原理、有证据支持，使用证据要形成证据链条；忌讳判断结果想当然、缺少支持证据，考虑影响因素不完整，证据链断裂。

可读性强就是通俗易懂。表述事件的因果关系清楚明了，不兜圈子，不留包袱，不产生歧义；尽量不用孤僻字、生涩语词、半文半白的词语，以免造成语句不通，难为当事人明白和理解，失去法律的群众性。

12.3 鉴定文书编制

12.3.1 鉴定文书类别

特种设备事故的鉴定文书有检验报告和鉴定意见书两类。通常整机、部件总成、材料的技术参数、质量水平检测使用检验报告居多。检验报告主要由检验项目或参数、检验使用的标准或规范、检测结果、检验结果与标准或规范比较的判断结论等构成。特种设备事故原因分析、质量状态分析使用鉴定意见书居多。鉴定意见书主要由鉴定事项、鉴定过程涉及的调查、勘验、试验、检验结果、鉴定技术分析或说明、鉴定意见等构成。检验报告和鉴定意见书使用与鉴定委托内容相关，而非规定某类鉴定必须用固定格式，文书构成要素可根据实际需求调整。

鉴定文书是否被委托方和当事人接受，取决于鉴定文书内容的真实性、检验检测和技术分析的准确性、鉴定过程的合法性。因此，鉴定文书编制的主要要素应包括鉴定基本信息、鉴定材料、鉴定过程、分析说明、鉴定意见、鉴定文书形式要件、鉴定文书中的照片等。编制行政、司法鉴定文书还应遵守其规定形式要件的要求。

12.3.2 基本信息

基本信息主要包括委托人信息、委托鉴定事项、受理日期、基本案情等。

委托人信息应完整、准确。司法行政机关、企事业单位名称应与委托书印章名称一致，个人委托要与身份证名称一致，共同委托的多个委托人要在鉴定文书中载明，应保留具体委托经办人的信息或记录。

委托鉴定事项应清晰、简明。委托鉴定事项应按照委托书内容载明，不应随意改写文字或改变内容。委托人对委托事项技术内容不明晰、不清楚的应与鉴定机构沟通后，重新共同确认鉴定事项，并留下书面确认证据。

受理日期应准确。鉴定往往有前期沟通、期间变化、委托人提交委托书滞后而时间提前等情况。鉴定文书应明确界定受理时间，符合鉴定程序规定。提前介入属于沟通了解事件情况的范围，不计入鉴定周期，以免违反鉴定程序。

基本案情介绍应清楚、扼要，站在第三方的立场上，按照时间顺序或事故过程简要叙述事件基本内容；案情简介不宜过多地描述当事人争议纠纷过程、苦情叙述、与鉴定技术活动无关的经济纠纷过程；案情简介不宜过多地描述事故产生的后果对当事人或社会的影响，应尽量避免渲染事件的危害后果和过分表述事故血腥场面，避免产生暗示效应。

鉴定文书中不宜直接写入当事人完整姓名，需要表述与事故直接关联的当事人时，只要不产生混淆，可以用姓氏加上某某，或用某某工作岗位操作员等方式代称；关键当事人确需载明姓氏名称的要慎重审查，一般的当事人姓氏名称在原始记录中留存备查。

12.3.3 鉴定材料

鉴定材料应准确、目的性强。鉴定材料包括被鉴定实物、样品、技术文件资料等。

被鉴定实物、样品应注明规格、型号，需要时附照片；有抽样时，要载明抽样标准或使用的抽样方法或当事人约定的抽样方法；有取样时，要载明取样标准或当事人约定的取样方法，要载明所取样本在被鉴定物整体中的位置、尺寸大小，需要时可用图纸、照片、重量等方式表述；抽样和取样物品要载明整体、分样的唯一性标识和标识迁移。

鉴定活动中应明确界定送样、取样、抽样的概念。送样是委托人提供样品，对样品的真实性负责，鉴定机构接受和确认样品；取样是鉴定人在事故现场，委托方和当事人见证并办理签字手续后，现场提取与事故相关的样品；抽样是通过样本质量来推断总体质量，利用概率的数学方法科学合理地降低鉴定检验成本，具体的抽样要遵从对应产品规定的标准或相关各方共同认可的技术方法来获取样本，而不是随意获取样本。

技术文件资料要载明合法来源、数量、正副本等。委托人可能会提供较多的实物和资料，凡是与鉴定活动、证据无关联的鉴定材料应单独存放，退还委托方。不宜将所有提交的鉴定材料都写入鉴定文书，使文书内容臃肿、可读性差、冲淡主题；所有资料及其中的产品、零部件称谓应统一，尽量使用书面称谓，同一资料、产品、零部件不应有多个名称，不应有仅在某个区域使用的名称，不应有俗称或简称，有特殊要求需要使用的应注明。

12.3.4 鉴定过程

鉴定过程主要包括调查、勘验、试验、检验检测、结果比对、审查评价，鉴定活动中涉及的环境、辅助条件、异常因素、仪器设备、标准和方法等。鉴定过程实际上就是反映合法获取证据的完整鉴定过程，也是鉴定程序合法的表征，过程主要表述证言、书证、物证客观获取和鉴定印证过程。

鉴定文书应载明现场鉴定场所名称、时间、参与鉴定活动的鉴定人员、在场见证人员等；应载明委托人或当事人确认的被鉴定对象；应载明被鉴定对象接受鉴定时的状态，特别是被鉴定对象异常现象；应载明对鉴定环境条件有要求的环境变化情况。

鉴定文书应载明委托方提供、现场调查获取的与事件有关联且经过印证有效的证言、书证，包括对证言、书证的甄别、判断过程，未经证实、不能确定的证言不宜列出和引用；应载明调查获取的设备使用条件、使用历史、曾经出现的异常情况等。

鉴定文书应载明勘验获取的物证，表述物证发现位置、外观尺寸、宏观特征、与设备结构关联等；应载明比对、现场试验物证对设备功能实现程度、参数测量结果等；应载明物证检验检测力学性能、化学成分、冶金分析结果及物证的微观特征等；应载明环境条件、工辅条件和异常因素对勘验、试验、检验检测、比对物证的影响。鉴定文书中每一物证勘验、试验、检验检测、比对结果可以依据标准规范给出单项结论、失效模式、失效机理等，为分析说明和鉴定意见提供依据。不是所有的鉴定都具有上述内容和项目，不是所有的检验检测数据都要载入，无关的数据应当略去。同时还应根据问题和数据性质的实际情况选择、调整鉴定文书对鉴定过程的表述。

鉴定文书应载明鉴定所依据的法律法规、技术标准和方法。载明鉴定使用法规、标准、规范、方法名称、代号、年代号，应关注法规调整范围、标准化对象、适用范围、实施日期、方法确定的法律和事实依据、项目参数用的标准与鉴定事实的关联性。非标准和特殊方法要得到委托方认可，不应随意罗列、使用与检验检测、鉴定结果、参数比对毫无关联的鉴定依据，以及委托方不认可的推荐性标准和技术规范、未经证实或非公知的技术或技术方法等。

鉴定文书应根据情况，载明特殊、关键检测项目所使用的仪器、设备、比对样本、标准物质等；应对测试准确度要求高的仪器注明测量范围、最小分度值、不确定度、规定校准曲线等；载明鉴定过程中出现的异常干扰和分析影响的程度。

鉴定文书应载明鉴定过程中发现部分委托内容不符合法律法规、被鉴定物某些项目不具备鉴定条件、某些环境条件不满足鉴定要求时，按照鉴定程序规定终止或部分终止鉴定的情况或说明；应载明合规使用外部提供的信息和来源。

12.3.5 分析说明

分析说明是鉴定人运用专业能力和经验，对委托方提供的资料，调查获取的证言和书证，勘验、试验、检验检测、比对获取的结果，环境因素影响，设备技术原理，法规和标准要求等证据进行分析、阐述、判断的过程，用书面方式告知委托人和当事人。

分析说明使用的证据应来源于鉴定过程中获取的观察、提取、检验试验、验证的结果，这些结果是分析说明中鉴定人得出最终分析结果的技术支撑。分析说明不应有鉴定过程中未出现过的数据、结果等证据，可以有根据鉴定过程获取的数据、结果等证据进行计算、推导的结果；分析说明使用的言词证据应有对应的言词证据相互印证，或对应的实物证据印证，或符合事故客观发展活动的印证，预防单独使用言词证据偏离事实真相；

分析说明使用的实物证据应有特征分析结果，或检测数据与规定标准、合同比对的结果，或检验、试验、验证比对的结果；使用科技文献等资料进行分析的要载明资料出处，需要解释的内容，可以在附注中做出说明。

分析说明文字和证据应准确，过于简单化或复杂化都会破坏鉴定文书的连续性和可读性；分析结果与证据因果关系应明确，剔除模糊概念，证据应形成链条；分析可能性和趋势的逻辑关系应严密、慎重，证据不足时不能武断推导；没有分析结果的要明确说明原因。

12.3.6 鉴定意见

鉴定意见是专业技术人员依据所收集到的证据，分析判断后对案件中的专门性问题所出具的专门性意见。

鉴定意见并不是唯一的、最终的结果。鉴定意见受所收集的证据、鉴定人技术局限，委托方有义务对鉴定意见进行审查，有权利要求鉴定人对不明确的鉴定意见做出合理解释，因此，鉴定文书应载明与委托事项要求相对应的真实、准确、精练的鉴定意见。

鉴定意见真实，要求鉴定意见的主张有客观证据支持，证据本身能够形成完整的证据链，确保鉴定意见忠于事实，应避免鉴定意见仅依据未印证的现象推断，简单地使用孤立证据，甚至按照自身经验主观臆断；鉴定意见准确，要求鉴定意见的解读具有唯一性，避免鉴定意见模棱两可、答非所问；鉴定意见精练，要求鉴定意见的可读性，鉴定意见用词要精练、准确，避免长篇大论，不直接正面回答委托要求。

从理论上讲，鉴定意见应具备确定性，要么肯定，要么否定，确因检材和样本数量、质量、环境、技术等客观原因限制不能做出确定性意见的，应明确告知委托方原因，避免使用大概、可能、不排除等不确定性词汇给出鉴定意见。不能做出确定性意见的鉴定项目，委托方又有特殊需要，鉴定人可根据客观情况，运用所掌握的专业知识和积累的实践经验，对鉴定内容作出推断性意见，并在鉴定文书内特别载明为推断性意见，避免错误解读或适用。

12.3.7 鉴定文书形式要件

鉴定文书形式要件是法律、行政法规对鉴定文书形式上的要求。形式要件通常不是文书生效的要件，但如果法律、行政法规规定将其作为文书生效的条件时，便成为文书生效的要件之一，不具备这些形式要件，文书不能生效。

鉴定文书的形式要件包括载明鉴定机构名称、地址、联系电话，识别鉴定文书的唯一性编号，鉴定机构对鉴定文书用途申明等基本信息；鉴定文书应载明鉴定地点、鉴定日期、被鉴定物鉴定过程中消耗、灭失等信息；鉴定文书应有鉴定人按规范要求的本人签名、机构印章等；鉴定文书的文字要符合国家文字规范标准，应使用法定计量单位，满足法律法规的特殊规定，引用的资料应当注明出处；鉴定文书中应给出相关附件的图表、照片、音像资料、参考文献目录等编号标识；鉴定文书应规范格式、书写、印制等。

12.3.8 鉴定文书中的照片

鉴定文书中的照片是反映证据特征的载体，应避免与证据并联性差、只求数量的堆集型图片；照片上反映主题内容的景物与特征要清晰、逼真，应有较大的景深范围；痕迹物证照片比例尺不应变形，按倍率制作的照片比例应准确；除检验鉴定需要增强或降低照片的反差外，黑白照片应反差适中，层次丰富；除检验鉴定需要调整照片的色差外，彩色照片的色彩校正应接近实际颜色，不应有明显的偏色；照片衔接部位的放大倍率、密度、反差、影调、色调应一致，对接线应避开画面重要部位；照片应用光面相纸制作，照片应平展、清洁，不应有较明显的划痕、白点、污渍；照片应不留白边，不应裁切花边。

鉴定文书中照片几何形状应以横幅矩形为主，竖幅矩形不应过多；可配少量的方形或圆形，但不应有棱形、三角形等其他几何形状，更不应只剪留主体而不要背景；照片的长宽比例应在 8:5 左右，必要时可根据画面主体形状和版面组合要求进行剪裁。

鉴定文书中照片的尺寸应根据画面内容和组合编排需要决定。直接反映现场方位、概貌、重点部位的主要照片和重要细目照片，尺寸为 90mm×130mm、100mm×150mm、130mm×180mm、120mm×200mm，边长误差控制在 ±3mm；辅助反映现场局部场景、特写的照片，尺寸为 60mm×90mm、90mm×130mm、100mm×150mm；直接反映痕迹物证的照片，可用 1∶1 比例的原物大小，也可以用带倍率的放大照片；痕迹物证照片的放大倍率以清晰反映形象特征为前提，一般为 60mm×90mm、90mm×130mm、100 mm×150 mm；连接后的照片宽度为 60~90mm，长度为 150~300mm。

鉴定文书中的照片应有相应的文字说明。凡在画面上标注符号、代号的照片，一般应对符号、代号所代表的内容附注文字说明；用相向、多向照相法等方法拍照的多张方位、概貌照片和通过技术手段显现拍照的痕迹物证照片，要对拍照方法、技术手段附注简略的文字说明；分段落层次的照片卷，应在段落层次前附以概括内容的文字标题；文字说明中带有计量单位的数字，应采用阿拉伯数字，数字应写成小数，不写分数；不带计量单位的 10 以内的数字，可按汉字"一、二、三……"书写；文字说明中应采用法定计量单位，应书写该计量单位的符号或代号；文字说明应印刷或贴附在照片下方或右侧，距照片边缘 5~10mm 居中部位；同一版面的两张照片可用同一文字说明时，文字说明应贴附在两张照片中间；涉外案件现场照片的文字说明，应采用中、英文两种文字书写，或约定的文字书写。

13 鉴定人出庭作证

13.1 鉴定人出庭作证概念

鉴定人出庭作证是指人民法院因案件审理需要，依法通知鉴定人出庭，就鉴定的有关事项进行说明并接受质询的活动。鉴定意见是鉴定人运用专门知识和技能做出专业性较强、确定案件基本事实的一种证据。司法实践中，审判人员和其他诉讼参与人常常对鉴定意见提出质疑，需要鉴定人出庭对鉴定意见做出科学合理的解释。

鉴定实践中常将质证和作证混用，质证和作证是两个不同性质的法律概念。质证是法庭审查证据，是法庭上的法官、当事人、诉讼代理律人、专家辅助证人对当事人提出的证据、鉴定人的鉴定意见，就其真实性、合法性、关联性以及证明力的有无、大小予以说明和质辩的活动。作证是证人（含鉴定人）在法庭上陈述证据，解答法官、律师的疑问。所以鉴定人只有法庭作证的义务，而无法庭质证的权利。

随着我国法治建设的不断深入，相关法律对鉴定人出庭均做出了相应的规定，《司法鉴定程序通则》等相应的规章对鉴定人出庭要求更加明晰。只有鉴定人出庭，接受法庭的询问，回答相关的问题，才能保证法庭调查、质证、认证、法庭辩论顺利进行。鉴定人出庭是鉴定人应尽的义务。鉴定人出庭是法院审理相关案件的必经程序，是鉴定人鉴定工作的继续和延伸，是每一位鉴定人出具鉴定意见后应尽的法律义务。

鉴定人出庭作证具有广泛的社会意义。鉴定人出庭作证可让诉讼参与人全面了解案情，正确分析判断鉴定意见的证据价值，排除诉讼参与人对鉴定意见的合理怀疑，有利于保证司法鉴定的公信力；鉴定人出庭作证可以及时解答审判人员和其他诉讼参与人对鉴定意见的各种质疑，避免不必要的重复鉴定，缩短案件审理的期限，减少诉累，有利于提高审判效率，节约当事人经济成本和司法资源；鉴定人出庭作证有利于提高鉴定服务质量，增强鉴定权威性，妥善化解社会矛盾。

鉴定人出庭作证能够提升鉴定人的社会地位，鉴定人所做的鉴定意见最后被法庭采信时，鉴定人的辛勤劳动得到了社会的充分肯定；鉴定人出庭作证可促进提升鉴定人业务素质，诉讼参与人多种方式的提问，迫使鉴定人必须不断钻研本专业鉴定业务，充分了解所鉴定领域技术发展动态，熟练掌握本鉴定领域技术手段和检验方法；鉴定人出庭作证可强化对鉴定人员的监督，鉴定人出庭参与诉讼，面对公众舆论和监督，必须遵从事实真相，科学合理地运用鉴定技术，慎重给出鉴定意见，确保司法公正，维护诉讼当事人的合法权益。

13.2 作证常见的质疑内容

法律圈内有一句行话，"打官司"就是"打证据"。随着科学技术发展及其证据在诸多领域的广泛应用，"打证据"就是"打鉴定意见"将成为一种必然趋势，鉴定人出庭作证的过程就是对鉴定意见正确性质疑的过程。

任何证据都具有客观性、关联性、合法性的特征，鉴定意见是我国法律所规定的法定证据类型之一。其客观性主要表现为真实性和科学性，鉴定意见的审查和认定始终围绕证据的三性特征来进行，根据司法鉴定实务，鉴定意见最终是否被采信取决于法庭对鉴定人就上述问题作答的被说服程度，鉴定人应集中精力就主要问题的作证做好准备工作。

质疑鉴定机构资质。鉴定机构应持有相应行政管理机关颁发的执业许可证，许可证所许可的项目与鉴定项目相符；具备检验检测机构资质认定证书，其附表中认定的项目参数与所鉴定的项目参数相符；出具鉴定意见时，所有证书均在有效期内。司法实践中有鉴定机构出具的鉴定意见超出许可鉴定范围、超出认定参数范围，且在鉴定意见书上无明确注明、委托协议中无明确说明的情况。

质疑鉴定人资质。鉴定人应持有相应的法定资格证书，应有与鉴定项目相关的专业技术职称，不存在与所鉴定项目回避的情形。司法实践中有鉴定人不具备与从事的司法鉴定业务相关的高级专业技术职称；或不具备与从事的司法鉴定业务相关的专业执业资格或者高等院校相关专业本科及本科以上学历，且从事相关工作不满 5 年；或不具备与所从事的司法鉴定业务相关工作 10 年以上经历和较强的专业技能的情况。

质疑鉴定材料。鉴定材料是鉴定意见的基础与前提，鉴定材料是鉴定过程中直接用于检验的一切材料的总称，包括被鉴定物、比对样品、技术文件资料等。鉴定材料来源必须真实可靠，来自何人、何物、何时、何地、何部分，必须得到确切的证实，与相关记载的内容相符；其取得过程必须符合法律法规、相关技术规范；由合法主体遵循法定程序、以合法的手段调查收集；检材和样本数量应符合技术检验标准要求；鉴定全过程防止采用可能改变被鉴定物原有性质、特征的措施等。司法实践中也有样本来源不清、取样不符合技术规范、抽样不遵循规定标准、样本数量不足、检材未制作唯一性标识、未按规定储存保护样本等情况。

质疑形式要件。鉴定意见的形式要件关乎鉴定意见本身的合法性，影响鉴定意见的真实性，鉴定意见文书的格式、规范应严格按照相关规定编制、书写、印制。司法实践中存在鉴定意见内容不完备、相关内容存在瑕疵、鉴定方法或依据与鉴定项目不对应、法定计量单位错误、鉴定人签字不规范等情况。

质疑鉴定程序。司法鉴定程序是司法鉴定机构和司法鉴定人进行司法鉴定活动的方式、步骤以及相关规范的总称。鉴定程序主要包括鉴定委托受理程序、鉴定实施程序。鉴定程序合法性是程序正义的必然要求，也是鉴定意见合法性的重要标志，司法实践中有检材不具备鉴定条件而仍然开展鉴定、一人单独鉴定二人签署鉴定文书、不履行复核规定也无复核记录、随意使用与鉴定参数无关标准、使用外部提供信息未注明等情况。

质疑鉴定过程和方法。鉴定意见被视为科学证据，是因鉴定过程需要借助先进的科学仪器设备，严格按照检验规范和鉴定规程，选用合适的技术方法才能有效地获取证据。司法实践中有样品制备不符合标准、鉴定仪器设备缺失、检测精度低、无规定校准曲线、检验方法不适宜、结果稳定性和准确性不足、认定方法可靠性差、分析过程说明牵强、证据使用牵强等情况。

质疑分析说明和鉴定意见。分析说明是对获取证据判别的过程，依据法规、标准、鉴定人的专业能力，对获取的证据分析、阐述、判断，用书面方式告知当事人。司法实践中有分析说明过于简单，缺乏逻辑性；判断缺少依据和技能支撑；证据不能形成证据链，与鉴定意见因果关系差；鉴定意见含糊，与委托项目不对应等情况。

13.3 作证准备和作证技巧

鉴定人出庭作证应有良好的心态。有些鉴定人很少涉及庭审活动，往往会因为自己不了解法律条文，对庭审言语表达方式不熟悉，过去作证时曾受到过专业人员的质疑，所以存在畏惧情绪，甚至拒绝出庭作证。作证是鉴定人的法定义务，鉴定人出庭作证是履行自身的法定职责。鉴定人出庭作证的实质是法官、参与诉讼的人员通过对鉴定人的发问，调查核实有关专门性问题，帮助法庭查明事实，不是对鉴定人的审判。熟悉与鉴定活动相关的法律、法规是鉴定人入职的基本要求，对被鉴定事项案件所涉法律的认定不是鉴定人的职责范围，也不是作证需要鉴定人答复的问题。鉴定人从法律地位、职责方面都不应有心理负担，应义无反顾地参与作证。

鉴定人出庭前应调出存档的鉴定材料，再次充分熟悉鉴定案情，回顾梳理鉴定过程的每个细节，找准专业理论的依据和出处。要学会给自己"挑刺"，检查整个鉴定过程是否存在漏洞，对发现的某些不足要正确面对，在合理范围内完善或补充，若有必要，可在出庭中向法庭虚心承认不足，取得法官及庭审双方的谅解，减少对出庭效果的负面影响。

出庭前鉴定人要及时与公诉人或者承办法官取得联系，提前了解鉴定意见的主要争议点、是否邀请专家辅助人参与诉讼过程，做到有的放矢。仅由辩护人参与作证并不会给鉴定人带来困难，因为律师大多对"专门性问题"并不了解，但专家辅助人的参与，则会给鉴定人作证带来较大挑战，对鉴定意见的作证将成为鉴定人与专家辅助人之间专业技能和学术水平的"较量"。

出庭前还要全面熟悉鉴定意见涉及的专业知识和相关法律知识，必要时复印相关标准、文献资料。准备好鉴定人资质证书、资格证书、职称证书。针对所了解到的争议点，大胆预测辩护人可能提出的问题，准备相应的发言提纲。

鉴定人出庭时应当着装整齐，举止稳重，得体的仪表可以彰显内在底气，传播正能量。

作证是语言交流的过程，需要掌握一定的技巧，应当让出庭语言成为法理性、逻辑性和艺术性的有机结合，增强其感染力和说服力。

庭审回答问题要实事求是。客观阐述事实，说明证据与鉴定意见的关联；认真细致地听取问题，有针对性地回答；不主观推测，不知道的事情明确回答"我不知道"；确属自己失误也要勇于面对，给所有人留下正直、可信任的印象。

庭审回答问题要沉着冷静。把握好自己的情绪和态度，不要过分突出对抗性；主动控制庭审节奏，对于冗长提问可以明确地告知"没有听明白，请简明提出问题"；自始至终围绕鉴定意见作证，超出鉴定意见范围或者无关的问题可明确告知"不予回答"。

庭审回答问题要有逻辑性。回答质疑时，语言要简洁明了、条理清晰，可采用陈述、反问或反驳的方式，使用通俗易懂的语言对鉴定意见进行解释。对鉴定无关的内容不予回答。庭审中遇有多人多种鉴定意见时，不必对他人鉴定意见进行评判。

庭审回答问题要抓住原则问题。若对方针对枝节问题久问不止，应及时向法官提出反对意见，提醒对方回到原则问题上来；不影响鉴定意见正确性的问题，不去辩论。

庭审回答问题要充分利用反对权。凡与本案鉴定无关的或枝节性的问题，或者当发问方使用诱导性语言时，应及时提出反对请求，争取审判人员、鉴定有利方当事人及律师和公诉人的支持。

鉴定人员出庭前可以在鉴定机构内部做模拟答辩，日常可以多学习相关语言艺术，逐步提升自己的作证能力。

参考文献

[1] 钟群鹏,田永江.失效分析基础[M].北京:机械工业出版社,1989.

[2] 刘民治,钟明勋.失效分析的思路与诊断[M].北京:机械工业出版社,1993.

[3] 胡世炎.机械失效分析手册[M].成都:四川科学技术出版社,1989.

[4] 张栋.机械失效的痕迹分析[M].北京:国防工业出版社,1996.

[5] 钟群鹏,赵子华.断口学[M].北京:高等教育出版社,2006.